Radostno
osvobajanje iz dolgov

Simone Milasas

Radostno osvobajanje iz dolgov

Naslov izvirnika

Copyright © 2016 Simone Milasas

ISBN: 978-1-63493-252-3

Izdala založba
Access Consciousness Publishing, LLC
www.accessconsciousnesspublishing.com

Natisnjeno v Združenih državah Amerike

Lahkotnost, radost in veličastnost

OPOZORILO
To lahko spremeni vašo celotno finančno resničnost.

Ta knjiga je napisana v knjižni angleščini.
(Navsezadnje sem Avstralka!)

Zahvala

Hvala vsem ljudem na tem planetu, ki sem jih spoznala, in vsem, ki jih še bom.

Garyju in Dainu – za čudovita orodja Access Consciousnessa, ki spreminjajo življenja, za vajino prijateljstvo in da sta me opolnomočila, da vem, da je vse mogoče.

Moji PR agentki Justine – da je vedno, kadar se nekaj ni izšlo najbolje, rekla: »Ne skrbi, to je samo dobra kopija!«

Moiri – da si spremenila moje paradigme, ko si me vprašala: »Zakaj ne bi mogla imeti hiše v Brisbanu in na Sončni obali?«

Brendonu – ker si moj uživajoči drugi, vsakodnevni navdih, da me vedno vidiš in da si vodilni finančni (finančni direktor) tega, kar skupaj ustvarjava.

Rebecci, Amandi & Marnie – ne bi mogla biti ustvarjena brez vaše pomoči. Hvala VAM.

Joy of Business in Access Consciousness – hvala, ker mi krijeta hrbet in sta tako neverjetno kreativna ter tako zabavna za skupno igranje/delo!

Stevu in Chutisi – hvala za vsa naša skupna druženja ustvarjalne finančne 101!

Chrisu, Chutisi, Stevu, Brendonu, Garyju & Dainu – hvala za vaše zgodbe o spremembi, ki pokažejo ljudem, da vedno obstaja drugačna možnost.

Nikoli ne obupajte. Nikoli ne prenehajte. Vedno ustvarjajte in VEDITE, da je vse mogoče.

www.gettingoutofdebtjoyfully.com

Uvodna beseda

Preden sem bila voljna spremeniti svojo finančno resničnost, sem bila zadolžena za 187. 000 $. To je veliko denarja in pravzaprav nisem imela za to česa pokazati. Imela sem veliko različnih služb in potovala po celem svetu. Ustanavljala sem podjetja in se ob tem zelo zabavala. Še vedno sem zaslužila denar, vendar nisem imela hiše ali naložb ter nobenega pravega zavedanja, koliko dolga sem si pravzaprav nakopala. Izogibala sem se temu, da bi si to ogledala, in nekje v ozadju misli sem pričakovala, da se bo morda rešilo samo od sebe!

Julija 2002 sem spoznala Garyja Douglasa, ustanovitelja Access Consciousness® (podjetja, pri katerem sem trenutno svetovna koordinatorka), na festivalu Uma, telesa in duha, kjer sem imela postavljeno stojnico, namenjeno podjetju, katerega lastnica sem bila v tistem času, imenovanem Dobre vibracije za vas. Neki skupni prijatelj je mimo pripeljal Garyja, da bi me pozdravil. Gary me je objel, jaz pa sem se takoj odmaknila. Rekel mi je: »Veš, veliko lažje bi ti bilo, če bi bila odprta za prejemanje. Bila bi srečnejša in prav tako bi zaslužila več denarja.« Mislila sem, da je nor. Kaj je mislil s prejemanjem? Nobenega smisla ni imelo. Mislila sem, da moram kar naprej dajati, in to naj bi izboljšalo moje življenje. Nihče ni nikoli omenil česarkoli v zvezi s prejemanjem! Mislila sem, da sem na tem planetu zato, da *dajem*.

Na festivalu sem obiskala enega izmed Garyjevih govorov. Govoril je o odnosih. Bil je realen, uporabljal je kletvice, bil je predrzen, duhovit in ljudem ni govoril, kaj bi morali početi in česa ne. Bil je prva oseba, ki je rekel, da lahko izberete tisto, kar deluje za vas, ni vam treba biti ali početi, kar kdorkoli drug misli, da bi morali. Rekel je, da smo edini, ki vemo, kaj je za nas res, nihče drug. To je bilo popolnoma drugačno stališče in stališče, ki opolnomoča. To je zbudilo moje zanimanje.

Začela sem uporabljati veliko orodij Access Consciousnessa in opazila sem, da se je moje življenje začelo čudežno spreminjati. Postala sem srečnejša in vse mogoče stvari v življenju so postale lažje in bolj radostne.

Nekajkrat sem poslušala, kako sta Gary in njegov poslovni partner, dr. Dain Heer, govorila o denarnih orodjih Access Consciousnessa, vendar iskreno nisem zares spustila k sebi tega, o čemer sta govorila, ali pa temu nisem posvetila preveč pozornosti. Dokler nisem na tretji Accessovi delavnici, ki sem jo obiskala, zares začela poslušati, o čem sta govorila glede denarja in orodij, ki jih lahko uporabljate, da bi spremenili svojo finančno situacijo. Vprašala sem se: »Kaj bi se zgodilo, če bi dejansko uporabila ta orodja?« Ko sem uporabila orodja iz Accessa, so se spremenila vsa ta področja v mojem življenju – morda bi se lahko spremenila tudi moja denarna situacija?

Nikomur nisem govorila o tem, da bom uporabila orodja, ker sem si mislila, da bo enako kot takrat, ko sem nehala kaditi. Nihče me zares ni podpiral in koliko ljudi vas dejansko podpira pri tem, da bi zaslužili ogromne količine denarja? Zato sem samo zase začela uporabljati nekaj orodij in moje denarne okoliščine so se prav kmalu začele spreminjati. Denar se je začel pojavljati na navidezno naključnih mestih in moja voljnost *prejemanja* denarja se je začela močno povečevati, celo do točke, da sem dejansko lahko *obdržala* denar, ki je pritekel, namesto da bi takoj, ko se je pojavil, morala iskati načine, kako ga zapraviti ali porabiti za plačevanje česa. Hm ... spet ta beseda – *prejemanje*. Morda je Gary navsezadnje le nekaj vedel, ko je predlagal, naj bom odprta za prejemanje!

V dveh letih sem se znebila dolgov.

Morda pričakujete, da bom rekla, da sem se počutila čudovito, ko nisem bila več zadolžena, vendar to zame ni veljalo. Ob tem, da nisem imela dolgov, sem se počutila čudno. Udobneje sem se počutila, ko *sem bila* zadolžena, kot takrat, ko *nisem bila*. Po eni strani je bilo to občutiti bolj znano. Ustrezalo je tudi energiji večine mojih prijateljev. Zagotovo pa je ustrezalo energiji te resničnosti, kjer vsi *vedo*, da se je treba mučiti za denar in z denarjem. Velja splošno prepričanje, da je treba za denar trdo delati. Denar se ne bi smel pojaviti lahkotno, radostno in veličastno. V luči tega ni tako presenetljivo, da sem bila v zelo kratkem času (v približno dveh tednih) spet zadolžena.

K sreči sem bila voljna prepoznati, kaj sem počela. Izbrala sem biti v zavedanju tega, kar sem ustvarjala, in ko sem uporabljala orodja, ki sem se jih naučila v Accessu, sem bila končno sposobna obrniti svojo finančno situacijo.

V tej knjigi bom z vami delila procese in orodja, ki sem jih uporabila, da sem se premaknila od izbiranja dolgov do delovanja iz prostora, v katerem sem bila voljna imeti denar in ga uporabljati, da bi radostno prispeval k ekspanziji mojega življenja in bivanja. *Bistvo te knjige je res ustvarjati finančno resničnost, ki je radostna in deluje za vas.* Če mislite, da bi si želeli to narediti, morate biti brutalno iskreni s seboj in izbirati drugačne izbire. Postati boste morali nepopustljivo jasni glede tega, kar bi vi resnično radi izbrali, kajti če pogledamo resnici v oči: *vi* ste tisti, ki ustvarjate vse, kar se pojavlja v vašem življenju.

Zlahka bi mislili, da drdram izrabljene plehkosti – »Vi lahko spremenite karkoli!« – in morda vas bo zamikalo, da bi to preprosto preskočili ali odslovili, vendar si oglejte še enkrat to, kar predlagam: če si želite ustvariti finančno resničnost, ki jo resnično obožujete in ki resnično deluje za vas, morate prepoznati, da ste *vi* edina oseba, ki lahko v svojem življenju spremenite stvari, nihče drug. To ne pomeni, da ste na svetu čisto sami in da vam nihče oziroma nič ne more pomagati ali vam prispevati. Kar pravzaprav pomeni, je, da morate biti voljni prepoznati, da je vse, kar se je pojavilo v vašem življenju, tam zato, *ker ste to, da je tam, ustvarili vi.* Večina ljudi noče slišati tega, ker mislijo, da to pomeni, da bodo morali še bolj kot ponavadi soditi tisto, kar jim trenutno ni všeč v njihovem življenju. Prosim, ne storite tega! Prosim, ne sodite se! Niste napačni. Vi ste čudovit, izreden kreator. Prepoznavanje, da ste kreator svojega celotnega življenja, vas opolnomoči – kajti če ste ga ustvarili v celoti, ga lahko prav tako v celoti spremenite. In sploh ni treba, da bi bilo vsaj približno tako težavno ali nemogoče, kot mislite. Vendar pa se morate razjasniti glede tega, kaj bi radi ustvarili kot svoj finančni svet – in potem uporabiti orodja, ki bodo delovala in vam ga pomagala ustvariti.

In ravno zato sem napisala to knjigo – da bi vam dala orodja, vprašanja in vas povabila, da ustvarite, karkoli že želite imeti.

Če bi lahko karkoli spremenili, če bi lahko v svojem finančnem svetu ustvarili karkoli, kaj bi izbrali?

Posebno sporočilo: vsa orodja v tej knjigi so iz Access Consciousnessa, zgodbe pa so moje. Velikanska zahvala Garyju Douglasu in dr. Dainu Heeru, da sta vedno bila prispevek in nenehen vir spremembe.

Vsebina

Simone Milasas

Prvi del

Nova finančna resničnost 101

Kaj ustvarja denar?

Če iščete hitro rešitev za svoje denarne težave, to ni to.

Če iščete nekaj, kar vam bo dalo vidike in orodja, s katerimi boste lahko spremenili celoten življenjski slog, svojo resničnost in prihodnost z denarjem ter ste si voljni vzeti vsaj dvanajst mesecev časa, da bi videli, kaj je v tem času lahko ustvarjenega, vam bo ta knjiga lahko veliko prispevala.

Rada bi, da dojamete, da ste v svojem življenju *vi* vir kreacije denarja. Ko ste voljni biti vse, kar ste, postanete neskončen ustvarjalni vir vsega v svojem življenju – vključno z denarjem. Imate neomejeno (in večinoma še nedostopno) sposobnost ustvarjanja finančne resničnosti, ki bi delovala za vas. Težava je v tem, da nas je bila večina naučenih veliko stvari o denarju, ki preprosto niso resnične. Ko začnemo razkrivati te mite in zmotna prepričanja ter se začnemo igrati z različnimi vidiki in jih združevati s preprostimi in pragmatičnimi orodji, potem postane dinamična sprememba v vašem denarnem svetu veliko lažja in tudi ustvarjate jo lahko z veliko več radosti.

Kaj če denar ni tisto, kar ste kupili, kar so vam govorili, prodali ali vas naučili, da je? Kaj če bi vam vaša voljnost biti radovedni, spraševoči, igrivi in da prejmete naključno, nepričakovano in nepredvidljivo, lahko ustvarila veliko več denarja, kot ste si sploh kdaj lahko zamislili?

Ste voljni imeti dogodivščino ustvarjanja življenja in bivanja, ki vključuje veliko denarja? Resnica? Ste odgovorili z *da*? Potem pa le začnimo!

Simone Milasas

NIKOLI SE NE POJAVI, KOT STE MISLILI, DA SE BO (ALI MIT VZROKA IN POSLEDICE)

Večina ljudi verjame, da so finance in denar linearna stvar. Znova in znova vam govorijo: »Zato da boste lahko zaslužili denar, boste morali narediti in biti A, nato B, nato C.« To je miselna naravnanost, na podlagi katere živimo, in svoj čas zapravljamo za nenehno iskanje popolne formule za služenje ogromnih količin denarja. Ves čas gledamo na denar kot na nekaj, kar se pojavi le kot rezultat določenih stvari, ki jih počnemo (kot na primer trdega dela, nadur, dedovanja denarja ali zmage na loteriji). Kaj če ustvarjanje denarja ni nujno paradigma vzroka in posledice? Kaj če bi se denar lahko pojavil na mnogo različnih načinov, iz mnogih mest?

Ko sem spremenila svojo finančno resničnost, se je denar začel pojavljati na najbizarnejših mestih. Denar mi je bil podarjen in pojavile so se mi resnično čudne in dobičkonosne ponudbe za delo. Prav tako mi je bilo zelo enostavno prepoznati in prejeti različne stvari, ki so se pojavljale, ker sem na tisti točki spraševala: »Kakšna je neskončna množica različnih načinov, na katere se zdaj denar lahko pojavi zame?« in bila sem voljna narediti karkoli in sprejeti vsako službo, ki je nekaj dodajala mojemu življenju in razširjala mojo finančno resničnost. Nisem zavračala ne denarja niti možnosti. Raje sem se jim odprla, brez stališča, kako bodo videti. To je dovoljevalo, da so se stvari pojavile in prispevale mojemu življenju na načine, ki jih ne bi bila sposobna niti prepoznati, če bi se odločila, da mora denar priti v moje življenje na linearen način tipa A, B, C.

Kaj če bi lahko bili ta čudna oseba, ki lahko za vselej spremeni svojo resničnost glede denarja in financ, tako da opusti svoja linearna stališča o denarju? Kaj če bi lahko imeli neomejene tokove prihodkov? Kaj če lahko ustvarjate denar na način, ki ga ni sposoben nihče drug? Ste voljni opustiti to, da morate računati, definirati ali preračunavati, *kako* se bo pojavil denar, in mu dopustiti, da pride v vaše življenje na naključne, čarobne in čudežne načine? Ne glede na to, kako je videti? Tudi če je videti *popolnoma* drugače od česarkoli, na kar ste sploh kdaj pomislili?

Odrecite se temu, da sprašujete po manifestiranju stvari, in dopustite, da vesolje opravi svoje delo!

Pred davnimi časi sem bila malo hipijevska. Oboževala sem vse duhovne stvari. Vznemirila sem se, če sem pozabila očistiti svoje kristale na polno luno. S prijatelji smo se pogovarjali, kaj bi radi *manifestirali* v svojih življenjih. Zamislite si, kako sem bila presenečena, ko sem spoznala Garyja Douglasa in je pojasnil, da »manifestiranje pomeni, *kako* se stvari pojavijo – in kako se nekaj pojavi, je naloga vesolja. Vaša naloga je, da *aktualizirate* (udejanjite, op. prev.): vaša naloga je, da vprašate po tem in ste voljni to prejeti, ne glede na to, kako se pojavi.

Zmedeni? Dobro, poglejmo to malo pobliže. *Manifestirati* pravzaprav pomeni, »kako se pojavi«. Ko rečete vesolju »Rad bi manifestiral to,« pravite: »Rad bi, kako se to pojavi.« Vprašajte: »Kaj bi bilo potrebno, da se to pojavi? Kaj bi bilo potrebno, da aktualiziram to v svojem življenju takoj?« V bistvu, če si želite, da vam vesolje pomaga, vprašajte po tem, KAR želite, ne KAKO to želite. To pomeni, da se odrečete temu, da sprašujete po tem, da bi *manifestirali* stvari. Ustvarite več jasnosti med seboj in vesoljem – začnite spraševati po tem, da se stvari *aktualizirajo* in se pojavijo v vašem življenju, in naj vesolje poskrbi za *kako*.

Koliko časa porabite, ko se poskušate ukvarjati s tem, *kako* se bodo stvari pojavile v vašem življenju?

Koliko časa tratite svojo energijo in trud s tem, ko skušate stvari spraviti v red in z nadzorom spraviti določene izide v obstoj? Koliko časa porabite, da obupano poskušate pogruntati, *kako* in *kdaj* se bo vse pojavilo, namesto da bi preprosto vprašali po tem in bili to voljni prepoznati ter prejeti, ko se bo? Vesolje ima neskončno kapaciteto manifestiranja in običajno ima veliko veličastnejši in čarobnejši način, kako bo to storilo, kot vi sploh lahko napoveste. Ali bi se bili voljni odreči vsem svojim pomislekom, kako se mora nekaj pojaviti, in naj vesolje nemoteno opravi svoje delo? Vse, kar morate narediti, je, da prejmete in se nehate obsojati.

Morate biti voljni prenehati poskušati nadzorovati, napovedovati ali razumeti, kako (in kdaj) se bo denar pojavil, in biti voljni to aktualizirati. Da bi aktualizirali z veliko lahkotnosti, morate sneti plašnice in se odpreti neskončni množici poti, po katerih vam vesolje želi darovati, da ne boste zamudili, ko se bo to zgodilo.

Včasih mora vesolje stvari malo prerazporediti, zato da bo ustvarilo, kar si želite. Morda se to ne bo zgodilo takoj, vendar to ne pomeni, da se nič ne dogaja! Ne sodite, da se ne more ali da se ne bo prikazalo, in ne sodite se, da počnete nekaj narobe, drugače bo to prekinilo, kar ste začeli, ko ste vprašali po tem, kar želite. Bodite potrpežljivi in ne omejujte prihodnjih možnosti.

Zapomnite si: »Dajte zahtevo sebi in prosite vesolje.«

Denar ni le gotovina

Gary pogosto pove zgodbo o ženski, ki je obiskala enega izmed njegovih seminarjev o denarju. Nekaj tednov kasneje jo je poklical po telefonu, da bi preveril, kako ji gre, in rekla mu je: »Nič se ni spremenilo, to ni delovalo zame!« Vprašal jo je, zakaj tako misli, in je rekla: »Zato ker je stanje na bančnem računu še vedno isto, kot je bilo prej.« Gary jo je vprašal, kaj vse se je še dogajalo v zadnjem času. Povedala mu je: »O, no, moja prijateljica je kupila nov avto in mi brezplačno predala svoj dosedanji avto. Neka druga prijateljica mi je dala celo omaro dizajnerskih oblačil, ki jih ni nikoli nosila, ker jih noče več, in trenutno živim tik ob plaži v zelo lepem etažnem stanovanju, ne da bi plačevala najemnino, ker je ta ista prijateljica za šest mesecev na drugi strani luže.«

Gary je rekel ženski: »Imaš nov avto, novo garderobo in čudovito bivališče – in misliš, da se ni nič spremenilo? V zadnjih nekaj tednih si prejela stvari, vredne tisoče dolarjev! Kako da naj ne bi bilo več denarja v tvojem življenju?« Ženska je bila odprta le v tem smislu, da je denar v svojem življenju videla kot gotovino v banki. Vendar – koliko bi jo stalo, če bi kupila avto, dizajnersko garderobo ali pa da bi plačevala najemnino, kjer je živela sedaj?

Denarni tokovi lahko v vaše življenje pritečejo na toliko različnih načinov, toda če jih niste voljni priznati, če mislite, da morajo izgledati na določen način, boste mislili, da ne spreminjate stvari, ko pravzaprav jih. Kaj če bi bili voljni imeti vse načine, na katere se lahko denar pojavi v vašem življenju, in več?

Ste se voljni odreči napovedovanju, nadzorovanju in razreševanju ter iti na popotovanje spraševanja po tistem, kar si resnično želite imeti kot svojo finančno resničnost, in prejeti dogodivščino tega, da se pojavi na načine, na katere si trenutno sploh ne morete zamisliti?

Če je tako, je čas, da si ogledamo še eno bistvenih orodij za ustvarjanje denarja: spraševanje in prejemanje.

VPRAŠAJTE IN PREJELI BOSTE

Ljudje o denarju ves čas podajajo sodbe in trditve, vendar redki sprašujejo vprašanja.

Če ste takšni, kot skoraj vsi na planetu, se verjetno sodite glede količine denarja, ki ga imate ali nimate. Smešno je, da ni pomembno, ali imate veliko denarja ali malo – večina ljudi ima na tone sodb okrog denarja.

Ne glede na to, kaj je na njihovem bančnem računu, ima pravzaprav zelo malo ljudi glede denarja občutek lahkotnosti, prostora in blaginje.

Morda ste slišali rek »Prosite in dano vam bo« (vprašajte in prejeli boste, op. prev.). Ste kdaj resnično vprašali za denar? Ste ga bili kdaj resnično voljni prejeti? Prejemanje je preprosto to, da ste voljni imeti neskončne možnosti glede nečesa, da bi to prišlo v vaše življenje, brez stališča glede tega, kaj, kje, kdaj, kako ali zakaj se pojavi. Vaša sposobnost prejemanja denarja se odpre, ko izgubite sodbe o denarju in o sebi v odnosu do denarja.

Če resnično želite spremeniti svojo finančno resničnost, bo odrekanje sodbi eden izmed primarnih korakov v procesu. V nasprotju s tem, kar nam govori svet, sodbe ne ustvarjajo več v našem življenju. Držijo vas ujete v polariziranem svetu tega, kar je prav in narobe, dobro ali slabo, med usklajevanjem in strinjanjem ali upiranjem in reagiranjem. Sodba vam ne daje svobode, izbire ali možnosti za karkoli drugačnega onkraj ene ali druge plati medalje. Sodba vam prepreči spraševanje in prepreči prejemanje. Protistrup? IZBIRA. Morate izbrati, da se boste v tistem trenutku obsojanja ustavili in zahtevali od sebe, da ne boste več sodili ali zašli v neko omejeno misel ali zaključek. In nato, zastavite vprašanje.

Za trenutek se vrnimo h konceptu, da ste linearni z denarjem. Ko na podlagi kupa misli, čustev, sodb in zaključkov verjamete, da se denar lahko pojavi na določene načine, potem se denar ne more pojaviti na noben drug način kot na tistega, za katerega ste se odločili, da je mogoč ali verjeten. Z vsako sodbo o tistem, za kar ste se odločili, da ni mogoče, se naredite slepe za vse, kar bi se lahko pojavilo onkraj vašega omejenega zornega kota; tako kot ženska, s katero se je Gary pogovarjal, ki je ustvarila, da so v njeno življenje prišle vse te stvari, vredne veliko denarja, vendar se je odločila, da se ni nič spremenilo, ker je bilo stanje na njenem računu nespremenjeno. Če ste se voljni odreči svojim sodbam glede denarja, boste začeli videvati možnosti, ki ste jih prej v svojem življenju imeli za nemogoče, in privabili, da v vaše življenje pride vedno več.

In eden od najenostavnejših načinov, kako v življenje privabiti denar, je, da vprašate!

Na splošno opažam, da ljudem spraševanje po nečem ne gre dobro od rok. Če pogledate otroke, so po sami naravi zelo radovedni, hočejo vedeti o stvareh in naravnani so na to, da zastavljajo veliko vprašanj. In večinoma se to ne spodbuja.

Ko sem bila otrok, so me odvračali od tega, da bi pri mizi v času večerje govorila o poslu ali denarju, saj so mojo mamo vzgajali v prepričanju, da to ni vljudno. Vedno sem bila vedoželjna glede posla in denarja, moj oče in moj brat pa sta bila oba računovodji in oba sta oboževala posel. Ves čas sem želela postavljati vprašanja, še posebej za mizo pri večerji, saj smo se takrat vsi zbrali tam, vendar mi je bilo prepovedano, zato ker je to veljalo za neprimerno.

Ste bili naučeni, da je neprimerno ali neotesano govoriti o denarju? Ste bili naučeni, da je napačno spraševati o denarju? So vam jemali pogum, da bi sploh postavljali vprašanja?

Poznam veliko ljudi, ki so jih že od malih nog kritizirali zaradi njihove radovednosti. Imam prijatelja, ki mu je mama z lepilnim trakom zalepila usta, da bi nehal govoriti, ker je postavljal preveč vprašanj! Nekemu drugemu prijatelju je njegova družina vedno, ko je postavljal vprašanja, govorila: »Radovednost je ubila mačko, ali lahko, prosim, ubije tudi tebe?«

V resnici je bila večina ljudi na planetu naučenih, da je spraševanje za denar ali spraševanje za karkoli nekaj, česar res ne bi smeli početi, razen če imate res dobre razloge ali pojasnila, kot na primer, da ste dovolj trdo delali ali lahko dokažete, da si to zaslužite.

Leta nazaj je bil čudovit razlog, da imam denar, tale: »Morala bi imeti veliko denarja, ker bom z njim počela dobre stvari. Uporabila ga bom za pomoč ljudem.« V samem bistvu ni nič narobe s to idejo, vendar je to v resnici pomenilo, da nobeni še tako majhni količini denarja, ki je prišla v moje življenje, nisem mogla dopustiti, da prispeva mojemu lastnemu življenju. Izvzeta sem bila iz enačbe ljudi, ki bi jim z denarjem lahko pomagala. To je pravzaprav pomenilo, da sem se morala vsakič, ko sem prejela kakršenkoli denar, le-tega znebiti.Nisem ga mogla imeti v svojem življenju ali pa mu dovoliti, da prispeva meni neposredno, saj sem morala ves čas pomagati drugim. Smešna stvar je, ko sem si enkrat dovolila imeti denar, ga res imeti v svojem življenju in mu dopustiti, da prispeva mojemu življenju, uživati v njem in uživati v tem, da sem jaz, je moja sposobnost prispevati drugim narasla – in se še vedno povečuje – na potenco.

Gre za to, da denar nima stališča, nima moralnega kompasa, ki pravi: »Dobri ste bili, lahko imate več denarja« ali »Slabi ste bili, zato za vas ne bo nič denarja!« Denar ne sodi. Denar se pojavi ljudem, ki sprašujejo in so ga voljni prejeti.

Poglejte si svet – ste opazili, da so prijazni in neprijazni ljudje z denarjem ter prijazni in neprijazni ljudje brez denarja?

Ni vam treba dokazovati, da ste ali dobri, ali slabi, ali da si zaslužite denar, morate biti voljni nehati presojati, ali si zaslužite denar ali ne, in vprašati po njem samo zato, ker lahko. Samo zato, ker je zabavno imeti denar!

Kaj če bi lahko vprašali za denar samo zato, ker veste, da bi življenje lahko bilo zabavnejše z denarjem kot pa brez denarja? Kaj če je življenje namenjeno temu, da se zabavate? Se zabavate?

DENAR SLEDI RADOSTI IN NE OBRATNO

Veliko ljudi me sprašuje, kako lahko v svojem življenju ustvarijo več denarja. Pogovarjala sem se z ljudmi, ki vsak mesec ali pa vsak teden zaslužijo fiksno plačo, in prav tako s tistimi, ki ustvarjajo druge načine pritoka denarja, kjer znesek niha od tedna do tedna in od meseca do meseca. Ne glede na njihovo situacijo povem ljudem, da je bistvo večjega pritoka denarja generativna (porájajoča) energija, ki jo ustvarjajo.

Povedano na preprostejši način, kar odseva citat, ki ga je dr. Dain Heer elegantno podal: »Denar sledi radosti, radost ne sledi denarju.«Včasih slišim ljudi govoriti: »Ko bom imel x znesek denarja, bom srečnejši, ali miren, ali pa bolj sproščen.« Kaj če bi se preprosto zbudili srečni? Kaj če bi preprosto imeli mir? Kaj če bi preprosto imeli lahkotnost? Kaj če bi prav zdaj začeli biti drugačna energija? Takšna energija, ki v vaše življenje privablja denar?

Če bi bilo vaše življenje zabava, bi se je denar želel udeležiti?

Če bi na svoje trenutno življenje gledali kot na zabavo, kakšne vrste povabilo bi to bilo za denar?

»No … imam to zabavo, ampak se nič ne zabavamo. Nimamo dobre hrane ali pijače, ne bomo nosili prijetnih oblačil, in ko se boš pojavil, se ti bom verjetno pritoževala, da te ni dovolj zame, da nikoli ne ostajaš ob meni dovolj dolgo in kako vznemirjeno se počutim, vsakič ko pomislim nate. In ko odideš, te bom tudi za to obsojala, namesto da bi bila hvaležna, da si sploh prišel. O, in za tvojim hrbtom se bom drugim nenehno pritoževala čez tebe.«

Če bi prejeli vabilo na takšno zabavo, bi hoteli priti?

Če bi bili povabljeni na zabavo, kjer gostitelj pravi: »Vau, tako sem hvaležen, da si tukaj, hvala, da si prišel!« Na voljo bi bila čudovita hrana, super šampanjec, glasba, ljudje, ki resnično uživajo in uživajo v vas, ki vas ne obsojajo, ker zapuščate zabavo, ampak vas povabijo, da se kadarkoli vrnete in s sabo pripeljete toliko prijateljev, kot želite – bi morda to bila tiste vrste zabava, nad katero bi bil denar navdušen?

Kaj če bi že danes lahko začeli živeti življenje kot zabavo, kar bi lahko bilo? Kaj če ne bi čakali, da se pojavi denar? Kaj če bi že zdaj začeli početi in biti tisto, kar vam prinaša radost?

KAJ VAM PRINAŠA RADOST?

Energija, ki jo ustvarjate, ko se zabavate, ko ste popolnoma, srečno zatopljeni v nekaj, kar obožujete, je generativna. Ni pomembno, kako ustvarjate to energijo. Ni treba, da je neposredno povezana s tem, kar počnete in kar trenutno ustvarja denar (zapomnite si, da se odrekamo linearnemu in vzroku ter posledici). Generativna energija (energija radosti) prispeva vašemu življenju in vašemu poslu, ne glede na to, kdaj, kako, kje in zakaj jo ustvarjate ali kaj ustvarjate z njo.

V resnici nas nikoli ne vprašajo, da bi izvedeli, kaj nam prinaša radost, in bi nato poiskali nešteto načinov, na podlagi katerih lahko služimo denar samo za zabavo – zato bo morda malce trajalo, da se nam razjasni, kaj je tisto, kar nam prinaša radost. Bi bili voljni vseeno sebe začeti spraševati ter izbrati, karkoli to pač je?

Moj partner Brendon je že v rosnih letih postal »tradie« (op. prev.: avstralski slengovski izraz za obrtnika). Bil je polagalec ploščic. Dolgo časa je Brendon verjel, da je polaganje ploščic edino, kar resnično lahko počne v življenju, čeprav je v resnici imel sposobnosti za veliko več. Ko sva se začela videvati, resnično ni bilo nobene radosti v tem, kar je počel. Zato sem mu dovolila prostor, da se je spraševal, kaj mu resnično prinaša srečo, in da je lahko izbral nekaj drugačnega. Brendona in njegovega sina sem v celoti finančno podpirala osemnajst mesecev. Videla sem njegove sposobnosti in prav tako sem videla, da je potreboval prostor, da je izbral določene izbire glede tega, kaj si je želel narediti iz svojega življenja. V tem času je bolj in bolj postajal to, kar je. Odkril je več o tem, v čem je dober in kaj je radostno zanj, ne glede na to, ali je to kuhanje čudovitih obrokov, načrtovanje in izvajanje prenove doma, igranje na delniškem trgu ali investiranje v posestva. Če bi bil zataknjen v zamisli, da bo moral do konca življenja ostati polagalec ploščic, si nikoli ne bi dovolil te spremembe.

Kaj če bi lahko komurkoli (tudi sebi) dovolili prostor izbrati nekaj drugačnega? Ne glede na to, koliko ste stari, ne glede na to, kako dolgo bo trajalo, in ne glede na to, če nimate nobene ideje, kje začeti?

Če ste stari petinpetdeset let in se vprašate to vprašanje ter si rečete: »Vedno sem si želel biti v cirkusu« – bodite v cirkusu! Počnite, karkoli radi počnete, saj vam bo prineslo več denarja. Ničesar ne ustvarjajte kot pojasnilo za to, zakaj nečesa ne izbirate.

Vaše življenje je vaš posel, vaš posel je vaše življenje!

Kaj radi počnete samo za zabavo? Kaj če bi to počeli eno uro na dan in en dan na teden?

Imam ta rek: »Vaše življenje je vaš posel, vaš posel je vaše življenje.« Kaj če bi bil posel bivanja tisti posel, ki bi ga resnično izvajali, ne glede na to, kakšno službo imate v resnici? Katera energija poganja vaše življenje? Ali se kaj zabavate?

Sama pogosto zjutraj peljem psa na sprehod ob obali. Vsakič, ko greva, je, kot bi zanj bilo prvič. Naokoli se zaganja s to prekipevajočo energijo, kot bi želel reči: »To je čudovito! To je super!« Teče po plaži in v ocean in se zelo zabava. Kar pa se tiče mene: takrat, ko preprosto uživam na plaži in sem s svojim psom, k meni pritečejo najbolj kreativne in generativne zamisli. Stvaritev tega prostora za radost je prispevek za nas, ki ga niti približno ne priznavamo dovolj.

Nobena količina denarja na svetu ne more ustvariti sreče. Vi jo ustvarjate. S tem ko uživate v tem, kar počnete. S tem ko STE vi. Zato prosim, začnite početi in biti, karkoli je tisto, kar si resnično želite početi in biti. Začnite biti srečni. Samo začnite.

Če želite imeti več denarja v svojem življenju, se morate biti voljni resnično zabavati. Ne glede na to, kaj je potrebno, ne glede na to, kako je to videti, in ne glede na to, kako se pojavi, ker se nikoli ne pojavi tako, kot mislite, da se bo.

Morate biti voljni imeti radost in dovoliti denarju, da ji sledi.

NEHAJTE DELATI DENAR POMEMBEN

Kaj vam denar pomeni? Ali ima veliko pomembnosti v svojem življenju? Kakšna čustva imate glede denarja? Radost, srečo, lahkotnost? Tesnobo, stres in težave?

Vse, kar naredimo pomembno in temu pripisujemo neki pomen, postane vir, na podlagi katerega sodimo sebe in stvar, ki smo jo naredili pomembno.

Ko dajete nečemu pomembnost, to naredite večje in močnejše od sebe. Vse, kar v vašem življenju nosi pomembnost, to spremenite v stvar z večjo močjo. In vi postanete žrtev brez moči. Pravzaprav ni res, da je ta stvar mogočnejša ali da ste vi brez moči, vendar temu dajete tako težo ter naredite tako pomembno za sebe in svoje življenje, da se odločite, da ne morete živeti brez tega, in se v povezavi s tem postavite v položaj, kjer nimate izbire – razen tega, da počnete, karkoli je treba, da bi to obdržali. Težava je v tem, da ko se nečesa trdno držite, iz tega iztisnete vse življenje. Ko glede česarkoli ustvarite pomembnost, to zadušite in hkrati dušite tudi sebe, zato tu ni nobenega prostora za rast, dihanje, spremembo ali razširitev.

Ste opazili tudi, da ko naredite nekaj pomenljivo, pomembno ali bistvenega pomena, praktično postane nemogoče, da bi se glede tega počutili igrive, srečne ali sproščene? Nemogoče postane, da bi resnično lahko ustvarili več tega v svojem življenju, ker ste preveč zaposleni s tem, da se trudite, da ne bi izgubili, karkoli imate sedaj. Ravno to navadno počnemo z denarjem.

Pri denarju je prisotne *veliko* pomembnosti.

Morda se bo zdela nemogoča prošnja, da vas prosim, da si predstavljajte svoje življenje brez pomembnosti glede denarja, vendar si oglejte to za trenutek. Če denar ne bi bil pomemben, koliko svobode bi vam to dalo? Koliko več izbire? Koliko lahkotnejše in srečnejše bi se počutili v vseh vidikih življenja?

Kaj če bi danes začeli ustvarjati vsak del svojega življenja, kot bi bil radostno praznovanje?

Pred mnogo leti sem ugotovila, da sem bila ujeta v miselno naravnanost pri izbiri vsega, kar lahko ali česa ne morem početi, glede na to, koliko denarja imam na bančnem računu. Spraševala sem se, kaj bi bilo potrebno, da bi ustvarila denar, da bi se lahko udeležila Access Consciousnessovega dogodka na Kostariki. Spomnim se trenutka – ne dolgo zatem, ko sem sedela s kupom denarja, ki sem ga ustvarila. Denar sem imela v roki, vendar sem šla skozi vse te misli, kaj bi morala početi s tem denarjem, in se obremenjevala, ali se bo sploh še kdaj pojavilo več denarja ali ne. V tistem času mi je nekdo rekel: »Kdaj boš nehala delati denar pomembnejši od sebe?« In ko sem spustila pogled na gotovino v roki, sem jo začela videti kot vse te čudovite kose barvnega papirja. Ogledala sem si vse to in pomislila: »Vau, ta papir v roki delam pomembnejši kot izbire, ki bi jih lahko izbirala v svojem življenju? To je noro!« Po tem sem od sebe zahtevala, da ne bom delala denarja vrednejšega od sebe. Zapomniti si morate, da denar ni vir kreacije, temveč ste vir kreacije vi. VI ustvarjate svoje življenje!

Da bi ustvarili radostno finančno resničnost z denarjem, se morate odreči vsemu, za kar ste se odločili, da je glede denarja pomembno, in morate biti voljni biti radostni in srečni z denarjem ali brez njega. Kaj če bi začeli ustvarjati svoje življenje kot neustavljivo povabilo denarju, da bi se prišel igrat z vami? Katera stališča o denarju bi morali izgubiti, da bi lahko to ustvarili z lahkoto?

2. poglavje
Kaj spremeni dolg?

Kakšno je vaše stališče o dolgu? Se vam zdi nekaj običajnega, neizbežnega ali neizogibnega? So vas naučili verjeti, da je dolg slab, napačen ali nujno zlo? Se izogibate pobliže pogledati svoj dolg? Ali se ohranjate neuke glede dolga in upate, da se bo vse rešilo samo od sebe?

Kaj če bi vam povedala, da je dolg le izbira? Ni dober, ni slab, ni pravilen ali napačen – je izbira.

To morda zveni poenostavljeno, vendar da bi se rešili dolga, je najbolj bistveno in močno orodje to, da prepoznate, da je dolg le izbira, ki jo imate, in da ga lahko spremenite, če to želite. Ko enkrat izberete, da se boste rešili dolga, lahko spremenite vse.

Pogosto, ko rečem ljudem: »Dolg je le izbira. Denar je le izbira,« tega v resnici ne želijo vedeti. Raje bi se sodili, kot da bi si ogledali, kaj trenutno ustvarjajo kot svojo resničnost.

Morda se boste vprašali: »Če je dolg le izbira, zakaj ga potem imam? Kaj sem naredila narobe? Česa mi ni uspelo narediti prav?« Prosim, da se ne sodite, krivite ali greste v napačnost sebe. Kaj če ni nič, kar ste kdaj bili ali počeli, napačno? Pripeljalo vas je do tega trenutka, da iščete nekaj drugega, berete to knjigo in iščete druge možnosti z denarjem, kajne? Torej, kaj če je zdaj popoln čas, da izberete nekaj novega?

In takoj zdaj lahko izberete nekaj novega. Takoj ko izberete nekaj drugačnega, spremenite svojo resničnost z denarjem. Takoj ko si rečete:

29

»Veste kaj? Ne glede na vse, bom to spremenila!«, se opolnomočite, da začenjate snemati očala v barvi dolga in vprašate: »Kaj vse je še mogoče?®« in »Kaj lahko naredim, da to spremenim?«

Koliko ste svoje življenje ustvarjali iz prostora dolga? Kaj če bi se namesto tega, da izbirate iz stališča: »Tega ne morem spremeniti,« povezali z vprašanjem: »Kaj če bi lahko izbrala karkoli? Kaj če bi izbirala zase? Kaj bi rada ustvarila?«

Ko spremenite svoje stališče, se spremeni vaša resničnost. Kakšno stališče imate, kar ustvarja vašo trenutno finančno resničnost? Kaj če bi si dovolili spremeniti to stališče? Ali bi vam dalo svobodo izbrati nekaj drugačnega?

VAŠE STALIŠČE USTVARJA VAŠO (FINANČNO) RESNIČNOST

Kaj je v življenju razlika med tem, kaj je resnično in kaj ni resnično za vas? Vaša izbira, kako gledate na to. Stališče, ki ste ga imeli o denarju do sedaj, je ustvarilo vašo trenutno denarno situacijo. Kako to deluje za vas?

Od trenutka, ko smo spočeti, absorbiramo resničnost svojih staršev, resničnost naše skupnosti, prijateljev, sorodnikov, vrstnikov, učiteljev, naše kulture ter resničnost družbe o denarju. Nenehno projicirajo na nas ali pričakujejo od nas, da bomo vedno znova kupovali ta ista stališča. Nismo naučeni, da bi postavili vprašanje, ali je nekaj za nas resnično, res, pomembno. Govorijo nam: »Takšne pač stvari so, to je resničnost situacije.« Vendar, kaj pa če ni?

Lahko bi prevzela stališče družine, da je za mizo pri večerji neprimerno govoriti o denarju, in se naredila napačno zaradi tega, ker sem si želela govoriti o denarju pri večerji. Lahko bi to prenehala početi.

Vendar sem namesto tega spoznala, da je njihovo stališče le njihovo stališče in da ni treba, da bi bilo resnično ali da bi veljalo zame. S partnerjem zelo rada govoriva o denarju pri večerji in kozarcu vina. To, kar imava, rada imenujeva »Finančni 101«, medtem ko uživava okusne obroke, ki jih pripravi on. Pogovarjava se o tem, kje sva trenutno z denarjem, kaj bi rada ustvarila z denarjem v enem letu, petih letih, desetih letih v prihodnosti, in se igrava z zamislijo tega, kaj je še mogoče, na kar nisva pomislila. Zabavava se, v svojih življenjih porajava veliko navdušenja in radosti, spomniva se čudovitih zamisli in zastaviva nove tarče. Če bi kot resnična zame kupovala stališča drugih ljudi, mi ne bi uspelo ustvariti tega sijajnega dela moje resničnosti, ki ga s partnerjem uživava in ki močno prispeva najinemu življenju ter ustvarjanju najinih financ.

Če bi »razrahljali« svoja trdno nameščena stališča o denarju, če ne bi imeli sodb o denarju, kakšna bi bila vaša finančna resničnost, ki bi jo ustvarili? Bi bila resna ter problematična, kot nam vse prepogosto govorijo, da je? Ali pa bi ustvarili nekaj čisto, čisto drugačnega?

Ste se odločili, da so trdne, težke stvari v življenju resnične?

Govorila sem z žensko, ki je želela razširiti svoj posel, vendar je prišla do zaključka, da ne bo imela dovolj denarja za preživetje, če bo izvedla svoj načrt. Počutila se je paralizirano. Rekla je, da je vedela, da deluje iz energije, ki ni bila resnična ali prava, vendar jo je nekaj držalo ujeto v tem. Vprašala sem jo: »Ali svoje zaključke delaš resnične? Drži se jih neka teža, ki jo povezujemo s to resničnostjo. Vendar pa, kaj če ni nič na tem? Kaj če so preprosto le zanimiv pogled?«

Ženska je vprašala: »Toda ali ne drži, da moram plačati račune? Ali ni res, da potrebujem denar, da bi plačala za hrano? Ali ni vse to resnično?«

Rekla sem: »Vsi ti govorijo: 'Plačevati moraš račune in moraš kupovati hrano', vendar vse to so zaključki. Ni ti treba početi teh stvari. Lahko tudi bankrotiraš. Lahko ne plačuješ svojih računov. Lahko preprosto odideš. Lahko greš stanovat k svojim prijateljem in ješ njihovo hrano. Obstaja milijon različnih stvari, ki jih lahko narediš. Lahko tudi izbereš ustvariti nekaj popolnoma drugačnega. Vse vodi nazaj k izbiri. Imaš izbiro. Kaj izbiraš?«

Pred mnogo leti sem imela težavno obdobje, zato sem poklicala prijatelja. Ko sem mu povedala, kaj se dogaja, mi je rekel: »Ja, Simone, ampak to ni resnično. « Stala sem sredi kuhinje misleč: »*Je* resnično. To *je* resnično.« Začela sem se smejati, ker sem tako zelo želela, da bi ta prijatelj prevzel tisto, iz česar sem delovala. Želela sem, da bi se strinjal in poistovetil z mojimi zaključki ter omejitvami in rekel: »Veš kaj? Prav imaš, to je resnično.«

Kaj ste se odločili, da je resnično ali neresnično za vas? Zakaj ste se odločili, da je resnično? Ker je bila to vaša izkušnja v preteklosti? Ker je »čutiti« resnično: težko, trdno, konkretno ali nepremično? Bi nekaj, kar je resnično za vas, res bilo čutiti kot tona opek ali pa bi se ob tem počutili lahkotnejše in srečnejše?

Če si ogledate nekaj, kar je trdno – kot opeka ali stavba. Znanost nam je pokazala, da so tudi najtrdnejše stvari pravzaprav v 99,99 % prostor. Kaj če tisto, za kar ste se odločili, da je resnično, trdno in nepremično, pravzaprav ni in je to le način, na katerega ste bili naučeni vse videti? Kaj vse bi se lahko spremenilo, če bi izbrali prepoznati, da vse, za kar mislite, da je tako, kot je, morda le ni nujno, da je tako, kot mislite, da je?

Čudovito orodje za ustvarjanje lahkotnosti s katerimkoli stališčem je, da ga naredite zanimivega namesto resničnega

Eno mojih najljubših orodij Access Consciousnessa je sledeče: kaj če bi si v naslednjih treh dneh za vsako misel, občutek ali čustvo, ki se pojavi (ne samo o denarju, ampak glede vsega), rekli »Zanimiv pogled, da imam tak pogled«? Izgovorite to nekajkrat in opazujte, če se bo kaj spremenilo. Poskusimo to zdaj: Kaj je trenutno vaš največji problem z denarjem? Zadržite to misel in vsak občutek ali čustvo, ki se ob tem pojavi. Sedaj si ga oglejte in recite: »Zanimiv pogled, da imam tak pogled.« Se je kaj spremenilo? Če se ni, recite še enkrat. Izrecite to še trikrat, še desetkrat. Ste opazili karkoli drugačnega? Ali postane težje, da bi se tega oklenili? Ali postane kaj manj konkretno ali trdno? Ko nehate kupovati katerokoli stališče kot resnično ali absolutno in ga vidite le kot zanimivo – začenja postajati lahkotnejše in ima manj učinka v vašem vesolju. Ko rečete: »Zanimiv pogled, da imam tak pogled« v smislu misli, občutka ali čustva in se to razblini ali spremeni, to pomeni, da to v resnici ne velja za vas.

Sedaj pa pomislite na nekoga, za kogar ste resnično hvaležni v življenju. Prikličite si energijo tega, da ga imate v svojem življenju, poglejte to in recite: »Zanimiv pogled, da imam tak pogled.« Ali to izgine in se razblini? Ali se zgodi kaj drugega?

Ko je nekaj resnično za nas in temu damo priznanje, ustvari občutek *lahkotnosti* in širine v našem svetu. Ko nekaj ni resnično za nas, kot na primer sodba ali zaključek, ki ga imamo glede nečesa, je to težko in je občutiti skrčeno ali tesno. Ko rečete: »Zanimiv pogled, da imam tak pogled,« se tisto, kar je resnično, razširi in zraste, tisto, kar pa ni, postane manj konkretno in se razblini.

Tukaj je še en način, kako lahko uporabite »zanimiv pogled«, ko prebirate to knjigo. Za vsako misel, občutek ali čustvo, ki se pojavi okoli denarja, medtem ko berete, si vzemite trenutek, da uzavestite to stališče, nato uporabite »zanimiv pogled«. Morda boste ugotovili, da je bolj ali manj vse, o čemer ste mislili, da je trdno in absolutno glede vaše trenutne finančne situacije, le zanimivo in sploh ni resnično. Z

»zanimivim pogledom« postane vse spremenljivo. Izbirate lahko, ali boste to obdržali, spremenili ali ustvarili popolnoma drugačno stališče.

Kaj bi radi ustvarili in izbrali danes?

ODREKANJE UDOBJU V ZVEZI Z DOLGOM

Pogosto se pogovarjam z ljudmi, ki so bili zadolženi in so postali svobodni dolga ter so se vrnili v zadolženost. To sem storila tudi sama. Pred kratkim sem se pogovarjala z osebo, ki je rekla: »Osvobodila sem se dolga in prvič v življenju sem imela denar na bančnem računu, vendar imam zdaj ponovno petindvajset tisoč dolarjev dolga. To je že četrtič! Kaj tiči za tem vzorcem? Ne maram biti zadolžena ali se boriti z iskanjem denarja, s katerim bom poplačala dolg, hkrati pa ne maram biti omejena s tem, da nečesa ne morem izbrati samo zato, ker nimam denarja.«

Vprašala sem jo: »Ali si resnično voljna biti brez dolga?« in ugotovila je, da pravzaprav ne more odgovoriti z »Da!«. Zanjo je bilo nekaj udobnejšega v zvezi s tem, da je bila v dolgovih, kot to, da je bila *izven* dolgov. Vem, da je to veljalo zame, ko sem se prvič rešila dolga, in morda to velja tudi za vas. Ko sem se prvič osvobodila dolga, sem bila pravzaprav razočarana. Pomislila sem: »Kje so vse fanfare in ognjemet ter velikanska parada na ulici 'Ja, Simone, tako super si!'?« Kar malo sem se počutila kot na cedilu. Občutiti je bilo čudno in nepoznano, ko nisem imela dolga v življenju. Kolikim med vami je to prav tako poznan občutek?

Veliko je razlogov, da nam je udobneje v dolgovih kot brez njih. Morda ste navajeni biti takšni kot vsi drugi. Morda si ne želite biti *tall poppy* (visok makov cvet: izraz, ki ga v Avstraliji uporabljamo za opisovanje ljudi s pristnimi odlikami, ki jim zamerijo, jih napadajo, poskušajo izpodsekati ali jih kritizirajo, ker njihovi talenti ali dosežki povzročijo, da izstopajo iz povprečja in v množici; op. prev.) ali pa vam ni všeč zamisel, da vas obsojajo, ali pa da ste edina oseba, ki jo poznate, ki nima dolgov ali problemov z denarjem.

Če se vedno znova znajdete v določenem znesku dolga in bi to resnično radi spremenili, morate imeti pogum in sami sebe soočiti s tem, kar trenutno izbirate, ter izbrati nekaj drugega. Ste voljni biti v neudobju, zato da bi ustvarili svobodo na tem področju? Če ja, naredimo nekaj malce čudnega: oglejmo si, kaj v resnici *ljubite* v zvezi s tem, da ste v dolgovih.

Kaj ljubite v zvezi s tem, da ste v dolgovih in da nimate nič denarja?

Morda se bo zdelo, da postavljam čudno vprašanje, vendar ko se v naših življenjih dogaja nekaj čudnega, za kar pravimo, da sovražimo, je tam pogosto nekaj, kar na skrivaj ljubimo v zvezi z ustvarjanjem tega, česar ne vidimo. Če ste voljni zastaviti nekaj vprašanj, boste lahko uzavestili, kar vas drži ujete. Če tega ne uzavestite, tega ne morete spremeniti.

- Kaj ljubite v zvezi s tem, da ste zadolženi za ta znesek? Ali je to znesek dolga, ki je za vas udoben? Ali vas drži zataknjene v omejeni finančni resničnosti? Ali vas ohranja v tem, da ste taki kot vsi drugi?
- Kaj ljubite v zvezi s tem, da nimate denarja? Ali s tem poskrbite, da ne izstopate od svojih družinskih članov? Ali verjamete, da če bi imeli denar, bi vaša družina zahtevala od vas, da jim ga daste?
- Kaj ljubite sovražiti glede tega, da nimate nič denarja? Ali vam to daje nekaj, nad čimer se lahko pritožujete, zgodbo ali opravičevanje, na katero se lahko zanesete, namesto da bi ga preprosto spremenili?
- Kaj sovražite v zvezi s tem, da nimate nič denarja? So vam rekli, da je napačno ljubiti denar? Je denar »vir vsega zla«? Ali sodite svojo

izbiro, da ne boste imeli nič denarja? Bi razmislili o tem, da se ne bi obsojali, in prepoznali, da imate zdaj drugo izbiro?

- Kakšno izbiro lahko naredite danes, kar bo ustvarilo več danes in v prihodnosti?

Morda vam ne bo udobno, ko si boste postavljali ta vprašanja. Morda boste v skušnjavi, da bi se sodili še bolj. Prosim, ne naredite tega. Kaj če je ozaveščanje vseh norih stvari, za katere smo se odločili, da jih ljubimo v zvezi s tem, da smo v dolgovih, ključno pri tem, da jih spremenimo – s tem ko si jih ogledamo brez sodbe in se zavemo, da smo včasih le ljubki in ne tako bistri – in nato uzavestimo, da lahko naredimo drugačno izbiro? Kaj če ni narobe? Kaj če bi lahko bili hvaležni za svoj pogum, da si vse to ogledate?

Povedala vam bom zgodbo o enem izmed mojih norih stališč glede denarja in dolgov, ki sem jih uporabljala, da so me odvračala od tega, da bi imela denar. Obožujem svojega očeta. Resnično je bil prijazen moški. Velikokrat je rekel, da ne bo umrl, dokler ne bo prepričan, da je njegova družina izobražena in da smo finančno varni. Vse, kar je storil kot moški, se je vrtelo okrog tega, da je ustvaril varno življenje za svojo ženo in otroke. Nisem želela, da bi moj oče umrl, ker sem ga imela tako rada. Torej, moja mama in sorojenci so bili vsi finančno stabilni in vsi smo prejeli dobro izobrazbo. Jaz sem bila edina, ki ni imela urejenih stvari. Zavedala sem se, da čeprav sem bila popolnoma sposobna ustvariti čudovito finančno prihodnost, sem sama sebe ustvarila kot finančni polom, ker sem mislila: »Dokler imam dolgove in probleme z denarjem, moj oče ne bo umrl.« Z logičnega vidika je to precej noro stališče, kajne? Ampak to je tisto, kar sem počela. Na srečo je bil v tistem času moj oče še vedno živ in sem se lahko pogovorila z njim o tem. S svojim litvanskim naglasom je rekel: »Ah, Simone, to je noro, kaj pa počneš,« in jaz sem rekla: »Vem!« Od tega trenutka dalje sem začela spreminjati svojo situacijo v zvezi z dolgom.

Prav tako sem bila deležna tega, da sem videla, kako sta se v njegovem svetu povečevali radost in sreča, ko sem zase začela ustvarjati boljšo finančno resničnost. Če poenostavim: *začela sem prejemati.*

Ste se voljni zavedati, kakšno bi resnično želeli, da bi bilo vaše življenje? Ste voljni iti onkraj svoje cone udobja glede dolgov in denarja ter začeti uspevati namesto životariti?

BODITE VOLJNI IMETI DENAR

Prijatelj mi je nekoč rekel: »Zelo dober sem v tem, da ne ustvarjam nič denarja. Ko pa že ustvarim ter porajam denar, imam lažen občutek življenja v blagostanju. Veliko porabim. Imam veliko dolga, ki ga moram plačati, vendar tega ne postavim na prvo mesto. Raje zapravljam denar, tem hitreje, tem bolje, in nato sem spet v pasti. Kaj je to in kako to lahko spremenim?«

Obstaja veliko takšnih ljudi. Veliko raje zapravijo denar, kot pa da bi ga imeli. Ali uživate v tem, da imate denar? Ali pa je zapravljanje najpomembnejša stvar v vašem življenju? Ali vedno najdete mesto, kjer lahko zapravite denar? Ali poplačate svoje kreditne kartice in pomislite »Super! Ponovno lahko zapravim novih dvajset tisoč dolarjev (ali kolikšen je pač vaš kreditni limit)!«?

Naučeni smo bili, da je vrednost denarja v tem, da ga zapravimo ali pa da ga prihranimo, da ga bomo lahko zapravili kasneje. Vendar redko govorimo o tem, da bi *imeli* denar ter kakšno razliko to lahko ustvari v naših finančnih svetovih.

Obstaja razlika med tem, ali imamo, zapravljamo in hranimo denar

Gary Douglas pravi, da vedno najame ljudi, ki so voljni imeti denar, ne glede na to, ali ga trenutno imajo. Zaveda se, da bodo tisti, ki so voljni

imeti denar (ne glede na to, ali trenutno imajo veliko denarja ali ne), ustvarjali denar zase in za posel, če pa niso voljni imeti denarja, pa ne bodo.

Zame je trajalo kar nekaj časa, da sem bila voljna dejansko imeti denar. Bila sem zelo dobra v tem, da sem ga ustvarjala. Imela sem podjetja, ki so izgubljala denar, in podjetja, ki so služila denar. Vedno sem ustvarjala denar ne glede na vse, tudi ko sem bila v dolgovih. Lahko sem ga zaslužila, prihranila in ga tudi zapravila. Edina stvar, ki je pravzaprav nisem bila voljna narediti, je bila, da bi se izobrazila o denarju. Mislila sem, da je nevednost blaženost. Se zdi znano?

Nekoč sem s prijateljico čez noč ustvarila posel z izdelovanjem stekleničk z gelom in bleščicami za prodajo, da bi lahko šli na vse zabave med Mardis Gras parado v Sydneyju. Ko sem se odločila, da bom potovala čez lužo, sem trdo delala, imela sem tri službe in prihranila ves svoj denar, zato da bi lahko potovala; in kamorkoli sem šla, sem počela vsa mogoča dela, zato da bi lahko še naprej potovala. Pa vendar si nisem dovolila, da bi resnično *imela* denar.

Nisem bila skromna, saj sem zapravljala denar za reči, v katerih sem uživala, nisem se odrekla vikendu v Melbournu s prijatelji, prav tako sem bila radodarna in uživala v kupovanju stvari za druge ljudi. Tudi take vrste človek nisem bila, ki bi ga lahko slišali pritoževati se glede denarne situacije, vendar si še vedno nisem dovolila imeti denarja.

TOREJ, KAJ JE TO – IMETI DENAR?

Bistvo tega, da imate denar, je, da ste voljni dovoliti denarju, da je v vašem življenju na način, da ga vedno imate, in potem prispeva k širitvi vašega življenja. Ne gre za to, da ga delate pomembnega. Gre za igranje z denarjem ter dopuščanje prispevka in voljnosti prejemati.

Čudovit primer tega je, ko sem uporabljala svetlečo bižuterijo. Izgledala je čudovito, imel sem nekaj zabavnih delov, ampak njihova vrednost se je zmanjšala za 50 %, takoj ko sem odkorakala iz trgovine. Nekega dne sem kupila verižico, ki je bila narejena iz biserov mabe. Ti biseri so sedaj izredna redkost, saj jih ocean ne proizvaja več. Verižici zaradi njene vrednosti in njene redkosti na svetu vrednost nenehno narašča. To, da imam verižico v svojem življenju ... ne samo da ima denarno vrednost, ki je večja od te, kar sem plačala zanjo, obenem je tudi čudovit in lep kos nakita, ki ga imam v svojem življenju. Je estetsko lepa, in ko jo nosim, se počutim čudovito. To je energija, ki jo v vašem življenju ustvari dejstvo, da imate denar.

Bistvo, da imate denar v svojem življenju, ni le v tem, da ga ustvarjate in ga nikoli ne porabite. Ko ste resnično voljni imeti denar v svojem življenju, ste ga prav tako voljni uporabiti, zato da lahko ustvarite več.

Neki moj prijatelj vedno poskuša prihraniti denar za posel, s katerim sodeluje. Briljanten je v tehnologiji in je delal za veliko podjetje, potoval z njimi ter skrbel za njihove avdio-vizualne potrebe, kamorkoli so šli. Po vsakem dogodku je spakiral opremo, jo poslal v naslednjo državo ali mesto in to je zanj ustvarilo veliko dela. Na neki točki mu je lastnik podjetja rekel: »Hočem, da nabaviš več opreme, zato da jo bomo lahko imeli v Evropi, Ameriki, Avstraliji in Aziji. Tako je ne bo treba vzeti s sabo povsod, kamor potujemo, in ne bo nam treba misliti na to.« Minili sta dve leti in še vedno ni nabavil ničesar. Nihče tega ni opazil, dokler ni nekega dne lastnik rekel: »Pred dvema letoma sem ti rekel, da nabavi več opreme. Kaj se je zgodilo?«

Rekel je: »Poskušal sem vam prihraniti denar, ker je vsa oprema tako draga.«

Oglejte si energijo tega, da poskušate prihraniti denar s tem, ko tovorite opremo po vseh teh državah. Nato si oglejte energijo tega, da imate opremo na voljo v vsaki državi. Katera energija je skladna s tem, da posel raste in se širi z lahkoto?

Ali ste nekdo, ki sprašuje: »Kako lahko prihranim denar?« Kakšna je energija tega vprašanja? Ali vsebuje generativno energijo? Se zdi, da to širi vaše izbire ali jih omejuje? Zdaj pa si oglejte energijo tega vprašanja: »Kaj bi bilo potrebno za porajanje več denarja?« »Katera energija moram biti, da bi ustvarjala z lahkoto?«

Ali kje poskušate prihraniti denar? Poskušajte vprašati: »Če porabim ta denar, ki ga poskušam prihraniti, ali bi to ustvarilo več za danes in prihodnost?« Ne pravim, da pojdite in kupite nov BMW-jev kabriolet, če si ga želite. Dajem vam predlog, da si ogledate, kaj bo porajalo več za vas. Če bo to nekaj ustvarilo za vas, potem porabite denar.

Kako bi bilo, če bi imeli denar v svojem življenju, ki bi bil tam, da bi vam prispeval? Kako bi bilo imeti stvari v vašem življenju, ki so neprecenljive vrednosti in njihova vrednost sčasoma narašča?

Predstavljajte si dve hiši: eno, ki je v celoti opremljena s pohištvom iz ene izmed prodajaln s poceni sodobnim pohištvom. Čista je ter moderna in je videti, kot bi bila iz kataloga, in vse je vredno 50 % manj od tistega, kar ste plačali zanjo. Druga hiša je opremljena z vsemi vrstami lepih stvari – srebro, kristal, starine, slike, notranja oprema – ki nimajo le unikatne in estetske vrednosti, temveč imajo pravzaprav tudi bonus dodatek, da so vredne vsaj toliko, kot ste plačali zanje ali celo več. Katera hiša bi ustvarila večji občutek blaginje in lepote v vašem življenju? Kaj če bi lahko uporabili kreacijo estetike in tega, da imate vse mogoče stvari v svojem življenju na način, ki bi dodal k temu, da imate več denarja zdaj in v prihodnosti? Tu ne gre za sodbo, gre za zavedanje in ustvarjanje prihodnosti, ki si jo želite imeti.

Bi dovolili denarju, da bi bil kar naprej v vašem življenju in da bi še naprej rasel?

V drugem delu knjige vam bom dala številna praktična orodja, s pomočjo katerih boste lahko v svojem življenju imeli denar. Imeti denar je pravzaprav precej preprosto. Ste voljni imeti denar in dovoliti, da vam prispeva na popolnoma drugačen način?

NEHAJTE SE IZOGIBATI DENARJU IN GA ZAVRAČATI

Ali obstaja mesto v vašem življenju, kjer zavračate ali se izogibate podrobneje pogledati svojo denarno situacijo? Ali imate zelo dobre razloge, da se izogibate izvajati preproste in enostavne stvari, s katerimi boste ustvarili več denarja? Povsod, kjer se izogibamo biti popolnoma iskreni, je mesto, kjer odrežemo in zavrnemo tisto, kar bi nam dalo več možnosti in lahko spremembo.

Pogovarjala sem se s stranko, ki je rekla: »O svojih dolgovih razmišljam skoraj vsak dan in nato to potisnem pod preprogo v upanju, da bodo izginili.« Veliko nas deluje na ta način.

Ko sem bila v dolgovih, sem se vztrajno in neprenehoma izogibala temu, da bi pogledala, kaj se dogaja z mojo finančno situacijo, dokler nisem končno izbrala poslušati Garyja in Daina ter začela uporabljati orodja Access Consciousnessa. Izogibanje zavedanju v zvezi z denarjem nikoli ne ustvari prostora, kjer si lahko ogledate izbire, ki jih resnično imate, vedno ustvari to nejasno ter nerazločno področje, kjer se ne opolnomočite, da bi videli, kaj se dogaja ali kaj lahko storite, da bi to spremenili.

Prijateljica je zelo briljantna pri učenju svojih otrok o denarju. Nekoč je dala svojemu desetletnemu otroku dvajset dolarjev, da bi s prijatelji lahko skupaj jedli kosilo. Kasneje je ugotovila, da se je končalo tako, da je plačala prijateljeva mama. Moja prijateljica je vprašala svojega sina, zakaj ni plačal, in priznal je, da je izgubil denar, še preden so prišli tja. Nato ga je prosila, naj gre tej mami povedat, da je imel namen plačati kosilo, vendar je denar izgubil. Vedela je, da druga mama ni imela nič proti temu, da je plačala; ni šlo za to, da bi kogarkoli delali napačnega. Šlo je za to, da je uzavestil, kaj se je zgodilo – ne iz tega, da bi imel stališče ali sodbo glede situacije, ampak da bi dosegla, da bi njen otrok uzavestil, kaj je ustvaril, ne pa da bi se pretvarjal, da se ni zgodilo. Uzavestiti morate, ne pa da se skrivate ali izogibate stvarem. Ne gre za obsojanje. Če ste voljni, da tega ne ignorirate, boste v prihodnosti voljni biti bolj v zavedanju. In s tem zavedanjem opolnomočite sebe, da naredite tiste izbire, ki bi jih resnično radi izbrali, kar bo ustvarilo več v vašem življenju, ne manj.

Ali živite v vesolju brez izbire?

Leta sem se izogibala odnosom. Govorila sem: »Jaz ne izvajam odnosov, ne bom se šla odnosov, nikoli se ne bom poročila, nikoli ne bom imela otrok.« Pogledala sem vse naokoli sebe in nisem našla odnosa, ki bi deloval zame. Nisem mogla videti ljudi, ki bi izgledali, kot da se zabavajo v svojem odnosu, torej je bilo moje stališče (zaključek) »Ne grem se odnosov!«.

S to odločitvijo sem se zapirala pred vsem, kar je bilo mogoče. Ustvarjala sem vesolje brez izbire in resničnost brez izbire. Nekega dne sem spoznala, da je to tisto, kar izbiram, in sem se začela spraševati: »Kaj pa če bi bila voljna biti v odnosu? Kaj če bi bila voljna prejeti to možnost?« Spustila sem vse, kar sem se odločila in zaključila glede odnosov, ker sem prepoznala, da so vse te domneve zame ustvarile velikanske omejitve. Povsod, kjer gremo v zaključek, ustvarjamo omejitve, ki nas ločujejo od neskončnih možnosti, ki so na voljo. Smešna stvar je, da imam zdaj odnos s čudovitim partnerjem, ki je prav tako prišel skupaj z otrokom in psom – instant družina. In vsi so prispevali k mojemu življenju na načine, ki si jih sploh ne bi mogla zamisliti. Če bi še nadaljevala zavračanje možnosti odnosa v svojem življenju, ne bi mogla prejeti ogromnega prispevka, radodarnosti in energije, ki so oni zame, vključno s prispevkom h kreaciji več denarja in blaginje.

To, o čemer govorim tukaj, je, da si ogledate energijo, ki jo v vašem življenju ustvari to, ko si daste izbiro. Ko se izogibate nečemu, to zavračate ali niste voljni imeti nečesa, vam to ne dopušča, da bi imeli več izbir ali da ustvarite več. Voljni morate biti pogledati si, kje ustvarjate vesolje brez izbire, in biti voljni to spremeniti.

Kaj je najslabše, kar bi se lahko zgodilo, če se ne bi izogibali denarju?

Se izogibate početi nove stvari, ki bi vam lahko ustvarile denar? Koliko situacij se je pojavilo, kjer bi lahko zaslužili denar, pa ste rekli: »Ne, nimam časa za to. Ne bi mogla iti tja. Tega preprosto ne bi mogla narediti.«? So vas prosili, da bi naredili nekaj, pa ste pomislili: »Nimam sposobnosti za to delo,« pa ste zavrnili ter se izognili, namesto da bi poskusili? Kaj če bi se vprašali: »Kaj bi bilo najslabše, kar bi se lahko zgodilo, če se ne bi izogibala temu in preprosto izbrala?« Izbira ustvari zavedanje.

Če ste se izogibali javnemu nastopanju in bi vprašali: »Kaj je najslabše, kar se lahko zgodi, če bi dejansko malce govorila v javnosti?« Potem boste morda vprašali: »No, lahko bi zmrznila in pozabila, kar sem hotela reči. Bi bilo to res tako slabo?« In potem bi lahko rekli: »Če bi se to zgodilo, bi lahko samo stala tam, gledala množico in se nasmehnila.« Ljudje obožujejo ranljivost tega, ko ste vi, in če se ne izogibate ničemur, je lažje biti vi v vsaki situaciji. Lahko imate več sebe, ne glede na to, kaj se dogaja okoli vas, ker se vam ni treba obračati in zvijati ali se skrivati, da bi se čemurkoli izognili. Tisto, kar bo definitivno ustvarilo več denarja v vašem življenju, je to, da postanete več sebe.

Se izogibate svojim dolgovom? Kje se izogibate denarju? Katerim čudovitim, veličastnim in ustvarjalnim delom sebe se s tem izogibanjem upirate, da bi se lahko pojavili v svetu? Kaj ste se odločili, da je najslabša stvar, ki bi se lahko zgodila, če se temu ne bi izogibali? Kaj bi se lahko spremenilo, če bi bili voljni imeti popolno zavedanje svoje finančne resničnosti?

HVALEŽNOST

Eno izmed najčarobnejših orodij za spremembo stvari v življenju je hvaležnost.

Hvaležnost pogosto spregledamo, vendar ima moč dinamično spremeniti vaše stališče. Hvaležnost ima naraven učinek, ki vas izvleče iz sodbe. Hvaležnost in sodba ne moreta obstajati istočasno. Ne morete soditi in biti hvaležni. Ste kdaj opazili, kako je nemogoče biti hvaležni, ko sodite nekaj ali nekoga? Ko ste hvaležni, izidete iz sodbe. In kot smo prej razpravljali, je sodba način, kako ustvarimo svoje največje omejitve.

Ko prejmete denar, kaj je vaše takojšnje stališče? Ste hvaležni za vsak dolar, vsak cent, ki pride v vaše življenje, ali ste nagnjeni k razmišljanju: »To ni veliko«, »Pokrilo bo ta račun«, »Želim si, da bi imela več«? Kaj pa če bi bili hvaležni, kadarkoli bi denar pritekel ali kadarkoli bi denar odtekel, sebi, ker ste to ustvarili, denarju, ker se je pojavil, in za to, za kar ste ga porabili? Kako bi bilo, če bi resnično imeli več hvaležnosti glede denarja?

Kaj če bi za vsak denar, ki ga prejmete, vadili govoriti: »Hvala, tako sem hvaležen/-na, da se je to pojavilo! Ali lahko imam več, prosim?« In kaj če bi bili za vsak denar, ki ste ga porabili, za vsak račun, ki ste ga plačali, hkrati hvaležni in voljni vprašati po več: »Čudovito, tako sem hvaležna, da imam še en mesec elektriko! In kaj bi bilo potrebno, da bi se mi ta denar povrnil desetkratno?«

Obožujem spraševati to vprašanje! Nekoč sem plačala ženski, ki mi je čudovito zmasirala stopala. Tako sem bila hvaležna zanjo, zato sem se ji zahvalila. Ko sem ji podala denar, sem igrivo rekla naglas: »Kaj bi bilo potrebno, da bi se mi to povrnilo desetkratno?« Ženska me je začudeno pogledala. Kasneje je pristopila k meni in rekla: »Nisem si mislila, da lahko vprašam, naj se denar vrne k meni, ko ga izplačam. Mislila sem, da bi bilo to nespoštljivo ali kaj podobnega. Ampak to si izrekla s takšno hvaležnostjo in radostjo, da je bilo veliko povabilo. Od zdaj naprej bom to uporabila pri vsem!«

Ko ste se voljni igrati z denarjem, ste hvaležni za denar in hvaležni temu, kar ste ustvarili, in tega ne sodite, se lahko pojavi več tega.

Kaj če bi bili voljni biti hvaležni tudi zase?

Ko ne priznavate in nimate hvaležnosti za denar, ki prihaja in odhaja iz vašega življenja, pravzaprav nočete priznati in imeti hvaležnosti zase. Kaj če bi začeli priznavati sebe za tisto, kar ste ustvarili, kar imate, namesto da bi se osredotočali na tisto, česar nimate? Ko usmerite pozornost na tisto, kar v vašem življenju deluje, lahko ustvarite več tega in začelo se bo pojavljati na več mestih. Če svojo pozornost usmerjate na tisto, kar vidite, da vam primanjkuje, boste vedno videli pomanjkanje in bo pomanjkanje raslo.

Imeti morate hvaležnost za vse, kar ustvarjate, dobro, slabo in grdo. To pomeni, da nikoli ne greste v zaključek, ne glede na to, kar se pojavi. Koliko izbir ste obsojali, ker ste se odločili, da ste izgubili denar, ali pa ste izbrali napačno izbiro? Kako veste, da ta izbira ni bila natančno tisto, kar vam bo dovolilo, da v prihodnosti ustvarite nekaj še večjega? Če to sodite, ne boste mogli videti darila svoje izbire in si ne boste dovolili prejeti možnosti, ki so sedaj na voljo zaradi tega. Če imate hvaležnost, boste lahko imeli popolnoma drugačno resničnost.

Hvaležna sem za vse ljudi, ki delajo za Radost poslovanja (eno od podjetij, katerega lastnica sem, ki mi ustvarja denar in spreminja svet). Posel porajamo iz radosti in radovednosti tega, kar je mogoče ustvariti, in ne na podlagi tega, da izbiramo pravo izbiro ali pa se izogibamo napačni.

Ko nekdo izbere nekaj, kar ne deluje tako dobro, kot bi radi, se ne odrečemo radosti ustvarjanja v poslu in hvaležnosti drug za drugega samo zato, ker se ni pojavilo na način, kot smo upali, da se bo. Vprašamo: »Kaj je dobrega v tem?« in si ogledamo, kaj je še mogoče, na kar sploh pomislili nismo. Takoj ko sodite, to zmanjša možnosti. Hvaležnost pa jih poveča.

Če imate hvaležnost za tisto, kar so ljudje ustvarili, se lahko v vašem in njihovem življenju pojavi še več. Če ste radostni glede tega, kar ustvarjate in počnete, se bo pojavilo še več denarja.

Ste hvaležni, ko je nekaj prelahko?

Pred nekaj leti sem se udeležila dogodka s starinami, ki ga je vodil moj prijatelj. Ponudila sem se, da bi mu pomagala pri pobiranju denarja za stvari, ki so jih ljudje kupili, pri pisanju računov, pri splošni administraciji. To sem počela, ker sem si želela prispevati svojemu prijatelju in rasti njegovega posla.

Po dogodku sem dobila e-sporočilo, v katerem je pisalo, da mi bo plačal delež od prodaje. Odgovorila sem: »Hvala, ampak nočem denarja od tega. Resno, z veseljem sem prispevala.«

Prijatelj mi je odpisal: »Bodi hvaležna za denar.«

Mislila sem: »No, saj sem hvaležna za denar,« a hkrati sem videla, da ga nisem bila voljna prejeti, in spoznala, da je moj pogled, da nisem delala dovolj trdo, da bi prejela denar. Ko sem bila tam, je bilo, kot bi bila na zabavi. Pila sem šampanjec iz srebrne čaše, sprejemala plačila preko naprave za kreditne kartice in pisala račune. Zelo sem se zabavala. In še plačali so mi za to?

Garyju Douglasu sem povedala o preobratu v moji perspektivi in kako se je zdelo, da je to v mojem svetu odprlo toliko več, on pa je odgovoril: »Ko denar prihaja z lahkoto in si hvaležna, si na pravi poti, da boš imela prihodnost z več možnostmi.«

Kakšne velike prihodnje možnosti lahko ustvarite za svoje življenje s tem, ko dopuščate, da denar v vaše življenje prihaja lahkotno in radostno ter tako, da ste hvaležni za vsak posamezen cent, ki se pojavi?

3. poglavje

Kako takoj ustvariti novo finančno resničnost?

Kaj če ne bi imeli pogleda glede denarja? Kaj če ne bi imeli sodb? Nobenih finančnih polomij? Nobene omejene finančne resničnosti? Kaj če bi se zbudili in na novo začeli vsak dan? Kaj bi ustvarili? Kaj bi izbrali?

Če bi res želeli ustvariti finančno resničnost, ki je drugačna in večja od tiste, ki jo imate trenutno, si boste morali ogledati izbire, ki jih trenutno izbirate, in če vas ne vodijo v smer, v katero bi resnično želeli iti – jih spremenite! Vsaka izbira, ki jo naredite, ustvari nekaj. Kaj želite ustvariti s svojimi izbirami?

Pomembno si je zapomniti, da tu ne gre za pravilne in napačne izbire. Gre za sprejemanje *drugačnih* izbir.

O poslu govorim z ljudmi po celem svetu. Ko pride do izbir v poslu, resnično delujem iz »Ne obstajajo pravilne ali napačne izbire, obstaja samo izbira«. Nekatere izmed mojih najslabših »napak« v poslu, so bile zame največje darilo, ker so mi dopustile videti, kaj lahko sem ali počnem drugače, kar bi delovalo v prihodnosti, kar bi morda trajalo veliko dlje, da bi se tega začela zavedati, če tega ne bi izbrala. Vidim prispevek, ki so mi vse moje izbire, ko ustvarjam večjo prihodnost, saj se ne zataknem v miselnost: »O, ta izbira je bila napačna in neka druga izbira bi bila pravilna.« Kaj če vam nikoli več ne bi bilo treba narediti prav ali pa se izogniti temu, da bi naredili napačno?

Kot moj modri prijatelj Gary pogosto vpraša: »Ali bi raje imela prav ali bi raje bila svobodna? Ne moreš biti obojega!«

Če ste voljni biti napačni in opustiti potrebo po tem, da bi imeli prav, lahko izberete karkoli in ustvarite karkoli.

Mučiti se ali ne mučiti se?

Pred leti sem šla s prijatelji na kosilo, bila sem tečna in čemerna. Ko smo hodili do restavracije, me je prijatelj vprašal: »Zakaj izbiraš to?« Rekla sem: »Ne izbiram tega!« Še naprej sem hodila poleg in ves čas premišljevala: »Ne izbiram tega! Ne izbiram! Čakaj, ali resnično izbiram to? Lahko to spremenim?« Moj svet je takoj postal lažji. Ko smo končno prišli do restavracije, sem rekla prijatelju: »Vau! Dojela sem! Res izbiram to. Izbiram tečnobo!«

Veliko ljudi ne misli, da imajo izbiro biti žalostni, srečni, tečni, sproščeni. Naučeni smo verjeti, da zunanje okoliščine ustvarjajo način, kako se počutimo glede stvari, vendar je pravzaprav le izbira. Naučiti se morate prepoznati, da imate izbiro, tudi v okoliščinah, kjer običajno domnevate, da je nimate. Kaj če bi začeli gledati vsa mesta, kjer ste mislili, da nimate izbire, in vprašali: »Okej, če bi v tej situaciji, namesto da se pretvarjam, da nimam nobene izbire, raje krepila svojo mišico za izbiro, kaj bi lahko takoj zdaj izbrala?«

Enako je z denarjem. Če imate trenutno težave z denarjem ali se mučite z denarjem, se zavedajte, da je to vaša izbira: vi to ustvarjate. *In lahko izberete nekaj drugega!*

Prav tako ni pomembno, ali imate vzpostavljen posel ali plačano službo, ali ste starš, ki je doma, iščete službo ali ste v pokoju. Ni vam treba imeti veliko (ali sploh kaj) denarja, da bi začeli spreminjati svojo finančno resničnost, in ni vam treba imeti vsega postrojenega, samo začeti morate. Samo izbrati morate.

V tem poglavju si bomo pobliže ogledali elemente, ki vam bodo pripomogli, da se odstranite z lastne poti, in vam dopustili več jasnosti ter lahkotnosti pri izbiranju drugačnih izbir z denarjem: da boste sami sebi krili hrbet, opustili svoje zgodbe in razloge, da nimate denarja, da boste iskreni s seboj in zaupali svojemu vedenju.

BITI VOLJNI NAREDITI, KARKOLI JE TREBA

Orodja za denar v tej knjigi so fantastična, vendar da bi jih učinkovito uporabili in spremenili, kar trenutno ne deluje, morate stati za sabo na tri načine:

1. Morate biti zavezani svojemu življenju.
2. Od sebe morate zahtevati, da boste počeli in bili, karkoli je potrebno.
3. Voljni morate biti izbrati, izgubiti, ustvariti in spremeniti karkoli.

Kaj če bi bila predanost temu, da nikoli ne obupate nad sabo, najprijaznejša stvar, ki bi jo lahko naredili?

Predanost svojemu življenju ne pomeni, da si boste nadeli prisilni jopič ali da boste za vselej primorani slediti eni poti. Pomeni, da nikoli ne obupate, se nikoli ne vdate in nikoli ne odnehate. Ste se voljni zavezati sebi? Ste voljni nikoli ne obupati nad sabo?

Z mojim partnerjem Brendonom sva oba predana svojemu življenju in ustvarjanju odnosa, ki deluje za naju. To počneva tako, da vsak dan znova izbereva najin odnos, namesto da bi odnos spremenila v obvezo, ki bi jo bilo treba večno vzdrževati.

Izbirava zato, da bova ustvarila večjo prihodnost za naju oba, vendar nikoli ne pričakujeva, da bo izbrano izklesano v kamen ali nespremenljivo. Ko sva razmišljala o tem, da bi skupaj kupila hišo, sem se sprva upirala in zaključevala, da bi iz nujnosti morala živeti skupaj do konca svojih življenj. Brendon je rekel: »Še vedno lahko prodava hišo,« jaz pa sem rekla: »O, prav imaš!« Če sva solastnika hiše, še ne pomeni, da morava biti skupaj za vedno; to je še vedno izbira, gre za posel. Biti predani sami sebi ne pomeni, da ne boste nikoli spremenili izbire. Gre za ustvarjanje zaveze, da bova dovolj spoštljiva do sebe ter drug do drugega, da si bova lahko dopustila spremeniti izbire, ko nekaj ne bo več delovalo.

Pri predanosti sebi gre za voljnost imeti pustolovščino bivanja, da nadaljujete izbirati to, kar deluje za vas, tudi če je neudobno in tudi če to pomeni spreminjati in izbirati tisto, česar nihče drug (tudi vaš partner, vaša družina ali prijatelji) ne razume. Predanost sebi vas lahko popelje onkraj vaše cone udobja, še posebej ker nas je večina dobro navajenih obupati nad tem, kar bi resnično radi izbrali, z namenom, da bi ustrezali vsem drugim. Morate biti voljni biti tako drugačni, kot resnično ste, ne glede na to, kaj kdorkoli drug misli, govori ali počne.

Zahtevati ne morete od nikogar ali ničesar, razen od sebe

Postavljanje zahteve je spoznanje, da boste ne glede na vse imeli vse, kar si želite v življenju.

Svoje življenje začnete ustvarjati, ko končno zahtevate: »Ne glede na to, kaj je potrebno, in ne glede na to, kako bo videti, bom ustvaril/-a svoje življenje. Ne bom živel/-a glede na stališče ali resničnost nikogar drugega. Ustvarila bom svoje lastno!«

Leta nazaj, ko sem začela potovati zaradi Accessovih seminarjev, si nisem vedno mogla privoščiti nastanitve, zato sem stanovala v hišah drugih ljudi. Nekoč sem stanovala v hiši od nekoga in hiša ni bila ravno čista. Takoj ko sem stopila izpod prhe, sem se počutila, kot da potrebujem še eno prho. Zahtevala sem: »To ne bo delovalo. Moram biti sposobna ustvariti več denarja, zato da bom lahko izbirala, kje si želim stanovati.«

Začela sem prenočevati v hotelskih sobah in si z drugimi delila stroške. Potem sem uzavestila, da si tudi tega nisem želela. Rada sem bila sama. Všeč mi je bilo, da sem imela svoj prostor. Obstaja energija, ki jo ustvarite, ko postavite zahtevo in ne greste v resničnost pomanjkanja ali dvoma.

Velikokrat sem zahtevala, da se stvari pojavijo, ampak pravzaprav nisem vedela, kako bo to videti. In vsakič sem vseeno postavila zahtevo: »Ne glede na to, kar je potrebno« in »Ne glede na to, kako bo videti.« Nisem vedela natančno, kako bom zaslužila denar, da bom med potovanji lahko sama stanovala v hotelih, vendar sem vedela, da sem bila voljna narediti, karkoli je bilo potrebno, da to ustvarim.

Bodite voljni izbrati, izgubiti, ustvariti in spremeniti karkoli

Ko ste voljni izbrati drugače, ste voljni postati zavestni in prejeti informacije od ljudi in stvari okoli sebe ter se imate sposobnost spremeniti v nanosekundi, ko bo to ustvarilo več za vas. Je kot: »O! Več informacij! Okej, naredimo to.« Ko izbirate, boste morda ugotovili, da so stvari drugačne od tega, kar ste sprva mislili. Ste voljni biti v zavedanju novih informacij, potrebe po spremembi ali pa se skušate držati prve izbire, tudi ko ta ne deluje več? Ali pa naredite majhne popravke in se potem čudite, zakaj se ne spreminja?

Izvajati majhne premike, vendar v bistvu početi isto stvar (nekako kot to, da imate vsak dan oblečeno isto majico in jo poskušate napraviti tako, da bo videti malo drugače, namesto da bi zares zamenjali majico), to vam ne bo prineslo drugačnega rezultata.

Einsteinova definicija norosti je početi isto stvar in pričakovati drugačen rezultat. Morate spremeniti način, na katerega trenutno delujete, da bi ustvarili drugačen izid.

Ustavljamo se pri tem, da bi bili voljni narediti, karkoli je potrebno, da bi imeli drugačno resničnost in finančno resničnost, ko delujemo, kot da so določene stvari v našem življenju fiksne in nespremenljive. Nekaj ustvarimo kot nespremenljivo, ko mislimo: »Tako pač je.«

Kaj ste ustvarili kot nespremenljivo? Kaj je za vas izklesano v kamen? Kaj vidite kot vredno, dokončno in trajajoče? Biti lastnik hiše? Imeti trajen zakon? Imeti lasten posel? Ostati v službi? Biti zadolženi?

Ali se držite kateregakoli dela svojega življenja, kot da je stalna struktura? To sem naredila s poslom. Podjetja, ki sem ga ustvarila, sem se oklepala veliko dlje, kot sem si želela biti vpletena vanj. Ko je začelo propadati, sem poskušala početi stvari drugače, vendar nisem bila voljna narediti nečesa popolnoma drugačnega in podjetje prodati, ker sem mislila, da moram delati, kar vsi govorijo, torej podjetje voditi še naprej tako dolgo, kot je mogoče.

Kaj ste se odločili, da nimate sposobnosti spremeniti? Se glede svoje finančne situacije, pomanjkanja denarja, dolga, finančnih obetov počutite, kot da nimate izbire? Ste ustvarili zavezo, da boste vzdrževali finančne strukture, ki ste jih ustvarili v svojem lastnem vesolju, namesto da bi naredili nekaj popolnoma drugače? Se ves čas poskušate spreminjati, pa nič ne deluje? Česa ne počnete, kar bi, če bi to počeli drugače, vse to spremenilo?

Nekoč sem to spraševala na seminarju in nekdo je rekel: »Večinoma grem v akcijo šele, ko sem v velikih bolečinah, in ko sem enkrat brez bolečin, se neham premikati naprej. Včeraj sem se začela zavedati, da znesek denarja, ki ga imam, ne bo zadostoval za plačilo položnic, ki bodo dospele. Naenkrat sem začutila nujo in se odločila, da bom nekaj ukrenila glede tega. Vedno sem tako delovala. Ne grem v akcijo, dokler mi to ni potrebno. Kot da bi bila edina motivacija bolečina.« Če bi bila ta oseba voljna biti in narediti nekaj drugačnega s svojo izbiro, bi si lahko ogledala, kako nasploh deluje iz stališča »motivacije na podlagi pomanjkanja« in vprašala: »Čakaj, to sem vedno počela. Kaj če bi začela delovati na popolnoma drugačen način? Kaj bi zame ustvarilo več?« Če pa je voljna vprašati le: »Kaj moram storiti, da bi pravočasno plačala položnice?«, ne da bi si ogledala strukturo, iz katere deluje, potem bo le počela stvari malce drugače in na dolgi rok ne bo mogla spremeniti svoje resničnosti z denarjem.

Neka druga oseba je rekla: »S težavo nadzorujem porabo kreditne kartice. Zdi se, kot da je uporaba kreditne kartice edini način, da lahko imam denar. Zdi se, kot da drugače nimam izbire.« Če bi ta oseba rekla: »Danes ne morem uporabiti svoje kreditne kartice, moram si najeti posojilo,« bi to bila ista stvar, le na malo drugačen način. Če bi zahtevala: »Resnično bom ustvarila več denarja zdaj in v prihodnosti. Tako ne želim več živeti. Kaj moram v tem trenutku pognati v akcijo, da bi spremenila to?«, potem bi ta oseba naredila drugačno izbiro, ki bi ji dovolila ustvarjati onkraj omejenega stališča glede denarja, v katero je bila ujeta.

Morate biti voljni izgubiti vsa ta mesta, vse te strukture, vse te stvari, za katere trenutno verjamete, da so trajne in nespremenljive. V resnici ni nič nespremenljivo.

Vem, da lahko kjerkoli v življenju, kjer karkoli ustvarjam kot trajnost, izberem nekaj drugega. Lahko rečem: »To ne deluje zame. Tega ne bom več izbirala.«

Simone Milasas

Ste se pripravljeni odreči stvarem, za katere ste se odločili, da jih morate imeti, da jih morate početi in jih ne smete ali ne morete izgubiti? Kaj če bi bil to, da ste jih voljni izgubiti, začetek popolne izbire? Kaj če bi bili voljni izgubiti vsak cent, ki ga imate? Kaj če bi lahko ustvarili veliko več denarja, kot ste ga sploh kdaj imeli, s popolno lahkoto?

Če ste v svojem življenju poskušali nekaj spremeniti in se to ne spreminja, si oglejte, kje morda počnete isto stvar na drugačen način, namesto da bi dejansko izbrali nekaj narediti popolnoma drugače. Kaj bi morali biti in narediti drugače, da bi resnično spremenili svojo finančno resničnost?

OPUŠČANJE VAŠIH LOGIČNIH IN NORIH RAZLOGOV, ZAKAJ NE MORETE IMETI DENARJA

Morda ste opazili, da sem do zdaj večkrat uporabila besede kot na primer *zaključek, odločitev* in *sodba*. Ste vedeli, da beseda *zaključevati* izhaja iz besede, ki pomeni *utihniti* ali *ograditi*? To je natančno tisto, kar zaključek naredi v naših življenjih. Ogradi vas s sodbo ali zaključkom, ki ste ga naredili, in vas izloči iz prejemanja katerekoli druge možnosti ali tega, da bi videli katerokoli drugo izbiro. Je, kot da bi vtaknili svojo nogo v vedro svežega cementa in potem poskušali priti nekam drugam. Ne morete storiti tega. Zaključili ste, da je to mesto, kjer ste, in tega ne boste mogli spremeniti, dokler ne izpustite tega stališča.

Kupili in prodali smo milijon zgodb glede denarja. Za večino teh zgodb resnično verjamemo, da so prave in resnične, in te so tiste, h katerim se vračamo in si jih znova in znova pripovedujemo, namesto da bi preprosto vprašali: »Vau, to je zanimiva zgodba, ki ji nasedam. Kaj če ni resnična? Sprašujem se, kaj je tu še mogoče?«

Ko je bil moj prijatelj otrok, so njegovi starši projicirali nanj, da bogati ljudje niso srečni. Peljali so ga na ogled res čudovitih hiš v soseski in on bi vprašal: »Ali se lahko, prosim, vselimo sem?« in starši so mu rekli: »Ne,

56

tega si ne moremo privoščiti. In bogataši tako ali tako niso srečni.« Nato se je odzval: »Ali ne bi vsaj poskusili in potem videli?«

Prav tako so mu rekli, da ne bi smel jesti pri mehiški družini, ki je stanovala v isti ulici, saj so imeli manj denarja, kot ga ima njegova družina. Seveda, ko je ta družina kasneje kupila prazno parcelo poleg njihove hiše in na njej zgradila stanovanja, je moj prijatelj spoznal, da jih je njegova mama sodila, kot da imajo manj, zaradi njihovega porekla in ker so jim po dvorišču za hišo tekale kokoši in ker so gojili lastno zelenjavo in sadje.

Skoraj vsi imamo podobne zgodbe, ki jih lahko pripovedujemo, in druga nora stališča, ki se podijo v naših glavah in nam preprečujejo imeti drugačno finančno resničnost.

Se spomnite zgodbe, ki sem jo povedala o svojem očetu? Včasih nam je govoril, da bo umrl srečen, ko bo vedel, da smo (moj brat, moji polsestri, moja mama in jaz) finančno preskrbljeni. Nisem hotela, da moj oče umre, in nekje v svojem svetu sem mislila, da če bom ustvarila dolg, ne bo odšel. To je bilo precej noro stališče, in ko sem spoznala, kaj počnem, sem to stališče opustila in spremenila vse, kar sem počela v zvezi z denarjem, in denar se je začel v mojem življenju pojavljati na najbolj bizarne in nepričakovane načine.

Kakšna finančna resničnost je bila projicirana na vas, ko ste bili še otrok? Kakšna nora stališča ste prevzeli in jim nasedli glede tega, ali imeti denar, ne imeti denarja, ustvarjati denar, izgubiti denar in še kaj? Kaj če bi lahko izbrali spustiti vse, kar ste izkusili, ali v kar ste v preteklosti verjeli glede denarja, in vam tega ne bi bilo treba več projicirati v svojo prihodnost?

Je čas, da opustite finančno
zlorabo nad sabo?

Prijateljevi starši so mu včasih govorili, od časa, ko je bil star le tri ali štiri leta, da je *njegova* krivda, da nimajo denarja. Odraščal je v veri, da mora ustvariti denar za starše in sorojence. Otroci se zavedajo in želijo prispevati. Ko so v hiši prepiri, skrbi ali energijski podtokovi glede denarja, da ne omenjamo očitno zlorabljajočih komentarjev, jih otroci prevzamejo nase.

Finančna zloraba se lahko prikaže v različnih oblikah in velikokrat odraža tako, da se vi počutite, kot da si ne zaslužite najbolj bistvenih stvari v življenju. Pojavi se lahko kot življenje iz občutka pomanjkanja ali kot da ste finančno breme ali težava.

Finančna zloraba se prav tako lahko pokaže v obliki starša, ki svojega otroka ohranja odvisnega od sebe oziroma pod svojim nadzorom. Nekoč smo o tem govorili na seminarju in nekdo je rekel: »Pravkar sem spoznala, da moja mama želi, da bi bila finančno odvisna od nje, zato da bi se lahko kot mama počutila vredno. Vidim, koliko moje resničnosti glede denarja temelji na želji in poskusih izpolniti njene želje, da bi se počutila uporabno ter pomembno v tej vlogi. Da bi se ona lahko čutila kot tako, moram biti jaz neuporabna in odvisna.«

Če nekdo potrebuje, da ste od njega denarno odvisni, ali ni to oblika zlorabe? Ja, je. Ali morate zdaj še naprej živeti na podlagi te zgodbe? Ne, ni vam treba. Imate drugačno izbiro. Lahko prepoznate, da ste v preteklosti izkusili finančno zlorabo, in izberete, da to ne bo več vodilo vašega življenja. Tega vam ni treba narediti resničnega, saj imate približno milijon drugih izbir v zvezi s svojo resničnostjo z denarjem – vsaj! In skoraj vse so veliko zabavnejše. Kaj če bi izbrali nekaj teh?

Ali uporabljate dvom, strah ali krivdo,
da bi se odvrnili od ustvarjanja denarja?

Ali dvomite, da lahko zaslužite denar? Vas je strah, da ga boste izgubili? Se čutite krive ali pa se obtožujete glede dolgov? Se razjezite zaradi svojega trenutnega finančnega statusa? Ko gre za denar, ste obsedeni ali pa se osredotočate na probleme, namesto da bi pogledali možnosti? Vse to so primeri *motenj*, ki jih uporabljamo, da se izvzamemo iz tega, da bi bili prisotni z različnimi izbirami in možnostmi. Vsak »moteči faktor«, ki ga ustvarimo, so lepljiva, negativna čustva, v katerih preživimo svoj čas ujeti, željni, da bi se osvobodili, in trdno prepričani, da ne moremo pobegniti. Zacementiramo jih v zelo dobro zgodbo, ki pojasni, zakaj se vam to dogaja, zato da vam tega nikoli ne bi bilo treba spremeniti. Rekli boste stvari, kot so: »Strah me je, ker ...« ali »Dvomim, da lahko naredim to, ker ...« Vsak »ker« je vaš premeten način nasedanja vašim motnjam preko čudovite zgodbe, zato da lahko odnehate, da vam ne bi bilo treba spremeniti tistega, kar se dogaja na tem področju vašega življenja.

Vsakič, ko se pri teh motnjah zataknete ali pa vas zadenejo iznenada, je to pravzaprav nekaj, s čimer izbirate, da se boste sodili, namesto da bi izbrali drugačno možnost. Kaj če bi začeli prepoznavati, da so motnje v življenju samo nekaj, kar vas odvrača od tega, da bi živeli svoje življenje in ustvarjali nekaj drugačnega? To lahko začnete spreminjati tako, da uzavestite moteče misli ter občutke, ko se pojavijo, in ko se, preprosto ponovno izberite, izberite postaviti vprašanja, izberite imeti hvaležnost namesto sodbe, izberite uzavestiti, da to ni resnično ali pravo in da je to zanimiv pogled. Ni vam jih treba znova in znova ponavljati v glavi ali v svojem življenju, razen če se seveda veliko bolj ne zabavate s tem, ko vam nekaj odvrača pozornost, namesto da bi ustvarjali življenje in denar, ki si ju želite.

Simone Milasas

BITI BRUTALNO ISKRENI S SABO
(PRIJAZNEJŠE, KOT SE SLIŠI)

Lahko prosite, da se pojavi nekaj drugačnega, lahko vprašate po tem, da ustvarite svojo lastno finančno resničnost, lahko sprašujete po več denarja, več valutah,

več denarnih tokovih, da se pojavi več vsega, pa vendar, ko porabite toliko energije, da zanikate sebe, se sodite in se upirate temu, da bi priznali svoj prispevek v svetu, niste iskreni s sabo – proti sebi zakrivljate nekaj velikih laži, da bi dokazali, da niste tako veliki, kot v resnici ste.

Povsod, kjer mislite, da ste napačni, je mesto, kjer se upirate biti močni. Ni res, da smo napačni, ali da nam primanjkuje nečesa, ali da smo nesposobni, vendar pa je res, da se branimo biti moč in potenca, kar smo dejansko sposobni biti.

Nekoč sem vozila Garyja in Daina na seminar in bila sem resnično jezna, vendar sem se pretvarjala, da nisem. Vozila sem zelo neprijazno, prehitro sem peljala čez ležeče hitrostne ovire, tako da sta Gary in Dain vsakič z glavo treščila v strop. Nisem se želela pogovarjati o tem, potem pa me je Gary poklical zgodaj naslednje jutro ob šestih in rekel: »Pridi so najine hotelske sobe in uredimo to.« Ure in ure sem govorila z njima glede tega, zakaj sem bila jezna. Ves čas sem govorila: »Sodim samo sebe, jezna sem nase.« Vendar se ni nič spremenilo ali postalo lažje. Ne glede na to, kako pogosto sem to rekla, ni zvenelo resnično. Ko smo nadaljevali pogovor in sta mi postavljala več vprašanj, sem spoznala, da sem pravzaprav sodila njiju. Odločila sem se, da sta neumna, ker sta me najela. Ko sem bila voljna biti ranljiva (in ja, takrat je bilo zelo neudobno, vendar sem tako vesela, da sem to naredila), sem lahko videla, kaj sem počela, in sem se bila sposobna osvoboditi jeze, kar je olajšalo stvari za vse nas. S tem ko sem ju sodila kot neumna, ne samo, da nisem bila voljna prejeti prispevka, ki sta želela biti zame, prav tako nisem bila voljna videti prispevka, ki sem jaz bila zanju, in podjetju nisem dopuščala rasti. Ko sem ju nehala soditi, je veliko postalo mogoče.

Ste voljni ne imeti pregrad?

Ena izmed najbolj prevladujočih stvari, ki so se zgodile po tistem pogovoru, je bila, kako neudobno sem se počutila. Garyju sem rekla: »Zdaj se počutim popolnoma nepovezano z vama z Dainom.« Gary me je vprašal: »Si svojo povezavo z nama ustvarila preko sodbe?« Spoznala sem, da je bilo tako. Nato je rekel: »Sedaj imaš možnost svojo povezavo z nama ustvariti na podlagi skupnosti.«

Večina ljudi svojo povezavo z nekom zgradi na podlagi sodbe. Sodbe ustvarijo pregrade in zidove, ki nam dopuščajo, da se skrivamo pred sabo in drugimi.

Pri skupnosti gre za prostor popolnega neobsojanja. In to je popolnoma drugače. Zame je bilo sprva močno neudobno. Počutila sem se tako ranljivo. Vse moje pregrade so bile spuščene, bilo je, kot da vidijo naravnost skozme.

Naučeni smo verjeti, da nas bodo sodbe, pregrade in zidovi, ki jih vzpostavimo, zaščitili, v resnici pa nas skrivajo pred nami samimi. Če ste voljni ne imeti nobenih sodb, nobenih pregrad in popolno ranljivost, boste začeli videti, kaj je mogoče za vas, česar ste se branili priznati.

Voljni morate biti brutalno iskreni z vsem, kar ustvarjate v življenju. To je edini način, da lahko karkoli spremenite; imeti ta pogum in prepoznati: »Okej, to ne deluje.« Biti morate voljni imeti zavedanje tega, kar se resnično dogaja za vas. Pri ustvarjanju vaše lastne resničnosti gre za to, da imate zavedanje, kaj pravzaprav je, in nato izbrati, kar bo ustvarilo več za vas.

Kaj če bi to, da ste brutalno iskreni sami s sabo, pomenilo, da ste ranljivi s seboj do te mere, da si nikoli več ne lažete?

Da nas je strah, je ena izmed največjih laži, ki jo lahko zgrešimo nad sabo. Ali vas je res strah za denar, ali da ga boste izgubili, ali da boste bankrotirali? Ali vas je v resnici sploh strah? Ali kadar pride do neke nujne situacije, se soočite z njo in se pozneje zrušite, da bi dokazali, kako grozno je bilo za vas?

Če ste voljni iskreno pogledati, kaj se dogaja, in videti, kaj je resnično za vas, ne glede na to, kako intenzivno ali izzivajoče je čutiti, ali za kar ste se prepričali, da se resnično dogaja, to ustvari neverjetno mero svobode.

Biti resnično ranljivi ne pomeni, da si dopustite biti šibki ali izpostavljeni napadom. Biti ranljivi pomeni biti kot odprta rana in ne imeti več nobenih pregrad do nikogar in ničesar, vključno z vami. Ko nimate nobenih pregrad ali zaščit, se ne morete zatakniti za nič dobrega ali slabega. Večinoma vzpostavljamo pregrade, ker mislimo, da se bomo zaščitili, vendar pa se zgodi to, da postanemo ujeti za temi zidovi. Ko imamo te zidove, ne le da se ločimo od drugih, temveč se ločimo od tega, kar je resnično za nas. Za katera prepričanja, ki jih imate trenutno glede tega, kako omejeni ste, bi dejansko morali priznati, da sploh niso resnična, če bi resnično spustili vse svoje pregrade?

Kdo bi pravzaprav bili, če se vam nikoli ne bi bilo treba braniti ali česarkoli dokazovati komurkoli ali čemurkoli? Ko sodite sebe in verjamete, da ste manj kot fenomenalni, kdo ste takrat? Ste vi? Ali pa ste tisto, kar bi drugi ljudje od vas želeli, da ste? Kaj če niti približno niste tako zjebani, kot mislite, da ste? Kaj če ni z vami narobe nič, kar bi morali skrivati, premagati, se izogibati ali se braniti pred tem? Kaj če ste pravzaprav briljantni? Ali ste voljni videti to? Ali ste voljni to uzavestiti in biti to v svetu?

Ko ste vi to, kar ste, je to nekaj najprivlačnejšega na svetu. In vi to že prepoznavate, saj so ljudje, ki vas v življenju privlačijo, tisti, ki so to, kar so, ki imajo ranljivost in voljnost biti prisotni z vami. Nimajo nobenih pretvez, pregrad ali obramb. Nič jim ni treba dokazati. Tako je, če ste to, kar ste. Nič drugega vam ni treba biti kot to, kar ste. Ko ste to, kar ste, si vsi želijo biti ob vas.

In tudi veliko bolj vam bodo voljni dajati denar, samo da bodo ob vaši energiji, samo da bi imeli nekaj tega, kar imate vi. Ste voljni biti tako neustavljivo privlačni za druge?

Kaj če bi zahtevali, da ste brutalno iskreni sami s sabo, in bi vprašali: »Kdo sem ta trenutek? Če bi bil/-a to, kar sem, kaj bi izbral/-a? Kaj bi izbral/-a?«

Kaj bi resnično radi imeli?

Del tega, da ste ranljivi, je tudi to, da ste brutalno iskreni glede tega, kaj bi v življenju radi imeli. Če to prikrivate in skrivate pred sabo ali pa se pretvarjate, da si v resnici ne želite, kar si resnično želite, nimate nobenih možnosti, da bi dejansko ustvarili in izbrali več ter imeli življenje, v katerem resnično uživate. Voljni morate biti, da pred sabo ne boste imeli nobenih skrivnosti.

Ste si kdaj vzeli trenutek in si ogledali, kaj bi v življenju radi ustvarili? Kaj če ne bi bilo nič nemogoče? Kaj če bi lahko imeli in bili ter počeli karkoli? Ste bili voljni biti tako iskreni s sabo, da ste priznali, kar bi resnično radi imeli v življenju, tudi če za nikogar nima nobenega smisla?

Kaj če bi si napisali seznam vsega, kar bi v življenju radi imeli? Bi radi imeli čistilko? Novo hišo? Boljšo kuhinjo? Bi radi šli na kakšno potovanje? Bi radi zagnali podjetje? Koliko denarja bi radi imeli v življenju?

Kaj je tisto, kar bi radi zase, in kaj bi bilo potrebno, da to porajate in ustvarite s popolno lahkoto?

Bi bili voljni prositi za vse to, ne glede na to, ali verjamete, da je smešno, nemogoče ali popolnoma nepojmljivo? Bi bili voljni zahtevati od sebe, da boste to ustvarili, tudi če nimate pojma, kako ali kdaj se bo to aktualiziralo?

Zapomnite si: če ne vprašate, ne boste prejeli. Torej, zakaj ne bi vprašali po vsem, kar si želite, in še več ter videli, kaj se lahko pojavi – samo za zabavo?

Kaj je tisto, kar bi želeli prositi vesolje in zahtevati od sebe? Začnite si zapisovati, kakšni bi radi, da so videti vaše življenje in vaši denarni tokovi. Kaj je tisto, kar bi radi ustvarili in porajali?

ZAUPAJTE TEMU, DA VESTE

Je obstajal kdo v vašem življenju, ki vas je opolnomočil pri denarju in financah? So vas kdaj vprašali, kaj veste? So vas vzpodbujali, da si zaupate in se igrate z denarjem? Verjetno ne. Večine nas v resnici ne vzpodbujajo, da bi ugotovili, kdo smo in česa smo sposobni, kar bi bilo za nas edinstveno. Nikoli nam ne rečejo, naj si zaupamo, in da bomo vedeli, kaj moramo narediti. Učijo nas, da se moramo zgledovati po tem, kar počnejo vsi preostali, in se s tem strinjati.

Ko sem začela potovati, sem imela namen iti v tujino za šest mesecev. Po približno treh letih sem se končno vrnila v Avstralijo. Ob vrnitvi so mi vsi rekli:»Okej, Simone, sedaj ko si doživela svojo dogodivščino, se lahko ustališ, si najdeš službo, se poročiš in si ustvariš družino.«

Zame je bilo to nekaj najslabšega, kar bi lahko naredila. Moj pogled je bil: »Šele začela sem!«

Nisem bila voljna slediti temu, kar so mi vsi drugi rekli, da bi morala biti. Vedela sem, da je mogoče nekaj drugega, zato nisem izbrala tega, kar so mi rekli, da moram izbrati. Zaupala sem, da tudi če nisem imela natančne vizije tega, kakšno bo moje življenje, sem vedela, da lahko ustvarim nekaj drugačnega. Vedela sem, da rada potujem, želela sem si biti lastnica podjetja in vedela sem, da si želim denar, zato je vse bilo le stvar izbire.

Vedno ste vedeli, tudi ko se ni izšlo

Ko sem srečala Garyja Douglasa in ga slišala govoriti o orodjih Access Consciousnessa, sem vedela, da se to ujema s tem, kar sem vedela, da je mogoče v svetu. Dovolj sem si zaupala, da sem temu sledila ne glede na vse, in tako sem vesela, da sem, saj je to spremenilo moje življenje in ga še naprej dinamično spreminja.

Kaj veste o denarju, glede česar si nikoli niste dali priložnosti, da bi to priznali, ali pa so vas naredili napačne zaradi tega?

Eno izmed naših največjih daril in stvar, ki jo najbolj podcenjujemo, je naše lastno zavedanje, kaj bo in kaj ne bo delovalo v naših življenjih.

Ste vedeli, da se nekaj ne bo izšlo na način, kot bi radi, pa ste to vseeno naredili? Ste kdaj šli v posteljo z nekom, za kogar ste vedeli, da ne bi smeli, ter se naslednje jutro zbudili in se spraševali, zakaj ste izbrali tisto ne-tako-dobro izbiro? Ampak ko se ni izšlo, ste se, namesto da bi si rekli: »O, vau, vedela sem, da se to ne bo izšlo, kako briljantna sem?«, sodili in se naredili napačne, ker se ni izšlo, in mislite, da ste ustvarili zmešnjavo, namesto da bi spoznali, da ste ves čas vedeli, da se ne bo izšlo, le da ste to vseeno naredili, misleč, da vam bo uspelo izpeljati! Definitivno ste vedeli, le da niste sledili svojemu zavedanju.

Kaj če bi začeli uzaveščati in zaupali temu vedenju in začeli slediti svojemu zavedanju tega, kaj bi delovalo za vas, namesto da ste izbrali tisto, za kar ste vedeli, da se v resnici ne bo izšlo? Ali poskušate ustvariti svoje življenje kot uspešno ali kot veličasten neuspeh?

Nekateri smo preživeli celo svoje življenje do sedaj s tem, da si nismo zaupali. Ko ste tako predani temu, da dostavljate tisto, kar mislite, da drugi ljudje potrebujejo, lahko izgubite stik s tem, kaj si resnično želite. Lahko se počutite prazne ali pa kot da ne veste. Zelo verjetno se boste počutili malce prazne nekaj časa, ko si boste najprej začeli ogledovati to, saj vas nihče nikoli ni zares vprašal, česa si v resnici želite.

Vendar, prosim, zaupajte, da veste. Nekje globoko v sebi veste. Morda ste to dolgo časa skrivali pred sabo, vendar vseeno veste.

Če denar ne bi bil težava, kaj bi izbrali?

Če denar ne bi bil težava, kakšno življenje bi radi imeli? Kaj bi vsak dan počeli, kaj bi radi ustvarili v svetu? Kaj bi lahko začeli ustanavljati zdaj? S kom bi morali govoriti? Kaj bi morali narediti? Kam bi morali iti? Katere izbire bi danes morali izbrati, da bi lahko začeli ustvarjati svojo lastno finančno resničnost?

To so vprašanja, ki si jih postavljam vsak dan. Vsak dan je zame nov dan. Ogledam si, kaj si želim ustvariti, in ogledam si, kaj ustvarjam in kaj vse še lahko sem in počnem, da bi ustvarila več takšne prihodnosti, ki bi jo rada imela.

Tudi vi lahko naredite to. Lahko začnete ustvarjati resničnost, denar, posel, zavedanje, zavest, radost in življenje ter bivanje, ki ga resnično želite. Zaupajte si. Bodite voljni prepoznati, da tudi če je minilo 10.000 let, odkar ste dejansko vprašali po zavedanju tega, kar želite, vi dejansko veste in to lahko ustvarite z več lahkotnosti, kot si mislite!

Denar, pridi, denar, pridi, denar, pridi!

4. poglavje

Deset stvari, ki bodo povzročile, da bo denar prihajal (in prihajal in prihajal)

Do zdaj ste, upam, že začeli dvigovati meglo z mest, s katerih ste delovali v zvezi z denarjem, in ste si začeli ogledovati svojo finančno resničnost z mesta več prostora in možnosti, kot ko smo začeli.

Imeti finančno resničnost, ki deluje za vas, pomeni, da postanete zelo intimni s tem, kar si resnično želite ustvariti, ne samo glede zneska denarja, ki si ga želite imeti na bančnem računu, ampak tudi s svojim življenjem. Ko vam prihodnost, ki si jo želite ustvariti, postane bolj jasna, denar lažje pride k vam. Tudi spreminjanje vašega stališča in vaš način, kako energijsko delujete z denarjem; vse to je prav tako pomembno, kot elementi »delovanja«, da bi lahko imeli drugačno resničnost z denarjem.

Teh naslednjih deset elementov nas pobliže popelje k ogledu pragmatičnih in uporabnih komponent spreminjanja vašega finančnega sveta. Če boste te stvari naredili, bodo delovale. Vendar jih dejansko morate izvesti – morate izbrati.

Zapomnite si – če se ne zavežete sebi in ne zahtevate od sebe, da boste naredili, karkoli bo potrebno, ne glede na to, kako je videti, bo veliko težje spremeniti stvari. Konec koncev, kaj pa sploh lahko izgubite? Svoje omejitve o denarju? Svoj strah v zvezi z denarjem? Svoje pomanjkanje denarja?

Pa začnimo. Tukaj je deset stvari, ki jih lahko naredite v življenju, zaradi katerih bo denar prihajal in prihajal in prihajal in prihajal:

1. Zastavljajte vprašanja, ki privabljajo denar.
2. Točno vedite, koliko denarja potrebujete za življenje – radostno.
3. Imejte denar.
4. Priznajte se.
5. Počnite tisto, kar imate radi in kar vam prinaša radost.
6. Bodite v zavedanju tega, o čem razmišljate, govorite in počnete.
7. Prenehajte biti vezani na izid.
8. Prenehajte verjeti v uspeh, neuspeh, potrebe & pomanjkanje.
9. Imejte dopuščanje.
10. Bodite voljni biti izven nadzora.

V prvem delu knjige sem že predstavila veliko teh konceptov, zato da bi se seznanili s tem, kako deluje, ko pride do tega, da spreminjamo dolg, in načina, kako delujete z denarjem. V poglavjih, ki sledijo, se bomo poglobili v pragmatičnost in uporabili teh deset poglavij z orodji in tehnikami z namenom, da resnično ustvarimo spremembo na teh področjih, zato da boste namesto strahu in težav z denarjem lahko svobodno izbirali, ustvarjali in uživali v denarju.

5. poglavje
Zastavljajte vprašanja, ki privabljajo denar

Morda ste opazili, da sem vas skozi knjigo vabila, da si zastavljate veliko vprašanj o denarju. Kajti vprašanja so povabilo prejemanju, kar dovoljuje denarju, da se pojavi. Če ne sprašujete, ne morete prejeti.

Ko gre za zastavljanje vprašanj, obstaja »zlati ključ«, ki se ga morate zavedati: pri resničnem vprašanju ne gre za to, da dobimo odgovor, ali pa za prav ali narobe. Gre za odpiranje energiji *drugačnih možnosti*.

Naučili so nas zastavljati vprašanja s stališča iskanja pravega odgovora in naučeni smo bili podajati veliko trditev, na koncu katerih smo postavili vprašaj in se pretvarjali, da sprašujemo, ko v resnici tega ne počnemo. Nič od tega ni zastavljanje pristnih vprašanj. Če torej postavljate vprašanje in vas to vodi naravnost do odgovora, sodbe, zaključka, ali pa ga uporabljate, da bi skonstruirali točno določen izid, namesto iz radovednosti in želje porajati večje možnosti zase, to *ni* vprašanje.

Na primer tukaj so trditve, ki so videti kot vprašanja, vendar niso: »Kako lahko dosežem, da se to zgodi po moje?« »Zakaj se to dogaja meni?« »Kaj sem naredila narobe?« »Zakaj so tako nesramni?« »Zakaj mi še niso ponudili povišice?« »Kaj za vra*&$?« Vse to so trditve in že imajo osnovno domnevo, zaključek ali sodbo, večinoma da ste vi napačni ali da je nekaj narobe. Nekje obstaja nakazan odgovor in ne možnost. Namesto tega bi lahko vprašali: »Kakšne možnosti so na voljo, po katerih še nisem vprašala?« »Kaj sem izbrala ustvariti s tem in katere druge izbire še imam?« »Kaj je prav v zvezi z mano, česar ne dojemam?« »Če izbira nekoga, da bo zloben, nima nič opraviti z mano, kaj bi izbrala?« »Kaj bi bilo potrebno, da bi bila voljna zaprositi za povišico, in kaj bi lahko ustvarila, da bi ne glede na vse porajala več denarja?« in »Česa se zavedam, kar nisem bila voljna uzavestiti?«

Še en ključ pri zastavljanju vprašanj je, da to naredite čim preprosteje. Odpiranje vrat drugačnim možnostim je tako preprosto, kot da bi se spraševali, katere druge možnosti bi lahko obstajale. Če bi danes cel dan hodili naokoli in spraševali dve preprosti vprašanji: »Kaj je še mogoče?«® in »Kako je lahko še boljše kot to?«™ v zvezi z vsem, kar se pojavi, bi začeli privabljati celo obilje možnosti in izbir, ki jih prej niste imeli, ko niste spraševali po ničemer.

Vprašanje gre z roko v roki z izbiro, možnostjo in prispevkom

Ko postavite vprašanje, se začnete zavedati možnosti in različnih izbir, ki jih imate na voljo. Ko izberete drugačno izbiro, se začnete zavedati še več možnosti in izbir. Ko postavite pristno vprašanje, odprete vrata vesolju, da vam lahko prispeva.

Pomislite na vesolje kot na svojega najboljšega prijatelja, ki pravi: »Hej, dajva, igrajva se!« Vesolje si želi, da bi imeli točno tisto, po čemer sprašujete, in bo prispevalo k čemerkoli, kar v življenju ustvarjate.

Vesolje nima stališča v zvezi s tem, kar izbirate. Če vaše izbire izkazujejo večjo naklonjenost naporu, omejitvam in nič denarja, bo to tisto, kar vam bo vesolje dalo. Če začnete spraševati po njegovem prispevku ter občutku igrivosti in radovednosti, vam bo pokazalo to energijo, možnosti in izbire.

Vaše izbire in možnosti, ki jih izbirate, vesolju kažejo smer, v katero želite iti. Kaj prikazujejo vaše izbire? Kakšne drugačne izbire bi lahko začeli izbirati v tem trenutku? Ste se voljni igrati z vesoljem 24/7?

Če si želite ustvariti več zavedanja tega, kar je mogoče, vprašajte: »Kaj lahko sem ali počnem vsak dan drugače, da se bom bolj zavedala izbir, možnosti in prispevka, ki so mi v vsakem trenutku na voljo?«

Začnite spraševati po denarju, zdaj!

Večina nas ni bila naučenih spraševati po denarju; še posebej ne glasno in še posebej ne tako, da nam ne bi bilo izredno neudobno ali nerodno. Zato boste morda morali vaditi. Postavite se pred ogledalo in vprašajte: »Ali lahko zdaj dobim denar, prosim?« To izgovarjajte znova in znova. Vadite, medtem ko vozite avto. Ne nehajte spraševati. Ko imate stranko, ki vam mora plačati, ali pa vam nekdo dolguje denar na podlagi izdanega računa, vprašajte: »Kako bi radi plačali za to?« Morda bo sprva neudobno, vendar boste morali začeti spraševati ali pa ne boste mogli prejeti!

Predstavljajte si, da bi imeli kadarkoli popolno lahkotnost kogarkoli spraševati po denarju. Koliko več svobode bi vam dalo to, da bi izbrali, kar bo delovalo za vas? Koliko več miru? Koliko bi se lahko *zabavali* pri tem, ko sprašujete, da bi se denar pojavil na vse mogoče načine?

Dnevno uporabljajte vprašanja, s katerimi privabljate denar

Tukaj je seznam res čudovitih vprašanj, ki jih lahko zastavite vsak dan, da bi privabili več denarja v svoje življenje:

- *Kaj je še mogoče, po čemer še nisem vprašal/-a?*
- *Katere možnosti so na voljo, ki jih še nisem ustanovil/-a?*
- *Če bi izbiral/-a svojo finančno resničnost, kaj bi izbral/-a?*
- *Kakšna bi rad/-a, da bi bila moja finančna resničnost? Kaj bi moral/-a biti ali početi drugače, da bi ustvaril/-a to?*
- *Kaj lahko sem ali počnem danes drugače, da bi takoj porajal/-a več denarja?*
- *Čemu lahko danes posvetim svojo pozornost, kar bo povečalo moje denarne pritoke?*
- *Kaj lahko danes dodam svojemu življenju, da bi takoj ustvaril/-a več prihodka in ustvarjalnih tokov?*
- *Kdo ali kaj bi še lahko prispeval k temu, da bi imel/-a več denarja v svojem življenju?*
- *Kje lahko uporabim svoj denar, da mi bo to ustvarilo več denarja?*
- *Če denar ne bi bil težava, kaj bi izbral/-a?*
- *Kakšno delovanje lahko danes izvedem, kar bo spremenilo mojo finančno resničnost?*
- *Če bi izbiral/-a samo zase, samo za zabavo, kaj bi izbral/-a?*
- *Kdo še? Kaj še? Kje še?*
- *In zapomnite si … Ali lahko zdaj dobim denar, prosim?*

Pomnite, da je bistvo tega, da imamo denar v svojem življenju, v tem, da ustvarite življenje in celostno finančno resničnost, ki bo delovala za vas. Vsak dan začnite zastavljati ta vprašanja in opazujte, kakšne spremembe se bodo začele pojavljati. Morda se bodo pojavile kakšne nepričakovane možnosti, morda boste opazili, da se manj odzivate v določenih situacijah, kot ste se včasih, ali pa da se ljudje okoli vas začenjajo spreminjati. Karkoli bi to lahko bilo, vzemite v obzir in si to priznajte, bodite za to hvaležni in glede tega ne imeti zaključkov. Še naprej postavljajte vprašanja. Ne glede na to, kaj se pojavi, vprašajte po več, vprašajte po večjem. Kaj če bi vam postavljanje vprašanj postalo tako naravno, da bi postali neustavljivo, hodeče, govoreče povabilo k možnostim z denarjem?

6. poglavje
Točno vedite, koliko denarja potrebujete za življenje – radostno!

Ko me ljudje vprašajo, kako se lahko osvobodijo dolga in imajo želeno življenje, je moje prvo vprašanje: Ali veste, koliko denarja morate porajati vsak mesec, da se bo to zgodilo? Večina ljudi je nagnjena k ustvarjanju dolga, ker se resnično ne zavedajo, koliko pravzaprav potrebujejo, da bi živeli življenje, ki ga želijo. Ljudi spodbujam k spraševanju: »Kaj je potrebno, da bi povečali svoj mesečni prihodek? Kaj bi bilo potrebno, da bi moji prihodki presegli moje izdatke?«

Tukaj je nekaj, za kar močno priporočam, da naredite: podrobno si oglejte, koliko vas stane, da živite svoje življenje. Če imate posel, storite to tudi za svoj posel.

Če imate bilanco stanja ali neke vrste poročilo svojega knjigovodje, uporabite to, da si boste izračunali, koliko vas stane, da vsak mesec poganjate svoj posel in svoje življenje. Če nimate izkaza, si zapišite vse svoje življenjske stroške. Zapišite si, koliko plačujete za elektriko in druge gospodinjske ter komunalne stroške, koliko vas stane, da vzdržujete svoj avto, svojo hišo, stanarino, hipoteko, šolske stroške, vse.

Potem seštejte vse svoje trenutne dolgove. Če imate okoli dvajset tisoč evrov dolgov ali manj, jih delite z dvanajst in prištejte tudi to. Če je dolga več kot dvajset tisoč evrov, to delite s štiriindvajsetimi meseci ali celo več, če želite. Preprosto vključite to na seznam (to je znesek, po katerem sprašujete, da bi vsak mesec poplačali svoje dolgove).

Nato si zapišite, koliko vas stane, da počnete stvari, ki jih počnete za zabavo. Če radi vsak mesec ali vsaka dva tedna prejmete masažo, vključite tudi to. Če si privoščite nego obraza ali striženje, zapišite tudi to. Koliko plačate za obleke, čevlje in knjige, ki jih kupujete? Koliko porabite, ko greste ven na večerjo? Vse to zapišite. Če bi radi več potovali, obiskali družino, šli na počitnice nekajkrat na leto, prištejte tudi to. Mene osrečuje, če imam nekaj steklenic dobrega vina ali šampanjca vedno na voljo v hladilniku, zato poskrbim, da vključim tudi to, ko računam svoje mesečne izdatke.

Ko ste enkrat vključili vse zabavne stvari, seštejte vse skupaj. Ko imate končno vsoto, temu dodajte deset odstotkov vsega, kar zaslužite, samo zase. To bo za vaš desetodstotni račun. V naslednjem poglavju vam bom pojasnila, zakaj je ustvarjanje desetodstotnega računa tako čudovito in bistveno orodje, vendar za zdaj poskrbite, da si boste dali na stran deset centov vsakega evra, ki pride k vam. In nato prištejte še dodatnih dvajset odstotkov samo za zabavo, ker nikoli ne veste, kaj se bo pojavilo, in celotna zamisel je, da ste pripravljeni za vse in da ne omejujete svojih izbir.

Kakšen je končni znesek? To je dejanski znesek, na podlagi katerega morate voditi svoje življenje. Če ste podobni večini ljudi, je običajno kar precej več, kot služite trenutno.

Ko sem to naredila prvič, je bil znesek denarja, ki sem ga morala ustvariti za svoje življenje, dvojni znesek, ki sem ga dejansko služila, in takoj sem šla v preobremenitev, razmišljajoč: »Oh! Nikoli ne bi mogla zaslužiti toliko denarja!« Vendar nisem ostala v tem prostoru. Od sebe sem zahtevala, da bom ne glede na to, kaj bo potrebno, ustvarila ta znesek denarja ali več, in namesto tega sem vprašala, kaj bi bilo potrebno, da ustvarim to *in* več s popolno lahkoto? Sedaj zaslužim veliko več od tiste začetne šokantne številke, ki sem jo dobila. To sedaj naredim vsakih šest mesecev. Moje življenje se spreminja ves čas, zato so se moji izdatki spremenili in želim imeti popolno zavedanje tega, kar ustvarjam, zato da lahko zahtevam, da se pojavi več.

Pri tej vaji ni bistveno, da oklestite svoje stroške ali da se na neki način omejujete. Večina računovodij ali knjigovodij si bo ogledala vaše informacije in rekla: »Vaši izdatki so previsoki. Višji so od vaših prihodkov. Kaj lahko izločimo?« To ni moj pristop. Moj pogled je: Kaj vse še lahko dodate svojemu življenju? Kaj vse še lahko ustvarite? Zato sem prav tako priporočila, da izvedete to vajo vsakih šest do dvanajst mesecev, ker ko se spremeni vaše življenje, se bodo prav tako spremenile vaše želje in vaše finančne zahteve.

Kaj če je to začetek vašega nenehno razširjajočega se vesolja? Morate si podariti darilo zavedanja tega, kje natančno ste in kje natančno bi radi bili, ali pa ne boste mogli narediti premika naprej, saj boste vedno v nezavedanju tega, kje so vaše finance.

Kaj če bi to naredili, da bi si povečali zavedanje? Kaj če bi naredili to samo za zabavo? Kaj če bi to naredili, samo zato, da bi se začeli zavedati tega, česa si v življenju želite več, in da bi videli, kaj vse bi še lahko ustvarili? Kaj če bi izstopili iz travme in drame tega, da nimate denarja, in začeli ustvarjati popolnoma drugačno resničnost? To je vaše življenje. Vi ste tisti, ki ga ustvarjate. Ali ste srečni s tem, kar trenutno ustvarjate, ali bi radi to spremenili?

7. poglavje
Imejte denar

V drugem poglavju te knjige sem govorila o tem, da smo voljni *imeti* denar, če hočemo ustvariti svojo finančno resničnost, in kaj se začne ustvarjati v vašem življenju, ko to storite.

Ko si resnično dovolite imeti denar, to ustvari nenehen občutek blagostanja in bogastva v vašem življenju, kar bo prispevalo k stvaritvi večje finančne prihodnosti.

Imam to čudno obsedenost z vodo, ob sebi imam vedno rada steklenico vode. Pogosto pravim, da sem morala v prejšnjem življenju umreti od žeje, saj opažam, da kadarkoli imam vodo *na* sebi, ne čutim žeje, tudi če je ne pijem! Če vode nimam pri sebi, postanem žejna. Kaj če je enako z denarjem? Kaj če to, da imamo denar, ustvari občutek miru z denarjem, ki vam dopušča, da greste onkraj vseh občutkov pomanjkanja?

Kako lahko začnete imeti več denarja v svojem življenju in začnete ustvarjati ta občutek blagostanja in bogastva?

Tukaj so trije načini, na katere lahko implementirate to, da imate v svojem življenju denar. To so preprosta, vendar učinkovita orodja Access Consciousnessa in ena izmed prvih orodij, ki sem jih začela uporabljati, da bi spremenila svojo lastno finančno resničnost (in ja, sprva sem se jim upirala tudi jaz, nato pa sem pomislila, kaj bi bila lahko najslabša stvar, ki bi se lahko zgodila, če bi jih preizkusila). Uporabite jih in glejte, kako se bo denar širil v vašem življenju in rastel v vaši prihodnosti. Priporočam, da jih izvedete vsa in se temu resnično zavežete za vsaj šest mesecev, in videli boste, kaj se bo za vas spremenilo.

ORODJE #1, DA BOSTE IMELI DENAR: 10-ODSTOTNI RAČUN

Eno izmed prvih pomembnih orodij za denar, ki vam bi ga rada dala, je to, da dajete na stran deset odstotkov vsega, kar zaslužite, deset odstotkov vsakega posameznega dolarja, evra, funta ali katerekoli valute, ki jo boste ustvarili. Tega ne dajete na stran z namenom, da boste s tem plačevali položnice. Ne hranite ga za sušno obdobje. Tudi ne za takrat, ko vam zmanjka denarja. Ni za to, da boste plačali veliko položnico, ki se vam bliža. Ni za to, da boste s tem pomagali prijatelju, niti za kupovanje božičnih daril. Ničemur od tega ni namenjeno!

Na stran ga dajete v znak spoštljivosti do sebe.

Ljudje pravijo: »Račune moram plačati! Kako naj dajem na stran deset odstotkov svojega prihodka? Najprej moram plačati račune.« Vendar je zadeva takšna: če najprej plačate položnice, boste vedno imeli več položnic. Ko najprej plačate položnice, vesolje pravi: »Oh, dobro. Ta oseba si želi spoštovati svoje položnice. Dajmo ji še več položnic.« Če ste spoštljivi do sebe tako, da dajete najprej na stran deset odstotkov, bo vesolje reklo: »O, ta oseba je voljna biti spoštljiva do sebe. Voljna je imeti več,« in se odzove na to. Daje vam več.

Ko dajete na stran deset odstotkov, je to darovanje *sebi*. Gre za to, da ste hvaležni zase.

Ko sem sprva začela svoj desetodstotni račun, sem to počela nejevoljno, saj mi je Gary predlagal, naj to storim. Desetodstotni račun ne bo deloval, če to naredite s stališča: »Ta knjiga ali ta oseba je rekla, naj to naredim.« To morate narediti zase. To morate narediti, da bi se spremenila energija, ki jo imate glede denarja. Ne samo zato, ker sem tako rekla ali pa ste to prebrali tu v tej knjigi. Začnite postavljati zahtevo, da boste ustvarili drugačno resničnost.

Vprašajte: »Kaj bi bilo potrebno, da bi to bila zame izbira in ne nujnost?« Kaj je najslabša stvar, ki se lahko zgodi? Da ga zapravite? Ampak tega ne morete narediti s stališča, da ga boste zapravili. Tri ali štiri mesece po tem, ko sem začela svoj desetodstotni račun, se je zame energija denarja spremenila: zaradi denarja nisem bila več v paniki.

Koliko vas je zaradi denarja v paniki ali stresu in je to za vas postalo bolj normalno kot ne? Če pogledate energijo tega, je skrčena; kot da bi priredili depresivno zabavo, na kateri se denar ne želi pojaviti. Denar sledi *radosti*. Radost ne sledi denarju.

Predlagam, da začnete že danes. Tudi če imate cele kupe položnic. Tudi če imate v denarnici samo sto evrov in razmišljate, da morate kupiti še živila in tako dalje. Začnite danes. Gre za to, da to ni logično ali linearno. Lahko delate računico v zvezi s tem, vendar to ni nekaj preračunljivega. V energijskem smislu vam tudi vesolje začne prispevati in denar se vam začne pojavljati na najbolj nenavadnih mestih.

Neka ženska mi je rekla, da nenehno daje denar v svoj desetodstotni račun, in ko dospejo položnice, uporabi ta denar, da jih poplača. Rekla je: »Vsak mesec v celoti poplačam svoje položnice, kar je super, vendar bi rada obrnila prioritete iz tega, da poplačujem položnice, v vlaganje denarja v svoj desetodstotni račun in ga obdržati tam kot način spoštljivosti do sebe.« Vprašala je: »Kako lahko preprečim to, da mi zmanjka denarja od ene plače do druge?«

Rekla sem: »Moje vprašanje tukaj bi bilo: do koliko zaključkov ste prišli, da ne boste imeli denarja za plačilo položnic, če ne boste uporabili desetodstotnega računa?«

Logično stališče bi lahko bilo: »Torej, moram plačati položnice in edini denar, ki ga imam, je denar na mojem desetodstotnem računu, zato moram uporabiti to.« Prosim vas, da ne bi delovali z logičnega stališča.

Tukaj pride na vrsto izbira. Vabim vas, da imate pogum zahtevati: »Veste kaj? Ne bom zapravila svojega desetodstotnega računa!« in odkrijete, kaj vse je še mogoče za vas, kar bi lahko ustvarili.

V nekem trenutku je bilo stanje dolga na mojih kreditnih karticah izredno visoko. Na svojem desetodstotnem računu sem imela trikrat večji znesek, kot je bil znesek dolga na mojih kreditnih karticah, zato sem vedela, da bi lahko poplačala dolg, če bi tako izbrala. Tega nisem naredila. Namesto tega sem si ogledala, kakšno energijo bi to ustvarilo zame, če bi uporabila denar s svojega desetodstotnega računa. Dobila sem občutek te energije in nato sem si ogledala, kaj bi ustvarilo, če tega ne bi naredila, in namesto tega zahtevala, da ustvarim in porajam denar za poplačilo svojih kreditnih kartic. Zame je bila veliko zabavnejša druga energija, torej da ustvarim več z namenom, da bi poplačala kreditne kartice.

Torej sem izbrala to.

ORODJE #2, DA BOSTE IMELI DENAR: S SEBOJ NOSITE ZNESEK DENARJA, ZA KATEREGA MISLITE, DA BI GA PRI SEBI IMELA BOGATA OSEBA

Kako drugače bi se počutili glede svojega življenja, če bi vsakič, ko bi odprli svojo denarnico ali torbico, videli velik svežanj gotovine namesto veliko praznega prostora in nekaj pomečkanih računov? Kaj če bi uživali v tem, da imate tam notri denar? S seboj nosite znesek gotovine, za katerega mislite, da bi ga nosila premožna oseba.

Veliko potujem, zato mi je zelo zabavno imeti denar v različnih valutah. V svoji torbici imam prav tako zlat kovanec. Osrečuje me, da je tam. Tako čutim obilje z denarjem. Zame to deluje. Kaj bi delovalo za vas? Kaj bi bilo zabavno za vas? Kaj je tisto, zaradi česar imate občutek blagostanja?

Pri sebi imam rada ves čas vsaj tisoč evrov. Pri sebi imam rada ves čas tudi steklenico vode. Doma v hladilniku imam rada tudi steklenico vina. Te stvari me osrečujejo; zame so radostne. Zagotavljajo mi občutek, da ustvarjam svoje življenje. Kaj vam daje ta občutek, da ustvarjate svoje življenje, če bi to dejansko izbrali, bi tudi za vas to ustvarilo drugačno finančno resničnost?

Nekateri ljudje se prestrašijo ob tej zamisli: »Kaj če me oropajo ali če izgubim svojo denarnico ali torbico?« Imela sem mlajšo prijateljico, ki je pri sebi v torbici ves čas nosila okoli tisoč osemsto evrov in je torbico izgubila. Zanjo takrat to ni bilo prijetno, vendar je po tem začela biti bolj v zavedanju glede svojega denarja! Če vas skrbi, da bi se nekaj takega lahko pripetilo vam, bi moje vprašanje tukaj bilo: »Koliko denarja bi morali nositi pri sebi, zato da bi bili voljni biti v zavedanju tega v vsakem trenutku?« Ko naokoli nosite dovolj velik znesek, boste kar naenkrat postali voljni biti veliko bolj zavestni glede svojega denarja; postali boste zavestni, kje je in česa se morate zavedati, da vam ga ne bodo ukradli ali da ga ne boste izgubili. Če se izogibate temu, da bi imeli denar pri sebi ali v svojem življenju, ker mislite, da vam ga bodo ukradli ali da ga boste izgubili, si sploh ne boste nikoli dovolili imeti denarja. Morate biti voljni imeti denar in morate biti voljni uživati v njem brez pogleda.

ORODJE #3, DA BOSTE IMELI DENAR: KUPUJTE STVARI Z RESNIČNO VREDNOSTJO

S svojim desetodstotnim računom sem kupila veliko zlata in srebra in to je zame zabavno. V svoji hiši imam sef, kjer hranim veliko svojega zlata in srebra. Če kdaj dobim občutek, da nimam denarja, pogledam v sef in se začnem zavedati: »O, saj imam denar.« To je tiste vrste stvar, ki jo desetodstotni račun lahko naredi za vas.

Kupovanje stvari resnične vrednosti (to pomeni, da ima njihov material že po sami naravi denarno vrednost) je način uživanja v tem, da imate denar in obenem imate tudi likvidne stvari (likvidno pomeni, da jih zlahka prodate za gotovino) v svojem življenju, kar bo sčasoma ohranilo ali celo povečalo njihovo vrednost. Stvari, kot so zlato, srebro ali platina, lahko kupimo v unčah, kilogramih ali kovancih. Dobra investicija je lahko tudi kupovanje starin ali starinskega nakita. Sčasoma pridobivajo vrednost, za razliko od modernega pohištva ali okrasnega nakita, kar je morda videti lepo, vendar nemudoma izgubi velik delež svoje nabavne cene, ko ga enkrat kupimo. Stvari, kot je srebni sterling jedilni pribor, so odličen likviden del premoženja, saj gre za estetsko čudovite predmete, ki so dejansko uporabni in bodo prispevali k ustvarjanju občutka obilja in razkošja v vašem življenju. Ali ni veliko lepše piti šampanjec iz čudovitega kristalnega kozarca ali iz sterling srebrne čaše namesto iz navadnega kozarca iz stekla ali plastike? Zase vem, da je!

Prav tako vam ni treba imeti tisoče in tisoče dolarjev na svojem desetodstotnem računu, da bi začeli kupovati stvari z resnično vrednostjo. Lahko bi začeli nakup srebrne čajne žličke, s katero boste mešali svojo kavo, in dodajajte od tu naprej. Vendar poskrbite, da boste pri čemerkoli, kar boste kupili ali počeli, sledili temu, kar je radostno za vas. Izobrazite se o stvareh z vrednostjo, ki bi vam jih bilo zabavno imeti v življenju.

S svojim desetodstotnim računom sem si prav tako kupila diamante in bisere. Vedno sem poskrbela, da bi bilo na mojem desetodstotnem računu dovolj denarja v gotovini, da bi v nedogled imela občutek miru in občutek, da imam denar.

Koliko gotovine bi morali imeti v svojem življenju, da bi imeli večji občutek miru in obilja z denarjem? In kaj vse bi še lahko dodali svojemu življenju, da bi ustvarili občutek estetike, obilja, luksuza in blagostanja, ki bi razširil vsako plat vašega življenja in bivanja?

8. poglavje
Priznajte sebe

Priznavanje sebe je nekaj, kar boste morali biti voljni početi, če želite, da vaše življenje in denarni tokovi postanejo lahkotnejši in bolj radostni. Ko ne uzavestite, kaj je resnično za vas, se pomanjšate. Če ne prepoznate, da ste v življenju že ustvarili nekaj, boste to uničili, da bi lahko verjeli, da niste dosegli ničesar, in boste šli nazaj ter spet začeli znova. Veliko lažji način, kako napredovati v življenju, je, da uzavestite, kar dejansko obstaja, da uzavestite, kaj ste ustvarili, da odprete oči svoji veličastnosti in ne prezrete stvari, ki ste jih ustvarili in spremenili. To je zares pomembno, še posebej ko nenehno uporabljate ta orodja in se vse začne spreminjati za vas. Morate priznati sebe, morate uzavestiti tisto, kar se pojavi, tudi če se pojavi in je videti popolnoma drugače, kot ste mislili, da bo.

So trije načini, kako lahko učinkoviteje začnete priznavati sebe:

1. Priznajte *vrednost* sebe.
2. Priznajte, kar vam je lahko početi in biti.
3. Priznajte, kar *ustvarjate*.

Ne čakajte, da bi drugi videli vašo vrednost

Ali čakate na druge, da bi vas priznali, zato da bi končno vedeli, da je tisto, kar imate ponuditi, vredno? Kaj če bi bili vi tisti, ki bi prepoznali, da ste vredni, ne glede na to, kaj kdorkoli drug misli? Večina ljudi vas niti ne vidi, da bi vas lahko priznala, saj ne morejo niti videti ali priznati sebe!

Če ste voljni videti veličastnost v sebi, če ste voljni priznati sebe, boste sposobni videti tudi veličastnost v drugih in sposobni jih boste povabiti, da bodo to videli zase že samo s tem, ko boste to, kar ste.

Morda mislite, da se boste, če boste le lahko našli pravi odnos, prejeli več priznanj pri delu ali pa dosegli, da vam vaš težaven starš da priznanje, končno čutili vredne. Do sedaj še ni delovalo, saj vam priznanja v resnici nihče drug ne more dati. Če se do sedaj v lastnem življenju še ne počutite vredne, ne bo nobenemu številu ljudi, ki bi vam govorili, kako čudoviti ste, uspelo prodreti v vaš svet. Najprej morate svojo vrednost videti sami, potem postane lažje zaznati in prejeti priznanje od drugih ljudi. Kaj če bi vsak dan začeli z vprašanjem: »Kaj je glede mene čudovitega, kar še nikoli nisem uzavestil/-a?« »Kaj sem zavračal/-a uzavestiti glede sebe, kar bi, če bi to uzavestil/-a, ustvarilo moje življenje kot veliko bolj radostno in polno lahkotnosti?«

Morate vedeti, da ste v svojem življenju vreden produkt – ne zato, ker vam drugi ljudje govorijo, da ste, ampak ker preprosto veste, da ste. To bi sprva lahko bila ena izmed najtežjih stvari, ker morate opustiti sodbo sebe, zato da bi se resnično lahko vrednotili. Biti morate hvaležni in iskreni s seboj, prejeti morate lastno veličastnost brez pregrad.

Morda se boste sprva morali prisiliti, da bi videli svojo vrednost. Vzemite beležnico in si zapišite, za kaj ste pri sebi hvaležni – vsak dan dodajte vsaj tri različne stvari. Podajte zahtevo, da boste zaznali, vedeli, bili in prejeli veličastnost sebe z več lahkotnosti. Zavežite se sebi in se v tem procesu podpirajte.

Kaj je lahko za vas, česar niste nikoli uzavestili?

Vsakdo ima področje v življenju, kjer počne stvari z lahkoto, ne da bi mislil na to, ne da bi to sodil kot težavno. Samo počnete to. Je izredno lahko. Ali imate sodbo o stvareh, ki so vam lahke v življenju, na primer voziti avto? Ali si preprosto priznate, da ste odličen voznik in da lahko obvladate karkoli, in to samo lahko ste in lahko to izberete?

Vsakdo ima kaj (in v veliki večini kar nekaj stvari), kar lahko je ali počne zlahka. Če najdete nekaj takega v življenju, boste verjetno prav tako ugotovili, da glede tega nimate nobene sodbe in nobene sodbe o sebi in tem, kako to počnete. In prav tako se verjetno ne obračate na nikogar drugega glede tega, kako to narediti. Enostavno naredite to, to preprosto ste! Zdaj pa, kaj če bi vzeli to energijo in vprašali: »Kaj bi bilo potrebno, da bi bil/-a ta energija tudi z denarjem?«

Posel je ena izmed stvari, ki so zame lahke. Resnično uživam v tem. Zame je posel ena izmed najkreativnejših stvari, ki jih lahko počnem. Ne sodim, kaj se v poslu zgodi, preprosto ponovno izberem. Tudi če se posel ni izšel, me nikoli ni motilo do te točke, kjer bi glede tega sebe sodila. Nisem se zavedala, da je to tako drugačen pogled, dokler se nisem pogovarjala s prijateljem o kolegu, ki je izbiral nekaj, za kar sem jaz mislila, da je nora izbira za njegov posel, saj ni bilo v tem prisotne nobene radosti. Moj prijatelj je rekel: »Simone, nihče ne izvaja posla zaradi tega, ker bi bilo radostno!«, kar me je popolnoma šokiralo. Morala sem priznati, da sem resnično drugačna. Do tistega trenutka sem mislila, da vsi izvajajo posel zaradi radosti, ki jo prinaša.

Ko sem se zavedela, da je posel zame lahek in zabaven, vendar pa to morda za druge ne velja, mi je dopustilo, da sem začela videti, kje bi lahko prispevala drugim ljudem in jih povabila k radosti v njihovem poslu. Odprla sem vrata, da sem lahko ustvarila več v svojem življenju – več radosti, več lahkotnosti in več denarja! Moje podjetje Radost poslovanja je lahko bilo ustvarjeno in prispeva tisoče ljudem po celem svetu imeti drugačno možnost s poslom. Vsak dan prihajajo v stik z mano ljudje, ki pravijo, da so tako hvaležni za facilitatorje, seminarje in knjigo *Radost poslovanja*. Tako zelo potentni smo lahko v svetu vsi mi že samo s tem, da smo to, kar smo, in da smo na svojih področjih voljni priznati in ustvarjati z lahkoto.

Kaj je vam lahko početi? Kaj se vam zdi lahko, za kar mislite, da nima nobene vrednosti? Pogosto ne cenimo tega, kar je lahko za nas, ker verjamemo, da je nekaj, kar je vredno imeti, zelo težko pridobiti. Ali pa mislimo, da je za nas lahko le, ker lahko to počne vsak. Nobeno od teh stališč ni resnično. Če je lahko za vas, to ni zato, ker lahko to počne vsakdo ali pa ker ni vredno; to je zato, ker ste vi to, kar ste, in ker imate na tem področju sposobnosti.

Začnite si zapisovati stvari, ki so za vas lahke, in si jih dobro oglejte. Prikličite energijo tega, kako je, ko počnete te stvari, ki so lahke. Uzavestite, kako briljantni ste!

Kaj če bi zdaj vprašali to energijo, naj se pojavi na vseh področjih, za katera ste se odločili, da niso tako lahka? Če uzavestite to energijo in jo prosite, naj v vašem življenju raste, to lahko stori in tudi bo. Če je ne uzavestite, ne morete izbrati še več tega.

Kaj če je tako preprosto? Edini način, da boste vedeli, je, da poskusite in boste videli. Na kaj čakate? Kaj vse še lahko uzavestite glede sebe, za kar niste mislili, da je vredno?

Si priznavate svoje kreacije ali jih prezrete?

Imela sem prijateljico, katere starši so ves čas govorili: »Veš, denar ne raste na drevesu!« Bili so lastniki sadovnjaka. Njim je denar dejansko rastel na drevju. Vendar tega niso videli. Niso mogli prejeti radosti, ki je izhajala iz tega, da bi lahko bili ljudje na svetu, pri katerih je denar pravzaprav rastel na drevesih.

Kako pogosto pri kreaciji denarja sodite ali odslavljate znesek denarja, ki se ali pa se ne pojavi v vašem življenju, namesto da bi pobrali vsak dolar, ga priznali in vprašali: »O, to je tako super, koliko se lahko zabavava?«

Prijatelj je pred kratkim zadel dvajset tisoč dolarjev, ko je stavil dvesto dolarjev na znani konjski dirki v Avstraliji. Tako sem bila vesela zanj. Ko sem se o tem pogovarjala z njim, je bila prva stvar, ki jo je naredil, da si je začel ogledovati, komu bi lahko to podaril in za kaj vse bi to lahko porabil. Vprašala sem ga: »Kaj če bi preprosto prejel to čudovito kreacijo? Kaj če bi lahko preprosto *imel* denar?« Ni bilo ne prav ne narobe, da ga je želel podariti in ga porabiti. Vendar se ni niti ustavil, da bi si dal priznanje. Opazite energijo in občutek možnosti, ki bi bile ustvarjene v življenju s priznanjem, kot je: »Danes sem ustvaril nekaj zares čudovitega. Kaj če bi resnično prejel ta denar v svojem življenju in imel popolno hvaležnost zanj in zase? Kaj če bi resnično užival v svoji kreaciji? Koliko se lahko zabavam in kaj vse še lahko zdaj ustvarim?«

Ne dovolimo si, da bi resnično občudovali svojo sposobnost ustvarjanja. Kaj če bi lahko to naredili z vsakim delčkom denarja, ki prihaja k nam – imeti popolno hvaležnost in popolno priznanje sebe? Ko uživate v svoji sposobnosti ustvarjanja, bo k vam prišlo še več.

Koliko pravzaprav ustvarjate v svojem življenju, česar sploh ne upoštevate? Kaj če bi lahko bili popolnoma prisotni z vsem, kar se zgodi, in vsem, kar je v vašem življenju ustvarjeno, in to v celoti prejeli s hvaležnostjo?

9. poglavje

Počnite tisto, kar obožujete

Z leti sem opazila, da obstajajo ljudje, ki počnejo stvari za denar, in so ljudje, ki počnejo stvari, da bi ustvarili nekaj drugačnega v svetu.

Na primer poznam neko osebo, ki ima v svojem vesolju veliko kreativnosti in sposobnosti, vendar kar naprej govori: »Torej, če naredim to, hočem x znesek denarja. To zahtevam.« In ni majhen znesek. Veliko zahteva, vendar še nič ni naredila. Nič ne bo ustvarila, dokler se nekdo ne strinja, da ji bo plačal velik znesek denarja, in ta oseba še sploh ni videla, česa je sposobna. Hotela sem jo vprašati: »Zakaj preprosto ne ustvarjaš, pa boš videla, kaj se bo pojavilo?« Ne gre za to, da verjamemo, da ne moremo zaslužiti veliko denarja, ali da domnevamo, da moramo biti plačani malo denarja, ko začnemo nekaj novega. Kaj če ne bi dovolili, da vas karkoli odvrne od tega, kar ljubite? Kaj če bi to preprosto naredili, ne oziraje se na denar?

Ne ustvarjajte za denar; začnite ustvarjati in dovolite, da se denar pojavi. In ko se pojavi, praznujte. Bodite hvaležni.

In ne ustavite se tam, nadaljujte in dodajajte svojemu življenju. Vključite več tega, kar radi počnete. In še vedno vabite denar, naj se igra z vami!

Kaj radi počnete?

Prijateljica, ki je kozmetičarka, me je vprašala o ustvarjanju različnih denarnih tokov. Vprašala sem jo: »Kaj rada počneš?« Rekla je: »Rada vozim.«

Živi v Kaliforniji in avtoceste imajo osem pasov ter so izredno prometne, vendar obožuje vožnjo. Začela sem jo najemati, da me je pobirala na letališču v LA-ju in me odpeljala v Santa Barbaro, ko sem šla tja. Zelo lepo je, če te kdo pobere na letališču po štirinajsturnem letu. Zdaj pobira že tri druge stranke. Počne nekaj, kar obožuje, in je ustvarila nov tok prihodkov. Veliko ljudi bi reklo: »Rad vozim, ampak kako mi bo to prineslo denar? Nočem biti taksist!«, namesto da bi preprosto pogledali, kaj imajo radi, in bili voljni ustvariti nekaj radostnega zase, kot je na primer storila moja prijateljica kozmetičarka. Gre za izbiro in možnost in voljnost prejemati.

Morate si začeti ogledovati stvari, ki jih radi počnete. Izvlecite beležko in si začnite zapisovati vse, kar radi počnete. Ni pomembno, kaj to je. Kuhanje, vrtnarjenje, branje, sprehajanje psov, pogovarjanje z ljudmi. Ne razmišljajte o tem, če je to nekaj, kar je vredno v svetu (saj do sedaj že vemo, če je nekaj lahko in zabavno za vas, ste avtomatsko nagnjeni k domnevanju, da nima vrednosti), samo zapišite to. Če je zabavno za vas, če imate to radi, potem to zapišite na seznam. V naslednjih nekaj tednih še naprej dodajajte k temu. Potem si poglejte – ali počnete dovolj tega, kar imate radi? Zapomnite si – denar sledi radosti! Prav tako začnite spraševati: »S čim od tega bi takoj lahko ustvarjal/-a prihodkovne tokove?« in opazujte, če kateri med temi predlogi ali celo več le-teh začnejo izstopati. Kaj če bi bile tiste lahke in zabavne stvari pravzaprav nekaj, kar bi vam lahko ustvarilo več denarja, kot si lahko zamislite? Kaj bi morali narediti in s kom bi morali govoriti ter kam bi morali iti, da bi začeli to ustvarjati kot svojo resničnost takoj zdaj? In kako zelo bi se lahko zabavali pri ustvarjanju?

Kaj vse še lahko dodate?

Radostno osvobajanje iz dolgov

Ena mojih najljubših knjig o ustvarjanju bogastva je *The Penny Capitalist* (*Kapitalist s peniji*, op. prev.) avtorja Jamesa Hesterja. Hester ne govori: »Zmanjšati morate svoje stroške.« Ne pravi: »Nehajte zapravljati.« Vpraša: »Kako lahko ustvarite več denarja z denarjem, ki ga že imate, ne glede na to, ali gre za pet dolarjev, petdeset dolarjev, pet tisoč dolarjev ali petdeset tisoč dolarjev?«

Gary Douglas je pri tem briljanten. Access Consciousness je ogromno mednarodno podjetje in na svojih popotovanjih po svetu uživa v tem, da kupuje starine ter lep nakit in to prodaja v svoji starinarnici v mestu Brisbane. To je zanj dodaten tok dohodkov. To mu prinaša dobiček, saj je to nekaj, kar je zanj zabavno in v čemer je izredno nadarjen.

Koliko tokov prihodkov bi lahko ustvarili danes? Ni vam treba biti na eni stezi. Imate lahko več tokov ali stez. Kaj če bi jih ustvarili toliko, kot jih je mogoče? Kaj če bi lahko služili denar z denarjem, ki ga že imate? Trenutno imam kar nekaj tokov dohodkov. Sem svetovna koordinatorka za Access Consciousness, imam podjetje Radost poslovanja, ki ima knjigo v dvanajstih jezikih, seminarje, teleklice in zasebne seanse. Prav tako imam portfelj z delnicami, ki zelo hitro rastejo, in do danes imava s partnerjem investicijsko posest ob Noosa River v Avstraliji. Iz čiste zabave sva prav tako investirala v dva dirkalna konja pri Gai Waterhouse (enem od najboljših avstralskih trenerjev dirkalnih konj). Pravzaprav ne obstaja omejitev pri znesku tokov prihodkov, po katerih lahko vprašate. Kaj bi bilo potrebno, da bi jih prejeli in se zabavali?

Kolikokrat zavračate kreacijo denarja, ker ste se odločili »Premalo je,« ali »Pretežko je,« ali »Ni na isti poti, na kateri sem«? Kaj če bi bilo to nepomembno? Če je zabavno za vas, je pomembno. Radost vas bo pripeljala dlje v življenju, kot ste si sploh kdaj lahko zamislili.

Če iščete več strank v svojem poslu ali pa ste se naveličali svojega dela, vprašajte: Kaj vse lahko tu še dodam? Vedno dodajam nekaj novega, kar mi je zanimivo, saj večino časa ne maramo znova in znova početi istega.

Ne maramo ponavljanja. Večina se nas začne dolgočasiti ali postanemo preobremenjeni, ko se nam ne dogaja dovolj.

Kako vam lahko postane dolgčas ali postanete preobremenjeni? Morda se bo zdelo čudno, vendar je veliko ljudi, s katerimi govorim, v točno tej zagati. Čutijo, da so preobremenjeni z vsem, kar se jim dogaja v življenju, a se obenem močno dolgočasijo. Avtomatični odziv, v katerega gredo ljudje, ko se to zgodi, je, da poskušajo zmanjševati ali poenostaviti. Vendar ali je to kdaj sploh pomagalo? Kaj če bi poskusili nekaj drugačnega? Če mislite, da se vam dogaja preveč stvari, se motite. To lahko še podvojite. Lahko potrojite. Kaj vse še lahko ustvarite?

Če svojemu življenju začnete dodajati več, še posebej če ustvarjate s stvarmi, ki jih obožujete, se začneta raztapljati tako dolgčas kot preobremenjenost in življenje postane bolj radostna dogodivščina bivanja.

Ko sem sprva začela kot svetovna koordinatorka za Access Consciousness, smo bili v petih državah. Osem do deset let kasneje smo bili v štiridesetih državah in zdaj smo v sto triinsedemdesetih državah. Mnogokrat bi se lahko odločila, da je vsega preveč ali pa da je preobremenjujoče, vendar sem spoznala, da ko sem bila pripravljena pogledati celotno podjetje iz ptičje perspektive in postaviti vprašanje, kaj vse še lahko dodam poslu in kaj vse in kdo vse še lahko prispeva, sem vedela, kaj izbrati kot naslednji korak.

Vadite zavzeti ta pogled ptičje perspektiveglede projekta ali dela svojega življenja, pri katerem greste v preobremenjenost. Oglejte si in vprašajte: »Bi lahko kdo drug prispeval k temu?« »Bi lahko kdo drug temu nekaj dodal?« »Bi lahko kdo drug to naredil bolje od mene?« Vse to so vprašanja, ki jih lahko uporabite, da vam ni treba zaiti v preobremenjenost in da boste ustvarjali z več jasnosti.

Ko mislite, da se vam dogaja preveč, vprašajte: »Kaj lahko dodam svojemu življenju, da bom imela več jasnosti in lahkotnosti z vsem tem in še več?« Ko boste svojemu življenju dodajali, bo to ustvarilo več tistega, kar si želite, izločanje iz vašega življenja, pa tega ne bo ustvarilo.

Ali ustvarjate drugače kot drugi ljudje?

Ko sem na nekem seminarju govorila o ustvarjanju novih tokov prihodkov, je eden od udeležencev rekel: »Vem, o čem govoriš, in ko delam knjigo, obenem delam tudi za več različnih tokov dohodkov. Vendar pa kar naprej razmišljam: 'Ta nova pot me odvrača od moje knjige' ali 'Moja knjiga me odvrača od delavnice, ki bi jo rad ustvaril.'«

To je pogosta skrb, saj v tej resničnosti ljudje projicirajo na vas, da bi morali zaključiti eno stvar, preden začnete drugo. Ali to velja za vas? Kaj deluje za vas? Ali je veliko zabavneje, da se vam dogaja veliko različnih stvari? Poskusite in videli boste.

Nekoč sem imela poslovnega partnerja, ki mi je vedno govoril: »Simone, moraš dokončati eno stvar in potem začeti drugo, naenkrat delaš na preveč različnih stvareh.« Seveda sem se odrekla svojemu vedenju in zavedanju in mislila, da ima prav, zato sem poskušala narediti eno stvar ter jo dokončati in potem sem začela drugo stvar in to me je *spravljalo ob živce*. Ta način dela je bil zame zelo težak, ker to nisem jaz in to ni moj način ustvarjanja.

Ko sem si to ogledala, sem spoznala, da resnično uživam v tem, da delam vsaj deset do dvajset stvari naenkrat. To je zame radostno. Ob različnih časovnih obdobjih rada delam vse te stvari in jim dovolim, da se, ko potrebujejo mojo pozornost, lahno dotikajo mojega zavedanja, sprašujoč: »Hej, kaj pa če bi zdaj delala mene?«

Če ne bi sodili svojega načina ustvarjanja kot napačnega, koliko bolj bi se zabavali z ustvarjanjem še več? Kaj če se lahko vključujete z vsemi svojimi projekti? Kaj če lahko imate mnogo tokov prihodkov, s katerimi ljubite ustvarjati?

Ustvarjanje številnih tokov prihodkov je pomemben koncept. Če imate težave glede prejemanja tega koncepta ali pa mislite, da to nikakor ne more delovati za vas, prosim, pomislite znova. Na ta način ustvarjam jaz. In vidim, da tako ustvarja tudi mnogo drugih čudovitih ljudi. Biti morate biti voljni živeti zunaj svoje cone udobja.

Katere druge tokove prihodkov bi lahko ustvarili? Koga ali kaj bi lahko dodali svojemu življenju, kar bi povečalo vaš prihodek? Ponovno, kaj če bistvo ustvarjanja novih tokov prihodkov ne bi bilo linearno? Postavljajte vprašanja in vedno sledite tistemu, kar je lahkotneje in bolj ekspanzivno za vas. Sledite temu, kar veste – ker vedno veste!

10. poglavje
Zavedajte se tega, kar govorite, mislite in počnete

Ustvarjanje finančne resničnosti, ki je ekspanzivna, je veliko lažje, ko ustvarjate svoje življenje kot nadaljujoče, odprto vabilo denarju. Da bi bili to vabilo v svojem življenju, morate nehati početi, govoriti in razmišljati stvari, ki odbijajo denar (ali ustvarjajo nasprotni učinek od vabila oziroma preklicujejo vabilo). Ko pride do denarja, začnite poslušati vse, o čemer govorite, ali misli, ki prihajajo v vašo glavo, še posebej tiste, o katerih avtomatično verjamete, da so resnične, in o katerih se navadno ne sprašujete – kaj če v resnici sploh niso resnične?

Na primer vidite čudovit avto, vendar se takoj, ko si ga zaželite, odločite, da si ga nikoli ne boste mogli privoščiti. Pravkar ste denarju preklicali vabilo. Lahko bi ga povabili v svoje življenje z vprašanjem: »Kaj bi bilo potrebno, da bi se ta avto ali te vrste luksuz pojavil v mojem življenju z lahkoto?« To je vprašanje, to je zahteva! Ko rečete: »Tega si ne morem privoščiti,« je zaključek in omejitev ter slepa ulica, kjer se noben denar in nobena druga možnost ne moreta pojaviti. To so neprepoznavni in pogosto avtomatični načini, ki jih uporabljamo, da preprečimo, da bi se denar pojavil v naših življenjih z večjo lahkotnostjo.

Dobra prijateljica, ki je mati samohranilka z dvema otrokoma, nikoli ne gre do mesta, kjer bi rekla: »Ne morem si privoščiti.« Pravzaprav sestavi seznam zahtev do sebe. Zahteva, kaj bi rada ustvarila v svojem življenju, in nato si to ogleda ter o tem postavi vprašanja, kako bi to lahko začela ustvarjati.

Hotela je iti na počitnice s svojima otrokoma in je šla do potovalne agencije. Uslužbenka na potovalni agenciji ji je dala kvoto za vodene oglede in moja prijateljica je rekla: »Oh, nočem iti na vodene oglede,« uslužbenka pa ji je povedala, da bi bilo potovanje veliko dražje, če ga ne bo izvedla v obliki vodenih ogledov. Namesto da bi se odločila »To je veliko dražje, morala bi iti na vodene oglede«, je moja prijateljica vprašala agentko: »In koliko bi znašalo, če bi potovala z otrokoma brez vodenih ogledov *in* v boljšem razredu?« Ni se ustavila, ali ustavila možnosti, ali tega, kar bi lahko ustvarila. Ona postavi zahtevo, da je to tisto, kar bo ustvarila.

Voljni morate biti resnično podrobno posvetiti pozornost temu, kaj mislite, verjamete, govorite in počnete v zvezi z denarjem – ker je to natančno to, kar boste ustvarili. Drug način gledanja na to je, da svoje življenje prikličete (podobno čarobnemu uroku) v obstoj na podlagi svojih misli, besed in dejanj. Na primer »Nikoli nimam denarja, nikoli nimam denarja, nikoli nimam denarja« je priklic ali invokacija. V svoje življenje priklicujete nič denarja. Kako pogosto razmišljate »Želim si, da bi lahko naredila to, vendar nimam izbire«? »Nimam izbire« je natančno tista resničnost, ki jo ustvarite vsakič, ko to izrečete ali mislite. Skladno s tem stališčem boste ustvarili svoj svet, ko ne boste izbrali ničesar. Ali ni to briljantno ali kaj? Kar mislite, govorite in počnete, je zelo močno in ustvarja vaše življenje takšno, kot trenutno je. Če hočete spremeniti tisto, kar za vas ne deluje, morate biti voljni izstopiti iz avtopilota in biti prisotni s tem, kar ustvarjate.

Želje v nasprotju z ustvarjanjem

Kako pogosto ste postavili stvari na seznam želja v upanju, da se bodo pojavile, vendar pa niste lotili nobene akcije, da bi to ustvarili?

Vidim toliko ljudi, ki se ne želijo zavezati ustvarjanju drugačne finančne resničnosti, pa vseeno hočejo vse rezultate. Pravijo: »Želim imeti milijon dolarjev.« Pritožujejo se ali pa zaidejo v travmo in dramo tega, česar nimajo, vendar ne naredijo niti enega koraka, da bi to ustvarili.

Če bi bili trenutno voljni biti popolnoma iskreni s sabo, kako znan vam je ta scenarij? Česa si želite, namesto da bi se predali ustvarjanju tega?

Predanost je voljnost podariti svoj čas in energijo nečemu, v kar verjamete. Kaj če bi dejansko verjeli v ustvarjanje milijona dolarjev in to ne bi bilo le na vašem seznamu želja?

Ko si nekaj želite, je to pravzaprav tisto, kar izbirate, ko ste se že odločili, da tega ne morete imeti. Ko si želite, da bi imeli milijon dolarjev, namesto da bi postavili vprašanje in ubrali korake, da bi ustvarili, da se to pojavi v vašem življenju, boste sodili dejstvo, da tega nimate; sodili boste, zakaj tega nimate, sodite druge ljudi, ki to imajo, in sodite to, da ne boste nikoli sposobni tega izvesti. Izmislite si seznam razlogov in opravičil, zakaj to ne more biti, namesto da bi se zavezali svojemu življenju in ustvarjanju milijona dolarjev.

Obstaja briljanten citat Garyja Douglasa: »Edini razlog, da izbirate sodbo, je, da boste lahko upravičili to, čemur se vam ne bo treba zavezati.« Ko si nekaj želite, takrat izbirate biti zavezani sodbi tega, za kar pravite, da si želite; zavezujete se obsojanju sebe, namesto da bi se zavezali svojemu življenju.

Če bi bili brutalno iskreni, koliko ste trenutno zavezani svojemu življenju? Deset odstotkov? Petnajst odstotkov? Dvajset odstotkov? Čudovitost tega, da ste zavezani največ le do dvajset odstotkov, je, da ko se milijon dolarjev v vašem življenju ne pojavi, to ni vaša krivda, saj ste tako ali tako zavezani le dvajsetim odstotkom. Kaj če bi to spremenili? Ste se voljni stoodstotno zavezati svojemu življenju?

Kaj če bi si danes začeli zapisovati seznam tega, kar želite ustvariti v svojem življenju in svoji finančni resničnosti, namesto seznama želja, ki se ne bodo nikoli aktualizirale?

Oglejte si seznam: vprašajte se, ali ste se voljni zavezati ustvarjanju teh stvari? Vsako jutro vprašajte: »Kaj bi bilo potrebno, da ustvarim to?« in »Kaj moram pognati v akcijo, da se bo to lahko zgodilo?« Potem morate vložiti nekaj truda v ustvarjanje tega. Morate začeti izbirati in pogledati, kaj se lahko pojavi.

Izbiranje v desetsekundnih intervalih lahko vaš preklic povabil denarju spremeni v povabila!

Kaj če bi živeli, kot da imate vsakih deset sekund svežo izbiro? Veste kaj? Imate. Lahko izbirate v desetsekundnih intervalih, vedoč, da nobena vaša narejena izbira ni utrjena na mestu. Še en način gledanja na to je: zamislite si, da bi vse vaše izbire potekle po desetih sekundah. Če bi hoteli nadaljevati po isti poti, bi bilo vse, kar bi morali narediti, to, da ponovno izberete – vendar to morate izbirati zavestno vsakih deset sekund, zato raje poskrbite, da je to nekaj, kar si resnično želite imeti! Lahko bi bili poročeni v desetsekundnih intervalih. Lahko bi ljubili svojega partnerja deset sekund, lahko bi ga sovražili deset sekund, lahko bi se ločili od njega za deset sekund in ga potem v naslednjih desetih sekundah spet izbrali. To bi lahko počeli s svojim denarjem. Za deset sekund bi lahko izbrali nič denarja in v naslednjih desetih sekundah izbrali ustvarjati denar. Kaj če bi izbira resnično lahko bila tako enostavna?

Nekaj izberete in nato imate novo zavedanje, zato izberete znova. Vsaka izbira vam da več zavedanja tega, kaj je mogoče; iz katerega razloga potem ne bi izbirali, kolikor je le mogoče? Težava je, da se zataknemo v svojih izbirah, še posebej ko naredimo izbiro pomembno. Izbiro naredimo pomembno, ko mislimo, da obstajata prava in napačna izbira.

Govorila sem z žensko, ki si je želela preseliti od tam, kjer je živela, vendar se je obsojala glede tega, kam se preseliti. Ni hotela izbrati.

Hotela je, da bi bila njena izbira najboljša, prava, dobra, popolna in pravilna. Kot da bi mislila, da ima na voljo le eno izbiro, zato mora nujno biti popolna. Ampak ne gre tako. Izbira ni binarna. Izbira je in ima neskončne možnosti.

Ko izberete, ta izbira ustvari resničnost in ustvari zavedanje. Ne ustvari pomembne, nespremenljive trdnosti v vašem življenju. Samo mislimo, da je tako. To na veliko počnemo z denarjem. Odločimo se, da ne smemo izgubiti denarja, ki ga imamo, ali denarja, ki ga trenutno služimo, zato ne bomo izbirali tistega, za kar nas skrbi, da bi lahko ogrozilo tisto, kar imamo. Morate biti voljni izgubiti denar – biti morate voljni izbrati ga, spremeniti in ga tudi ustvariti – voljni morate biti izbrati vse to.

Da bi se osvobodili pomembnosti pri izbiranju, morate vaditi. Vadite izbiranje v desetsekundnih intervalih. Začnite z majhnimi stvarmi. Ko sem se začela igrati s tem orodjem, sem si rekla: »Okej, odkorakala bom sem. Okej, zdaj si izbiram narediti skodelico čaja. Kaj bom pa zdaj izbrala? Oh, šla bom ven. Poduhala bom to rožo. Usedla se bom na stol. Zdaj se bom dvignila in šla noter.« Pripravila sem se, da sem nenehno izbirala in ostala polno prisotna z vsako izbiro. V vsaki izbiri sem uživala. Svoje izbire nisem naredila pomembne, pravilne, napačne ali pomembne. Samo izbrala sem, samo za zabavo. Začnite vaditi izbiro in bodite prisotni, poglejte, kaj vsaka izbira v vašem življenju ustvari. Kako se počuti vaše telo, kaj se dogaja za vas?

Če narejena izbira deluje za vas, super! Zdaj še kar naprej izbirajte. In če izbira, ki ste jo naredili, ne deluje za vas, potem izbirajte naprej.

Kaj če bi vsakič, ko izberete, sebi podarili dar vedenja, da to ni izklesano v kamen? Če nekaj izberete in vas je to stalo x dolarjev in se ne izide, kot ste mislili, da se bo, vam ni treba izgubljati časa z obsojanjem in kaznovanjem sebe za svojo zadnjo izbiro! Preprosto morate izbrati ponovno. Poberite se in izberite nekaj drugega. Oglejte si, kaj bi bilo potrebno, da ustvarite želeno, in še naprej izbirajte. Sodba ne bo ustvarila večjega pritoka denarja v vaše življenje. Izbira bo ustvarila več denarnih tokov. Katero izbiro lahko izberete zdaj?

Pri izbiranju vsakih deset sekund ne gre za to, da ste muhasti in si vsakič znova premislite, zato da nikoli ničesar ne bi dokončali. Gre za to, da dobite vedno večje zavedanje neskončnih možnosti, ki jih dejansko imate na voljo, in da ste sposobni izbrati katerokoli izbiro z lahkoto in radostjo. Gre za vedenje, da lahko nekaj izberete in potem spremenite izbiro; še naprej lahko izbirate in dejansko ustvarite, kar resnično želite.

Kaj če bi vsak trenutek vsakega dne lahko izbirali izbire, ki spreminjajo življenje in resničnost? Izbira, da se nikoli več ne bi sodili, bi zagotovo bila velika izbira. Zamislite si, kakšno spremembo bi to ustvarilo v vašem življenju. Spremenilo bi vse. Je to nekaj, kar bi bili voljni izbrati enkrat v tem ali naslednjem letu? Kaj še čakate?

11. poglavje
Prenehajte biti vezani na izid

Ko v življenju pride do izbire, kako močno ste vezani na izid, še preden sploh začnete? Za vas imam nekaj informacij: tako kot ste se odločili, da se mora prikazati, pogosto predstavlja omejitev. Vesolje je sposobno dostaviti veliko večje. Želi vam dati celoten ocean tega, kar je mogoče, vi pa sedite tam, na plaži, in si ogledujete eno zrno peska.

Če bi prenehali biti vezani na izid glede tega, kako se bodo stvari pojavile, bi se lahko pojavile veliko onkraj tega, kar si trenutno predstavljate? Kaj če bi se namesto tega, da verjamete, da v življenju potrebujete določen rezultat, zavezali temu, da izbirate tisto, kar bo popolnoma *razširilo* vaše življenje in bivanje, ne glede na to, kako bo dejansko videti?

Kaj lahko naredite, da bi imeli več lahkotnosti z izbiranjem izbir, ki bodo razširile vašo prihodnost in ustvarile več denarja?

Ko ste soočeni z izbirami med mnogo možnostmi, sta tu dve vprašanji, ki sta vam lahko v pomoč:

* Če izberem to, kakšno bo moje življenje čez pet let?
* Če ne izberem tega, kakšno bo moje življenje čez pet let?

Ko postavite ti dve vprašanji, ne sodite vnaprej glede tega, kar »mislite«, da je najboljša izbira. Preprosto si dopustite prejeti občutek *energije* tega, kar bi vsaka izbira ustvarila. Sledite energijskemu občutku tega, kar je širše, tudi če za vas nima logičnega ali kognitivnega občutka. Kaj če vsaka izbira, ki jo naredite, sledi temu občutku ekspanzije in je nekaj, kar bo spremenilo tako resničnost drugih ljudi kot tudi vašo? Kaj če bo vsaka izbira, ki jo naredite, da bi sledili temu občutku lahkotnosti in enostavnosti, spremenila vaše denarne tokove?

S partnerjem sva pravkar končala renovacijo najine hiše, ki naju je stala okoli četrt milijona dolarjev. To bi si lahko ogledala z negativnega stališča: »Morda si ne moreva privoščiti tega.« »Ali naj narediva to ali pa bi morala porabiti denar za nekaj drugega?« »Hiša je čisto dobra, tega nama v resnici ni treba narediti.« Ko pa sva pogledala, kaj bo to ustvarilo v prihodnosti (s tem ko sva vprašala: »Kakšno bo najino življenje čez pet let, če izbereva to?«), je to ustrezalo energiji tega, kar želiva ustvariti v najinem življenju – eleganca, dekadenca in absolutna lepota. Estetika, ki jo je ustvaril Brendon, je fenomenalna. Te obnovitve so prispevale mnogim možnostim. Že samo to, da ima Brendon zdaj voljnost priznati svoje sposobnosti za ustvarjanje nečesa popolnoma drugačnega. Skoraj vsak obrtnik, ki pride v najino hišo, že ko si samo ogleda najino kopalnico, reče: »Vau, nisem še videl takšne kopalnice!« Popolnoma unikatna je in drugačna, tako poraja radovednost glede tega, kar ustvarjava. Še nekaj, najina hiša je sedaj vredna veliko več, kot takrat, ko sva jo kupila, kar ustvarja lastniški kapital za več investicijskih možnosti. Kako lahko porabite denar danes, da bi ustvarili več za svojo prihodnost, ki je še niste bili voljni priznati?

In ne pozabite: bolj ko se zabavate, več denarja zaslužite.

Kaj če bi bila izbira tako enostavna kot kuhanje obroka? Kaj če bi se nenadoma odločili spremeniti sestavino ali pa dodati drugačno začimbo? Kaj če bi lahko rekli: »Ravno zdaj nočem kuhati. Pojdiva ven na večerjo,« namesto da bi mislili: »O ne, natančno ta recept sem hotela narediti ob točno določenem času, in če se ne bo izšlo na ta način, to pomeni, da bo to slab večer in da sem jaz slaba oseba.«

Obstajajo področja naših življenj, kjer smo voljni delati drugačne izbire hitro in enostavno, vendar nas je večina naredila denar tako trden, resničen in pomemben, da mislimo, da ne moremo izbrati nečesa drugačnega. V resnici lahko. Denar je tako preprost, hiter in spremenljiv kot vse drugo.

Še eno orodje za izbiranje – prepustite se temu!

Kadarkoli premišljujete o izbiri glede nečesa in niste prepričani, da želite to izbrati, kaj če bi si dali malo časa in se prepustili temu? To, da se nečemu prepustite, pomeni »vdati se nečemu ali se prepustiti užitku nečesa«. Kar predlagam s tem orodjem, je, da se prepustite tej izbiri, da vidite, kaj je energija tega. Recimo, da so vam govorili ali so vas naučili, da obstaja določena struktura, ki ji morate slediti v poslu, da bi bil le-ta uspešen. Če niste prepričani, da bo deloval, ga preizkusite in poglejte, kaj bo to ustvarilo. Počnite to cel teden. Potem to naslednji teden spustite in izberite: »Ta teden ne bom sledil tem strukturam uspeha. Sledil bom energiji in izbiral na podlagi tega.« Naredite to in videli boste, kaj se bo pojavilo. Ko sem naredila to, sem spoznala, da je bil drugi pristop veliko lahkotnejši, in zanimivo je, koliko možnosti se pojavi, ko ste si voljni stopiti s poti.

Na primer nekoč mi je »strokovnjak« za posel povedal, da bi poslovno e-pošto morala pošiljati le med tednom, nikoli za vikend. Zato se med tednom poskušala delovati iz strukture, na podlagi katere so mi povedali, da bi morala delovati. Prepustila sem se tej izbiri. E-pošto sem pošiljala in poslovne klice sem opravljala le od ponedeljka do petka. Do vikenda sem se že vrnila na tisto, kar sem počela prej, torej sledila sem svojemu zavedanju in pošiljala pošto ter opravljala klice, ko mi je bilo čutiti prav.

Tudi če je to pomenilo, da bom morala pošiljati e-pošto v nedeljo zvečer. Spoznala sem, da zame »čas poslovanja« ne pomeni nič. Vsaka ura je bila poslovna ura, saj gre zame tu predvsem za radost. Moj posel se je tudi razširil, bolj ko sem naredila tisto, kar je delovalo zame.

To orodje je uporabno na vse vrste načinov. Ko sva se s partnerjem Brendonom sprva pogovarjala o najemu velike hiše, še nisva živela skupaj in za naju oba je bila to velika zaveza. On je rekel: »Ne vem, če želim narediti to.«

Rekla sem: »Zakaj pa se ne prepustiš temu?« Zato se je za tri dni prepustil temu, da se ni vselil z mano, naslednje tri dni se pa je prepustil temu, da se je vselil z mano. Na koncu je rekel: »To je bilo enostavno in očitno, veliko raje bi živel s tabo. Čutiti je veliko zabavnejše.«

Ko se prepustite nečemu, imate veliko več zavedanja o energiji, ki bo ustvarjena ali porajana s tem, ko jo boste izbrali. Začnete se zavedati tega, kaj bo ustvarila. Zato se predajte možnostim. Prepustite se konceptom uspeha te resničnosti, strukturi uspeha in nato se ne prepuščajte temu. Prepustite se sledenju energije ter zoperstavljanju pravilom te resničnosti. Kaj od obojega je za vas lahkotnejše?

Če ne bi imeli pravil in predpisov in nobenih referenčnih točk, kaj bi ustvarili? Kaj če ne bi obstajal končni cilj ali idealen izid, samo neskončna in neomejena kreacija? Kakšna bi bila danes za vas dogodivščina ustvarjanja denarja? Kakšna bi bila danes za vas dogodivščina bivanja? Pri dogodivščini ni nobenih pravil in predpisov, obstajajo le neskončne možnosti, od koder lahko izbirate!

Kaj če bi preprosto izbrali nekaj drugačnega samo zato, ker bi bilo to za vas zabavno?

12. poglavje
Prenehajte verjeti v uspeh, neuspeh, potrebe in želje

Mnogi med nami verjamemo, da je uspeh definiran s tem, da nam v življenju uspe narediti prav celo vrsto stvari. Ampak pri uspehu ni bistveno to, kako nekaj naredimo prav. Nekoč sem izvajala serijo teleklicev, ko mi je nekdo rekel: »Resnično sem užival v tvojih klicih.« Takoj sem se osredotočila na to, kako bom naredila prav, in pomislila: »Sranje! Še tri klice moram izvesti. Kaj če bodo res slabi?« To je noro! Takšna stališča se lahko pojavijo zelo hitro. Kje smo se odločili, da moramo nekaj narediti prav? Ne obstaja *prav*. Ne obstaja *narobe*. Pri uspehu prav tako ne gre za znesek denarja na našem bančnem računu. Uspeh je, ko v svetu ustvarjamo tisto, kar si želimo, ne glede na to, ali gre za denar, spremembo, zavedanje ali zavest. Kolikokrat ste prejeli točno tisto, na kar ste ciljali ali si želeli? Tudi če se ni vedno izšlo v vašo korist, ste vse, kar ste si resnično želeli, tudi ustvarili.

Jaz si želim spremeniti način, kako ljudje vidijo svet. Če mi je uspelo spremeniti stališče ene osebe – mi je uspelo. S tega stališča sem uspešna več kot tisočkrat. Kje vam je že uspelo, pa tega niste uzavestili? Celo življenje ste preživeli v mišljenju, da morate biti uspešni, da bi spremenili stvari. Uspešni ste že, in če hočete spremeniti stvari tudi v svojem življenju, jih lahko preprosto spremenite.

Padci in neuspehi

Pred mnogo leti sem imela veliko nezgodo s konjem. Vsakič po tem, ko sem jezdila konja, sem jezdila s stališčem: »Zanima me, kako bom padla?« ali »Zanima me, kdaj bom padla dol?« Vse se je vrtelo okoli padcev. Ko grem smučat, je to popolnoma drugače. Nikoli nimam stališča, da bom padla. Ni mi mar, če padem. Če med smučanjem padem, saj smučam res hitro, je to običajno velik padec, s smučmi in nogami in vsem povsod. In to je zame v redu.

Smučam za zabavo. Smučam iz radosti. Vedno sprašujem vprašanja: »Kaj vse še lahko počnem? Katero skakalnico lahko preskočim? Kako hitro lahko prismučam skozi ta drevesa?« Gre za dogodivščino. Nikoli ni bilo tako, ko sem jezdila konja. Poznam ljudi, ki imajo popolnoma nasprotno stališče – obožujejo ježo konj in jim ni mar, če padejo, vendar pa se pri smučanju ustrašijo. Edina stvar, ki ustvari razliko med tem, kaj je zabavno, kaj so padci in kaj neuspehi, je naše stališče in nič več. Neuspeh je popolna laž. Sodba vam bo vedno preprečila ustvariti več.

Glede česa ste se odločili, da morate to narediti prav? Ste se odločili, da mora biti vaš posel pravilen? Ali pa da se morate pravilno odločiti? Ali pa da se morate izogniti napačnim odločitvam ali se izogniti padcem in neuspehom? Kaj če bi vedeli, da izbira ustvarja zavedanje? Ste zapravili cel kup denarja za nekaj, kar ne deluje? Dobro, izbira ustvarja zavedanje. Torej, kaj želite izbrati zdaj? Izbira, ki se ni izšla, kot ste načrtovali, ni neuspeh ali napačnost. Je samo drugače od tega, kar ste mislili.

Kaj če je čas, da ste tako drugačni, kot resnično ste?

Kaj če niste zguba ali napačni, le drugačni? Kaj če ste drugačni od tega, kar ste mislili, da ste, in lahko začnete izbirati tisto, kar bo delovalo za vas in za nikogar drugega?

Ali vam dejansko res ne bo uspelo? Ali pa boste ustvarili nekaj popolnoma drugačnega od tega, kar ste ustvarili prej?

Tukaj je vaja, ki jo lahko izvedete, da priznate svojo drugačnost in opustite miselno naravnanost neuspeha:

1. Zapišite si tisto, kar verjamete, da so vaši spodrsljaji v življenju. Ste bili neuspešni pri poslu? Ste naredili izbiro, na podlagi katere ste izgubili denar? Ste imeli grozen razhod v odnosu? Ste v šoli padli pri matematiki? Ko ste jih enkrat zapisali, si jih oglejte in za vsakega vprašajte: »Če tega ne bi sodila kot neuspeh, kakšen prispevek lahko prejmem od tega?« in »Kakšno zavedanje je to ustvarilo v mojem življenju, ki ga drugače ne bi imela?« Zapišite, kaj se pojavi v vaši glavi. Pojdite iz sodbe svoje izbire in vprašajte po tem, da bi se začeli zavedati prispevka, spremembe, zavedanja, ki ga je ustvarilo za vas.

2. Zapišite si stvari, za katere verjamete, da so vaše »osebne napačnosti«. Zaradi česa se sodite, da ste ali da počnete? Odlašanja? Da ste neurejeni? Da mora vedno vse biti popolno? Oglejte si seznam stvari, zaradi katerih se sodite, da ste napačni. Vprašajte: »Če bi odvzela svojo sodbo napačnosti glede tega, kakšna vrlina bi to dejansko bila?« Morda mislite, da ni nič močnega v zvezi z odlašanjem, vendar ugotavljam, da ima večina ljudi, ki odlaša, ali čudovito zavedanje časovne skladnosti stvari, ki ga niso uzavestili, ali pa so dejansko sposobni ustvariti veliko več, kot so mislili, in se jim v življenju ne dogaja dovolj. Kar so sodili – odlašanje – je pravzaprav vrlina in sposobnost, ki ju niso uzavestili ali pa še ne popolnoma izkoristili. Kaj če bi to bilo resnično za vse vaše »napačnosti«? Koliko svojih vrlin lahko začnete odkrivati s to vajo? Morda boste kmalu ugotovili, da niste napačni.

Ne potrebujem ali želim denarja
– in vi prav tako!

Denar ne pride k tistim, ki verjamejo, da so v pomanjkanju. V resnici vam ne manjka ničesar. Če ste živi, vam nič ne manjka. Če se zjutraj zbudite, imate vse potrebno, da bi ustvarili vse, kar si želite. Potrebe in želje se vrtijo okoli tega, da živite v laži, da ste v pomanjkanju.

Ste vedeli, da ima izviren pomen besede »hoteti« v vsakem slovarju pred letom 1946 sedemindvajset opredelitev, ki pomenijo »primanjkovati«, in le *eno*, ki pomeni »želeti«? Vsakič, ko rečete »Hočem«, pravzaprav govorite »Primanjkuje mi«!

Boste zdaj naredili nekaj zame?

Na glas recite desetkrat zapovrstjo: »Hočem denar.« Naredite to zdaj. Kakšna je energija, ki se dvigne, ko to rečete? Je lahkotna, zabavna ali pa vas obteži?

Sedaj pa desetkrat po vrsti naglas recite: »Potrebujem denar.« Dobite podoben rezultat?

Končno poskusite reči »Nočem denarja« naglas vsaj desetkrat in opazujte … Ali je sploh čutiti kaj drugače? Ste postali lahkotnejši? Ste se morda začeli sproščati, nasmihati ali celo malce hihitati?

Ta lahkotnost, ki jo občutite, je priznanje tega, kar je resnično za vas. Saj vam v resnici ne manjka ničesar.

Nujnost in izbira

Lani sem se vrnila domov po tem, ko sem bila na turneji, za katero se je zdelo, da je trajala tisoč let. Po tem, ko sem bila vajena živeti v hotelskih sobah, za katere je bilo vedno poskrbljeno, in po tem, ko sem vstopila v svoj dom, ki je bil prekrit s prahom in umazanijo od renovacij, sem postala nataknjena, ker stvari v hiši niso bile »v redu«. Pritožila sem se: »Želim si, da bi vsaj enkrat lahko vstopila v to hišo in bi bilo vse na mestu ter brezhibno čisto.« Brendon me je vprašal: »Kaj počneš? Kaj stoji za vsem tem?« in jaz sem rekla: »Nočem več igrati čistilke. Tega nočem več početi.

Nočem priti domov in je koš z umazanim perilom poln stvari, ki jih je treba oprati, in potem je treba še pomiti posodo!« Jaz sem pravzaprav rada doma, vendar pa energija, ki sem jo ustvarila z vznemirjenjem, ni bila prav ustvarjalna, bila je skrčena. Začela sem delati zaključke na podlagi jeze, frustracije, da se moram ukvarjati s tem, da je to nujnost in problem, da ni nobenega izhoda. Nisem si ogledovala tega, kaj bi rada ustvarila. Razmišljala sem, da glede stanja v hiši nimam izbire.

Brendon je rekel: »Saj služiva dovolj denarja, lahko najameva koga. Vem, da imava čistilko naročeno enkrat tedensko, in lahko najameva še nekoga drugega, ki bi prišel za nekaj ur in to opravil.« Imel je prav. Ko sem si vzela trenutek za oddih in si to ogledala, sem vprašala: »Veš kaj? Rada bi, da bi bila moja hiša takšna, rada bi izbrala narediti to,« in vse je postalo veliko lažje. Namesto da bi zaključevala, da se moram s tem spopasti na določen način (na primer, da bi morala hišo počistiti sama), kot nujnost, sem lahko videla izbire, ki sem jih imela: lahko bi pustila umazano, lahko bi pospravila sama ali pa bi lahko izbrala najeti nekoga, ki bo to zame očistil, in prepričana sem, da je na voljo še več izbir, na katere sploh nisem pomislila. Sedaj imava upravitelja posesti, ki za naju ureja vse v zvezi z vsemi posestmi. Preprosto.

Kaj če je pravzaprav vse izbira? Tudi vstajanje zjutraj je izbira. Tega vam ni treba početi. Mislite, da morate, vendar v resnici je to izbira, ki jo naredite. Kaj če bi to bila izbira, ki bi jo lahko izbrali radostno? Izbirate živeti s svojimi otroki in možem. Vsak dan izbirate iti v službo. Kaj bi radi ustvarili?

Tako kot sta laž uspeh in neuspeh, so laž tudi potrebe in pomanjkanje. Pri vas gre v resnici le za izbiro, zavedanje in več izbire. In tako ustvarite denar – s tem ko izbirate, izberete in ponovno izbirate. Če izberete, da ne boste sodili sebe ali česarkoli v življenju, ne morete več verjeti, da ste neuspešni ali da ste v pomanjkanju. Ko izberete, da se nikoli ne boste sodili, začnete videvati, da ne obstaja prav in narobe, dobro in slabo, ker vsa ta polarnost ni niti resnična niti prava in je vse, kar morate narediti, da izberete več ali manj tistega, kar želite. Popolnoma je odvisno od vas.

13. *poglavje*
Imeti in biti dopuščanje

Dopuščanje je, ko ste skala v toku reke. Vsa stališča tega sveta v zvezi z denarjem se zlijejo po vas, vendar vas ne odnesejo s seboj. Niste pod vplivom vsega okoli sebe.

Kako pogosto prevzamete sodbo nekoga o vas in ji dopustite, da vas potegne navzdol v črno luknjo, kjer se počutite slabe, napačne, vznemirjene ali prizadete? Dopuščanje vam daje sposobnost, da nase ne prevzemate sodbe drugih ljudi ali se sodite, ne glede na to, kaj se dogaja.

Nekoč so bili v Avstraliji neki ljudje, ki sem jih poznala vrsto let in so me nenehno sodili. O meni so govorili stvari, ki so bile zelo neprijazne in hudobne. Bila sem vznemirjena in o tem sem se pogovorila s prijateljem.

Prijatelj mi je rekel: »Očitno si ena velika 'zajebanka', da se ti to dogaja.«

Rekla sem: »Oh!«

Prijatelj mi je rekel: »Oglej si *njihovo* življenje in nato si oglej *svoje* življenje.«

Ogledala sem si, kako zelo je zraslo moje življenje v letih, odkar sem jih poznala, in kako majhna so ostala njihova življenja. Spoznala sem, da pravzaprav niso sodili *mene*. Sodili so tisto, kar *sami* niso bili voljni ustvariti. Sedaj prepoznam, da ko me nekdo sodi, običajno tu pravzaprav ne gre *zame*; gre za *njih*. Kaj če bi bili voljni prejeti sodbe, ki jih imajo drugi o vas? Kaj če bi bili voljni prejeti vse to?

Uporabite to kot orodje! Če se zalotite, da sodite nekoga, se vprašajte, kakšno sodbo imate vi o sebi v povezavi s to osebo. Poglejte, če začne postajati lahkotnejše. Sodba ni resnična in dopuščanje ustvarja možnosti.

Prav tako je pomembno prepoznati, da dopuščanje ni sprijaznjenost. Ne gre za to, da se poskušamo pretvarjati, da je vse v redu. Izbrala sem, da ne bom več imela teh ljudi za svoje bližnje prijatelje. Nisem se odločila, da se moram sprijazniti s tem, kar počnejo, in to trpeti, še vedno sem jih vključevala v svoje življenje in bila sem v dopuščanju, da so si izbirali soditi me. Ni se jim bilo treba spremeniti, zato da bi jaz imela občutek svobode in ne bila pod vplivom njihovih sodb.

Ste voljni biti v dopuščanju sebe?

Ali ugotavljate, da ste veliko bolj voljni opustiti svoje sodbe drugih kot sebe? To je zato, ker v resnici niste obsojajoča oseba. Vi pravzaprav ne sodite drugih ljudi. Sebe pa boste sodili 24/7 za vse večne čase, medtem ko boste verjeli, da ste resnično obsojajoči do drugih. Kaj če bi opustili obsojanje česarkoli o sebi? Večino sodb, ki jih imamo o sebi, devetindevetdeset odstotkov je teh, ki smo jih pobrali od ljudi okoli sebe. Videli smo jih, kako sodijo sebe in drug drugega, naučili smo se prevzemati to nase in nasedli vsemu temu. Zanimiva izbira, kaj?

Bi bili voljni biti veliko prijaznejši do sebe? Lahko prepoznate: »Trenutno se izbiram obsojati. V tem bom za trenutek uživala in nato si bom izbrala, da se neham soditi.« Lahko si izberete, da se boste sodili, in nato lahko izberete, da se boste nehali soditi. Ne sodite svoje sodbe! Za minuto lahko verjamete, da ste resnično zmešani, dvajset minut, ali en dan, ali deset let, če to res hočete. Potem pa lahko postavite vprašanje, kot na primer: »Kaj je prav v zvezi z mano, česar ne dojemam?«

Dopuščanje sebe pomeni, da se nikoli ne sodite – tudi če sodite. Tudi če ste ga polomili ali naredili nekaj, za kar ste vedeli, da ni bila vaša najpametnejša izbira. Kaj če nič od tega ni napačno? Kaj če ni nič, kar ste kdaj bili ali počeli, napačno? In kaj če ni nič glede vas napačno? Kakšno darilo bi v vašem življenju bilo to, da bi imeli popolno dopuščanje? Predstavljajte si, da vam nikoli več ne bi bilo treba soditi svojih izbir z denarjem? Ne bi vam bilo treba skrbeti, da bi se morali izogibati delanju napak v prihodnosti, bili bi svobodni, da ustvarjate karkoli in vse, kar si želite, bili bi svobodni spremeniti se in izbrati. Vendar ne izberite tega, ker bi to bilo preveč zabavno!

Ne poskušajte spreminjati ljudi

Pogosto me vprašajo neko različico naslednjega vprašanja: »Kako lahko prepričam svojega partnerja, da bi imel bolj pozitiven odnos do denarja?«, jaz pa se odzovem tako: »Ni na vas, da bi prepričali svojega partnerja, da bi imel bolj pozitiven odnos glede denarja. Biti morate voljni dopustiti, da on ali ona izbere karkoli. Biti morate v popolnem dopuščanju partnerjevih izbir, da bo imel denar ali pa ga ne bo imel.«

Če ste *vi* voljni imeti pozitiven odnos do denarja, če ste voljni imeti srečo v življenju in bivanju in denar teče za vas, boste morda presenečeni, ko boste videli, kaj se bo pojavilo za vašega partnerja.

Prav tako morate biti voljni biti vi. Ste se držali nazaj zaradi svojega partnerja, svoje družine ali ljudi okoli sebe? Kaj če bi sedaj izbrali zase?

Bilo je obdobje, ko je šel moj partner skozi neke težke zadeve. Dneve in dneve je ležal na kavču žalosten in depresiven. Nisem ga poskušala popraviti ali karkoli spremeniti. Tu pa tam sem samo preverila, kako je, in nadaljevala svoje življenje. Končno je čez nekaj časa rekel: »Ali bi nehala biti tako srečna!« To naju je oba spravilo v smeh, saj mu je prikazalo energijo tega, kar je izbiral, in videl je, koliko energije je porabil za to, da bi bil žalosten in depresiven.

To, da ste, kdor ste, in izbirate, kar izbirate, bo ne glede na vse in ne glede na to, kako izgleda, povabilo druge k drugačni možnosti. Prosim, ne poskušajte govoriti svojemu partnerju, kaj mora početi. Nikoli ne deluje. Ali je vam všeč, ko vam govorijo, kaj morate početi, ali pa da morate spremeniti odnos, svoj pogled ali nekaj, kar počnete? To je ena izmed najslabših stvari, ki jih lahko nekomu naredite. Na koncu se vam bodo začeli upirati in vas zaradi tega sovražiti. Naj drugi izbirajo, kar izbirajo, vi pa kar nadaljujte svoje izbiranje.

14. poglavje

Bodite voljni biti izven nadzora (neobvladljivi)

Včasih se življenje lahko zdi kaotično. Dogaja se toliko stvari. Toliko stvari je treba narediti. Pogosto pridemo do zmotnega zaključka, da bi bilo bolje, če bi le imeli nadzor nad vsem. Če bi vsi naredili tisto, kar smo naročili, bi bile stvari lažje. Saj veste, da ne morete nadzorovati drugih, kajne? Bi se bili voljni odpovedati temu, da ste gromozanski obsedenec z nadzorovanjem, kar ste?

Ste opazili, da bolj kot skušate nadzorovati stvari, vse težje postane in bolj stresno? Kako majhne morate ustvariti vse sestavine svojega življenja, zato da bi jih lažje nadzorovali? Kako zelo ste v svojem življenju zmanjšali denar, da bi ga lahko nadzorovali? Kaj je največji znesek denarja, ki bi ga lahko obvladovali, preden bi morali dopustiti drugim ljudem, da vam ga pomagajo upravljati? Katerikoli znesek to je – je to največ, kar si boste kdaj dovolili imeti v življenju? Ali mislite, da multimilijonarji nadzorujejo vse v zvezi s svojim denarjem? Ne! Imajo knjigovodje, računovodje, finančne svetovalce in vse mogoče ljudi, ki upravljajo njihov denar.

Ljudje, ki znajo z denarjem, vedo, da jim ni treba nadzorovati vsake podrobnosti, saj lahko najamejo ljudi, ki so v tem boljši od njih. Vendar so voljni biti v zavedanju glede svojega denarja. Voljni so biti v zavedanju, kdaj stvari delujejo ali ko ne delujejo, in da postavijo vprašanje, ko glede nečesa nimajo dobrega občutka. Kaj če bi vas to, da ste izven nadzora, odprlo temu, da bi se vam dogajalo veliko več in z veliko več lahkotnosti, kot ste si kdaj predstavljali? Kaj če bi vas to, da vam ne bi bilo treba definirati, omejiti, razmejevati, prilagajati ali ustvarjati struktur, osvobodilo in vam dopustilo imeti veliko večje ter bolj radostno življenje?

Bil je čas, ko sem mislila, da lastnoročno upravljam toliko stvari. Povedala sem Garyju, da sem se počutila popolnoma preobremenjeno.

Gary je rekel: »Pogovoriva se o razliki med preobremenjenostjo (prenasičenostjo) in upočasnjenostjo. Preobremenjenost je takrat, ko mislite, da vam ne bo uspelo poskrbeti za nekaj. Upočasnjenost pa je, ko se zapletete v manjše podrobnosti vseh različnih projektov in vseh stvari, ki jih morate narediti.«

Rekla sem: »To se torej dogaja. Popolnoma sem se zapletla.« Namesto da bi spustila vajeti in dovolila konjem, da gredo v različne smeri, sem ustvarjala nadzor, zato da bi »vse poti vodile do Simone«.

Z Garyjem sva govorila o tem, kdo bi lahko prevzel nekaj stvari zame, in čeprav sem videla, da sem se izgubila v podrobnostih, sem nerada izpustila stvari in dovolila, da jih opravljajo drugi. Nisem želela, da bi prišlo da kakšnih napak pri poslu z Accessom. Gary me je opomnil, da so tudi napake del kreacije. Rekel je: »Napačnost ne obstaja. Najeti moraš odlične ljudi, ki bodo delali s teboj, in voljna moraš biti, da zavozijo. Biti moraš voljna, da delajo napake, ker ko naredijo napako, bodo ustvarili nekaj boljšega.«

Končno sem dojela, da moram izpustiti vse male naloge, ki sem se jih držala. Ko sem našla nekoga drugega, da je opravil ta mala dela, in jih spustila, je to zame ustvarilo toliko več prostora. V življenju sem lahko ustvarila še več s svojim poslom, z Accessom, s toliko več lahkotnosti. To je pomenilo, da so lahko moj denar in dohodki prav tako zrasli.

Kaj če bi lahko ustvarili svoje življenje, posel in različne tokove prihodkov s tem, ko bi razširili svoje zavedanje in izpustili tisto, kar ste skušali nadzorovati?

Kaj če bi lahko briljantno ustvarjali iz kaosa?

Kaj če bi iz kaosa ustvarili čudovite stvari? Včasih sem se sodila, da sem zelo kaotična ustvarjalka. Nekoč sem imela posel s partnerjem, ki je bil zelo organiziran. Imel je sezname tega, kar mora narediti, in vsak dan jih je odkljukal. Jaz tega nisem mogla. Opravila sem klic, nato sem si ogledala seznam strank, ki sem jih morala obravnavati, delala na dometu naslednjega leta in seznamu ni bilo konca. Bila sem povsod naokoli (po njegovem mnenju). Ko je zapuščal podjetje, sem morala pogledati, ali bi ga prodala ali pa bi ga prevzela in vodila sama. Rekel mi je: »Simone, preveč si neorganizirana, da bi na lastno pest vodila podjetje!« Mislila sem, da je o podjetju vedel več kot jaz. Ko pa sem si ogledala vse stvari, ki sem jih naredila v podjetju, sem pravzaprav vedela veliko več kot on in to, da nisem vedela, kaj počnem, je bila le njegova sodba, saj je bil moj način poslovanja veliko bolj podoben kaosu, medtem ko je bil njegov bolj urejen.

Gledam, kako ljudje, ki mislijo, da imajo milijon stvari, ki jih morajo opraviti, običajno odrivajo stvari in si uničujejo možnosti za prihodnost, namesto da bi vprašali: »V tem trenutku teče veliko projektov, torej katero vprašanje moram zastaviti, da bo vse to ustvarjeno z lahkoto? Koga ali kaj še lahko dodam svojemu poslu in življenju? Kaj bi bilo potrebno, da bi to bilo enostavno, in čemu naj danes namenim svojo pozornost?« Ni vam treba delati vsako stvar prav vsak dan. Vsak dan se razlikuje, vsak dan je dogodivščina. Vsak dan morate začeti delovati iz tega, da ne sodite tistega, kar ustvarjate ali česar ne ustvarjate.

Ko ustvarjate iz kaosa, je mogoče vse.

Naslednji teden poskusite izpustiti vajeti vsega, česar ste se tako močno držali. Izpustite projekte, družino, prijatelje, denar, ki ste ga poskušali nadzorovati, in poglejte, če se vam lahko pojavi kaj novega. Namesto da bi poskušali upravljati vsako podrobnost ali pa se z vsem ubadati vsak dan, raje vprašajte: »Česa se moram danes zavedati?« Vprašajte, kaj danes potrebuje vašo pozornost, in poskrbite za to. Če se zjutraj zbudite in vprašate: »Kaj sledi?« in »Kdo ali kaj me potrebuje zdaj in na čem moram delati, koga moram poklicati?«, nečemu lahko posvetite pozornost in se nato premaknite nekam drugam in potem znova nekam drugam. Kaj če delovanje na tak način ne bi bilo napačno? Kaj če niste »raztreseni« ali ne odlašate? Kaj če je to način, kako ustvarjate?

Začudeni boste, kaj lahko ustvarite, ko si dovolite imeti radost ustvarjanja iz kaosa. To velja za vsako področje vašega življenja: odnose, posel, družino, denarne tokove, vaše telo. Zapomnite si, da niste sami v vesolju in da bo vesolje prispevalo k stvaritvi vsega, kar si želite, zato prosite za več.

Česa niste bili voljni spustiti ali pa izpustiti izpod nadzora, kar bi, če bi to izpustili in se odrekli nadzoru tega, lahko za vas ustvarilo več prostora?

15. poglavje

Opomba o denarnem toku

Nekoč sem se dobila z zelo uspešnim poslovnežem v Južni Afriki. Bil je sirota. Pri petnajstih letih so ga odslovili iz sirotišnice (saj so pri teh letih otroci že morali poskrbeti zase), zato je odšel s svojim nahrbtnikom, si ogledal, kaj si želi ustvariti iz življenja, ter si postavil zahtevo, da bo to ustvaril. Izobrazil se je in postal odvetnik. V Južni Afriki je ustvaril ogromna podjetja: velika letovišča, IT-podjetje in še veliko drugega.

Sedla sem z njim, da bi se pogovorila, saj me je zelo zanimal njegov način ustvarjanja. V njegovem pristopu ustvarjanja posla in življenja je bilo prisotnega veliko duha radodarnosti. Ena stvar, ki mi jo je rekel, je bila: »V življenju si morate zapomniti tri stvari – hvaležnost, vera in zaupanje. In potem je tukaj še denarni tok.« Smejala sem se, vedoč, da je to točno.

Nadaljeval je: »Če nimate denarnega toka, se omejujete. Ves čas morate biti pozorni na napredovanje in se ne držati nazaj, prav tako pa morate biti pozorni na svoj denarni tok.«

Poglejte si gotovinski tok, ki ga trenutno imate ali pa ga nimate. Kaj bi bilo potrebno, da bi v življenju imeli neprestan tok gotovine? Če imate gotovinski tok, to ustvari več lahkotnosti in prostora za možnosti in izniči mesta, kadar greste v »Nimam« ali »Ostala sem brez«. Kaj če vam pri denarju ne bi bilo treba dati vsega na eno mesto? Kaj če bi obstajalo mnogo možnosti (tokov prihodkov) pri denarju, ki bi jih lahko izbrali?

In kaj če se ustvarjanje gotovinskih tokov v resnici vrti okoli igranja z možnostmi in tega, da ste popolnoma v zavedanju glede svoje finančne resničnosti?

Koliko prihodkovnih tokov lahko ustvarite? Kaj je tisto, kar vam prinaša radost in bi s tem lahko služili denar? Kaj vas zanima?

Izredno zaposlena sem s tem, kar izbiram početi s službo, pa vendar imam v kreaciji tudi druge tokove prihodkov in vsak dan sprašujem po še več. Vas zanimajo starine, valute, vrednostni papirji, kupovanje ter prodaja stvari na E-bayu? Kaj je tisto v vašem življenju, kar lahko ustvari več denarnih tokov, česar niste bili voljni uzavestiti?

Kaj še obstaja tam zunaj v svetu v zvezi z denarjem, kar bi vam bilo zabavno odkriti? Začnite se izobraževati o denarju. Kdo so obrazi in simboli na vaši denarni valuti? Ali veste, kateri bankovec ima v vaši državi ali v drugih državah največjo vrednost? Kakšne barve je vsak bankovec, ne samo v vaši valuti, temveč tudi v drugih valutah? Seznanite se z denarjem, ne izogibajte se mu, občudujte ga, igrajte se z njim, dajte mu priznanje.

Ko sem se bila voljna izobraziti o denarju in neštetih načinih, na katere lahko prispeva mojemu življenju, sem bila voljna imeti denar. Ko sem si dovolila imeti denar, sem se bila voljna igrati z denarjem. Ko se nisem bila voljna izobraziti o denarju, je to ustvarilo dolg. Sedaj ko sem se voljna o denarju izobraziti, imeti denar in se igrati z denarjem, to ustvari več. In ne iz pomembnosti vsega tega, temveč resnično iz *radosti* in izbire tega.

Kaj če bi se zdaj samo za deset sekund, ne glede na to, kaj se dogaja okoli vas, izbrali igrati? Kaj če bi izbrali živeti življenje kot proslavo, kar resnično lahko je, ter povabili denar, da se vam pridruži na zabavi, imenovani vaše življenje? Kaj če bi izbrali biti srečni in hvaležni ne glede na vse?

Kaj če bi bilo ustvarjanje vaše finančne resničnosti resnično nenehno raziskovanje neskončnih možnosti za radostno ustvarjanje vašega življenja, vključno z vašimi tokovi prihodkov in denarnimi tokovi? Kaj vse je še mogoče, na kar sploh niste pomislili?

Prosim, da uporabite to knjigo in orodja v njej, ko nadaljujete spreminjanje svoje finančne resničnosti. Za nenehno izbiro nečesa večjega je potreben pogum, nekaj drugačnega in to ni vedno udobno. Če berete to knjigo, če živite na tem planetu prav zdaj, imate pogum in imate sposobnost. Vse, kar morate zdaj narediti, je, da izberete.

Tretji del

POVZETEK
IN ORODJA

POVZETEK POGLAVIJ, VPRAŠANJ IN ORODIJ

To poglavje vsebuje povzetek referenc glavnih točk, vprašanj in orodij v knjigi. Eno je, ko preberete, kako je nekdo drug spremenil svoje življenje v finančnem smislu; pravzaprav se zavedam, da je to lahko zelo neprijetno. Edinstven vidik te knjige je v tem, da sem uporabila orodja Access Consciousnessa, da bi spremenila svojo finančno resničnost, in tudi vi jo lahko. Vendar morate še naprej izbirati, ne glede na to, kako neudobno postane. Če boste vsak dan uporabljali ta orodja, boste spremenili svojo finančno resničnost za vedno. Naj se dogodivščina začne.

PRVI DEL: OSNOVE NOVE FINANČNE RESNIČNOSTI
poglavje: Kaj ustvarja denar?

DENAR SE NIKOLI NE POJAVI, KOT STE MISLILI, DA SE BO

Denar ni linearen

Denar se ne pojavi v vašem življenju na linearen način – lahko se pojavi na vse vrste načinov, z vseh možnih mest. Če hočete v življenju zaslužiti več denarja, morate biti odprti za vse čarobne in čudežne načine – tudi če je popolnoma drugače od česarkoli, na kar ste pomislili. Kaj če bi lahko imeli neomejene tokove prihodkov? Kaj če lahko ustvarite denar tako, kot ga nihče ne more? Kaj če ne bi imeli nobenega pogleda v zvezi z denarjem?

VPRAŠANJA

- Kakšni so neomejeni načini, na katere se zdaj lahko denar pojavi zame?
- Ali sem voljan/-na opustiti to, da moram preračunavati, definirati ali izračunavati, kako se bo denar pojavil, ter dopustiti, da pride v moje življenje na naključne, čarobne in čudežne načine?

Ne ugotavljajte, KAKO bi se moral pojaviti denar

Vesolje manifestira, vi aktualizirate (udejanjate). Pri manifestiranju gre za to, *kako* se stvari pojavijo, in vaša naloga ni ugotoviti kako. Aktualiziranje je spraševanje po tem, da se nekaj pojavi, in prepustiti manifestiranje vesolju ter biti voljni prejeti, ne glede na to, kako se pojavi.

VPRAŠANJA

Kaj bi bilo potrebno, da se to pojavi?

Kaj bi bilo potrebno, da se to v mojem življenju aktualizira takoj?

Bodite potrpežljivi

Vesolje ima neskončno sposobnost manifestiranja in običajno ima veliko veličastnejši in čarobnejši način izvedbe, kot lahko sploh predvidite. Včasih mora vesolje premakniti stvar naokoli, zato da bi ustvarilo, kar si želite.

Ne sodite se, bodite strpni in ne omejujte možnosti za prihodnost.

Denar ni le gotovina

Obstaja toliko načinov, kako lahko denar in gotovinski tokovi pridejo v vaše življenje, če pa jih niste voljni uzavestiti, če mislite, da morajo izgledati na določen način, boste mislili, da ne spreminjate stvari, ko pravzaprav jih.

Začnite si priznavati različne načine, na katere se denar pojavlja v vašem življenju. Ko vam prijatelj kupi kavo ali pa ko vam nekdo nekaj podari. To je denar. To je prejemanje.

VPRAŠANJA

Kje vse še prejemam denar in tega še nisem uzavestil/-a?

Kje vse še lahko prejmem denar, kjer še nisem uzavestil/-a?

VPRAŠAJTE IN PREJELI BOSTE

Denar ne sodi

Denar se pojavi ljudem, ki so voljni vprašati in so ga voljni prejeti.

Prejemanje je preprosto to, da ste voljni imeti neskončne možnosti tega, da nekaj pride v vaše življenje, brez stališča o tem, kaj, kje, kdaj, kako in zakaj se bo pojavilo. Z drugimi besedami, ko izgubite svoje sodbe o denarju in o sebi v zvezi z denarjem, lahko prejmete več.

Kaj če ne bi potrebovali razloga, da bi vprašali za denar? Kaj če bi ga lahko imeli samo zato, ker bi bilo zabavno?

Kaj če bi lahko samo vprašali, naj se pojavi?

DENAR SLEDI RADOSTI IN NE OBRATNO

Če bi bilo vaše življenje zabava, bi se je denar želel udeležiti?

Če bi svoje trenutno življenje gledali, kot da je zabava, kakšne vrste povabilo bi to bilo denarju?

Kaj če bi že danes lahko začeli živeti svoje življenje kot praznovanje, ki je lahko? Kaj če ne bi čakali, da se denar pojavi?

Kaj vam prinaša radost?

Energija, ki jo ustvarite, ko se zabavate, ko ste popolnoma, srečno vključeni v nekaj, kar obožujete, je generativna. Ni pomembno, kako ustvarite to energijo.

VPRAŠANJA

- Kaj rad/-a počnem?
- Kaj me radosti?

Vaše življenje je vaš posel, vaš posel je vaše življenje!

Če ste živi, imate posel – imenuje se posel življenja! Na podlagi katere energije vodite svoje življenje? Se sploh kaj zabavate?

ORODJE: VSAK DAN POČNITE NEKAJ, V ČEMER UŽIVATE

Začnite početi stvari, v katerih uživate, in to eno celo uro na dan in en cel dan na teden.

NEHAJTE DELATI DENAR POMEMBEN

Ko nekaj naredite pomembno, tega ne morete spremeniti

Karkoli naredite pomembno, to naredite večje od sebe. Začnite prepoznavati vsa mesta, kjer ste naredili denar pomemben, in bodite se voljni osvoboditi tega stališča in zase ustvarite drugačno resničnost.

VPRAŠANJA

Kako pomemben v tem trenutku v življenju delam denar?

Če denar ne bi bil pomemben, kaj bi izbral/-a?

poglavje: Kaj spremeni dolg?

VAŠE STALIŠČE USTVARJA VAŠO (FINANČNO) RESNIČNOST

Kakšen je vaš pogled na dolg?

Če hočete spremeniti dolg, začnite pri spreminjanju svojega stališča. Pogled, ki ste ga do zdaj imeli o denarju, je ustvaril vašo trenutno situacijo z denarjem.

Namesto da bi sodili ustvarjeni dolg, se opolnomočite tako, da si postavite vprašanja, s katerimi boste lahko spremenili stvari.

VPRAŠANJA

- Kaj vse je še mogoče?®
- Kaj lahko sem ali naredim, da to spremenim?

Ste se odločili, da so trdne, težke stvari v življenju resnične?

Kaj ste se odločili, da je za vas resnično ali da ni resnično? Zakaj ste se odločili, da je resnično? Ker je bila to vaša izkušnja v preteklosti? Ker je »občutiti« resnično: težko, trdno, konkretno ali nepremično? Ali bi nekaj, kar je resnično za vas, res bilo občutiti kot tona opek ali pa bi vam bilo občutiti lahkotnejše in srečnejše?

ORODJE: »ZANIMIV POGLED, DA IMAM TAK POGLED«

Kaj če bi si naslednje tri dni rekli za vsako misel, občutek in čustvo, ki se vam pojavi (ne samo pri denarju, temveč glede vsega): »Zanimiv pogled, da imam tak pogled.« Recite to nekajkrat, dokler se ne sprosti.

ORODJE: TISTO, KAR JE ZA VAS RESNIČNO, JE OBČUTITI LAHKOTNO IN LAŽ JE TEŽKA

Ko je nekaj resnično za nas in to uzavestimo, to v našem svetu ustvari občutek lahkotnosti in ekspanzije. Ko nekaj ni resnično, kot na primer sodba ali zaključek, do katerega smo prišli glede nečesa, je to težko in je občutiti skrčeno ali trdo.

OPUŠČANJE UDOBJA, POVEZANEGA Z DOLGOM

Kaj ljubite pri tem, da ste zadolženi in nimate denarja?

Če ste voljni postaviti nekaj vprašanj, lahko uzavestite tisto, kar vas drži ujete. Če tega ne uzavestite, ne morete spremeniti.

- Kaj ljubim pri tem, da sem zadolžen/-a?
- Kaj ljubim glede tega, da nimam denarja?
- Kaj ljubim sovražiti glede tega, da nimam denarja?
- Kaj sovražim ljubiti glede tega, da nimam nič denarja?
- Kaj lahko izberem danes, kar lahko ustvari več zdaj in v prihodnosti?

BODITE VOLJNI IMETI DENAR

Obstaja razlika med imeti, zapravljati in varčevati denar

Večina ljudi si želi denarja le zato, da ga lahko porabijo. Imeti denar je drugače. Bistvo tega, da imamo denar, je, da prispeva rasti vašega življenja.

Pri varčevanju denarja gre za to, da ga dajemo na stran za težke čase. Varčevanje denarja se razlikuje od tega, da imamo denar.

Ste nekdo, ki sprašuje: »Kako lahko privarčujem denar?« Je pri tem vprašanju generativna energija? Ali se zdi, da to širi vaše možnosti ali jih omejuje? Si nekje želite prihraniti denar? Poskušajte vprašati: »Če bi porabila ta denar, ki ga želim privarčevati, bi to ustvarilo več za zdaj in za prihodnost?«

- Na kakšne neskončne načine lahko porajam več denarja?
- Katera energija moram biti, da to ustvarim z lahkoto?

NEHAJTE SE IZOGIBATI DENARJU IN GA ZAVRAČATI

Živite v »vesolju brez izbire«?

Obstaja v vašem svetu kakršnokoli mesto, kjer zavračate ali se izogibate ogledu svoje finančne situacije? Ali imate res dobre razloge, zaradi katerih se izogibate početju preprostih in lahkih stvari, s katerimi bi ustvarili več denarja? Ko se nečemu izogibate, to zavračate ali niste voljni imeti nečesa, vam to ne dovoljuje imeti več izbir ali ustvariti več. Morate si biti voljni ogledati, kje ustvarjate iz vesolja brez izbire, in biti voljni to spremeniti.

Kaj je najslabše, kar bi se lahko zgodilo, če se ne bi izogibali denarju?

Kaj ste se odločili, da je najslabše, kar bi se lahko zgodilo, če se ne bi izogibali denarju ali svojim dolgovom? Kaj bi se lahko spremenilo, če bi bili voljni imeti popolno zavedanje svoje finančne resničnosti? Se izogibate izvajanju novih stvari, ki bi vam lahko prinesle denar?

VPRAŠANJA

Če se temu ne bi izogibal/-a, kaj bi lahko spremenil/-a?

Kakšne preproste načine ustvarjanja denarja imam na voljo, ki se jim izogibam?

HVALEŽNOST

Bodite hvaležni za denar!

Ko prejmete denar, opazujte svoj takojšen pogled. Ste hvaležni za vsak dolar, cent, ki pride v vaše življenje? Ali ste vajeni pomisliti: »To ni veliko«, »To bo pokrilo ta račun«, »Želim si, da bi imel/-a več«?

ORODJE: VADITE IMETI HVALEŽNOST ZA DENAR, KO DENAR PRIDE IN ODIDE

▸ Vadite govoriti: »Hvala, tako sem hvaležen/-na, da se je to pojavilo! Lahko dobim več, prosim?«

▸ Ko plačate račun, bodite hvaležni, da ste ga plačali, in vprašajte: »Kaj bi bilo potrebno, da se mi ta denar desetkratno povrne?«

Ste voljni biti hvaležni tudi zase?

Imeti morate hvaležnost za vse, kar ustvarite – dobro, slabo in grdo. Če to sodite, ne boste mogli videti darila svoje izbire in si ne boste dovolili prejeti možnosti, ki so na podlagi tega zdaj na voljo. Če imate hvaležnost, boste lahko imeli popolnoma drugačno resničnost. Namesto da sodite sebe ali tisto, kar se pojavi v vašem življenju, raje pri tem poiščite darilo, za katero bi lahko bili hvaležni.

VPRAŠANJA

Kaj je dobrega v tem?

Kaj je dobrega v tem, pa ne dojemam?

Ste hvaležni, ko je prelahko?

Ali spregledate stvari, ki se pojavijo v vašem življenju, če to pride preveč enostavno? Bi bili voljni spremeniti to? »Ko denar pride zlahka in ste hvaležni, ste na dobri poti, da boste imeli prihodnost z več možnosti.« – Gary Douglas

VPRAŠANJA

Kaj bi bilo potrebno, da bi imeli hvaležnost za vsak cent, ki se pojavi?

Kakšna hvaležnost sem lahko, kar bi dovolilo, da denar pride lahkotno in radostno?

poglavje: Kako lahko takoj ustvarite novo finančno res-
ničnost?

Boriti se ali ne boriti se?

Veliko ljudi sploh ne misli, da imajo izbiro biti žalostni, srečni, sitni, sproščeni. Zunanje okoliščine ne ustvarjajo načina, kako se počutimo o stvareh. Denar ne ustvarja tega, kaj čutimo do stvari. Pravzaprav je to le izbira, ki jo lahko izberete.

VPRAŠANJA

* Se pretvarjam, da tukaj nimam izbire?
* Katere izbire pravzaprav imam?

BODITE VOLJNI NAREDITI, KARKOLI JE TREBA

Ustvarite zavezo, da ne boste nikoli obupali nad sabo

Biti zavezani sebi pomeni biti voljni imeti dogodivščino bivanja in izbrati, kar deluje za vas, tudi če je neudobno ali tudi če to vključuje uvajanje sprememb, ki jih nihče drug ne razume.

Zahtevati ne morete od nikogar in ničesar, razen od sebe

Svoje življenje začnete ustvarjati, ko končno zahtevate: »Ne glede na to, kaj bo potrebno, in ne glede na to, kako bo videti, bom ustvaril/-a svoje življenje. Ne bom živel/-a na podlagi stališča ali resničnosti nikogar drugega. Ustvaril/-a bom svojo resničnost!«

VPRAŠANJA

* Sem voljan/-na zahtevati od sebe, da bom ustvaril/-a tisto, kar želim v svojem življenju, ne glede na vse?

Bodite voljni izbrati, izgubiti, ustvariti in spremeniti vse

Einsteinova definicija norosti je izvajati isto in pričakovati drugačen rezultat. Spremeniti morate način, kako trenutno delujete, da bi ustvarili drugačen izid.

Če ste poskušali spremeniti nekaj v svojem življenju in se to ne spreminja, si oglejte, kje morda počnete isto stvar malce drugače, namesto da bi dejansko izbrali narediti nekaj *popolnoma drugačnega*.

VPRAŠANJA

* Glede česa sem se odločil/-a, da je nespremenljivo?
* Kaj sem bil/-a nevoljan/-na izgubiti?
* Kaj več bi bil/-a voljan/-na izbrati, če bi bil/-a voljan/-na izgubiti te stvari?
* Kaj lahko sem in počnem drugače, da bi to spremenil/-a?

ODPOVEDATI SE SVOJIM LOGIČNIM IN NORIM RAZLOGOM, ZAKAJ NIMATE DENARJA

Je čas, da se odpoveste finančni zlorabi sebe?

Finančna zloraba se lahko pojavi v različnih oblikah, vendar se pogosto konča tako, da se počutite, kot da si ne zaslužite najbolj bistvenih stvari v življenju. Kaj če vam ne bi bilo več treba živeti na podlagi tega?

VPRAŠANJA

* Kakšne zgodbe si pripovedujem o denarju? Kaj če niso resnične?
* Ali dopuščam finančni zlorabi preteklosti, da vodi mojo prihodnost?
* Kakšne drugačne izbire imam tukaj?

Ali uporabljate dvom, strah in krivdo, da bi vas odvračali od ustvarjanja denarja?

Vsakič, ko dvomite, vas je strah, čutite krivdo ali očitke glede denarja, ali pa ste obsedeni, se obremenjujete, ali se jezite zaradi svoje finančne situacije, se odvračate od tega, da bi bili prisotni z drugačnimi izbirami, drugačnimi možnostmi.

ORODJE: IZLOČITE TO BESEDO IZ SVOJEGA BESEDNJAKA

Iz svojega besednjaka izločite besedi »zato ker«. Vsak »zato ker« je vaš pameten način, kako z dobro zgodbo nasedete svojim motnjam, zato da lahko obupate nad sabo. Ko se ujamete pri tem, da to govorite, vprašajte: »O, to je pa dobra zgodba. Kaj vse bi še bilo mogoče, če ne bi uporabljal/-a te zgodbe, da se ustavljam?

VPRAŠANJA

Kakšno odvračanje uporabljam, da se ustavljam pri ustvarjanju denarja?
Kaj vse je še mogoče, na kar sploh nisem pomislil/-a?

BODITE BRUTALNO ISKRENI S SABO

Ste voljni ne imeti pregrad?

Učili so nas, da verjamemo, da nas bodo sodbe, pregrade in zidovi, ki jih dvignemo, zaščitili, vendar pa nas v resnici skrijejo pred sabo.

Pri ustvarjanju vaše lastne finančne resničnosti gre za to, da imate zavedanje tega, kaj je pravzaprav tam, in nato izbiro tega, kar bo za vas ustvarilo več. Biti morate voljni ne imeti nobenih sodb, nobenih pregrad in popolno ranljivost. Od tod lahko vidite, kaj je mogoče za vas, česar niste hoteli uzavestiti.

ORODJE: OBRNITE SVOJO NAPAČNOST V VRLINO

Kaj če je vaša napačnost pravzaprav vaša vrlina? Kjerkoli mislite, da ste napačni, se preprosto upirate temu, da bi bili močni. Poglejte tisto, kar ste se odločili, da je napačno glede vas. Zapišite. Oglejte si to in vprašajte:»Katera vrlina je to, ki je ne priznavam?«

Ko ste to, kar ste, je nekaj najprivlačnejšega na svetu.

Ko se sodite, niste vi.

VPRAŠANJA

Če bi bil/-a to, kar sem, kaj bi izbral/-a?

Če bi bil/-a jaz, kaj bi ustvaril/-a?

KDO SEM V TEM TRENUTKU? JAZ ALI NEKDO DRUG?

Kaj bi resnično radi imeli?

Del tega, da smo ranljivi, je tudi to, da smo brutalno iskreni glede tega, kaj bi radi imeli v svojem življenju. Če to ohranjate skrito in skrivate pred sabo ali pa se pretvarjate, da si ne želite tega, kar v resnici želite, pravzaprav nimate možnosti, da bi dejansko ustvarjali ali izbirali več in imeli življenje, v katerem resnično uživate.

ORODJE: PRIZNAJTE SVOJE VÉDENJE

Ste voljni biti iskreni s sabo, da si priznate, kaj bi resnično radi imeli v življenju, tudi če to ni smiselno za nikogar drugega? Izpišite si seznam vsega, kar bi radi imeli v svojem življenju (vprašanja spodaj uporabite za pomoč). Če ne bi bilo nič nemogoče, kaj bi izbrali? Oglejte si seznam in vprašajte:»Kaj bi bilo potrebno, da to porajam in ustvarim z lahkoto?«

* Kaj bi rad/-a ustvaril/-a v svojem življenju?

* Če bi lahko imel/-a, bil/-a in počel/-a in ustvaril/-a karkoli, kaj bi rad/-a ustvaril/-a?

* Kaj sem se odločil/-a, da je nemogoče, kar bi resnično rad/-a imel/-a?

* Kaj je najbolj smešna ali nepojmljiva stvar, za katero lahko prosim?

* Kaj je tisto, kar bi rad/-a prosil/-a vesolje in zahteval/-a od sebe?

ZAUPAJTE, DA VESTE

Vedno ste vedeli, tudi ko se ni izšlo

Ste kdaj vedeli, da se nekaj ne bo izšlo tako, kot ste želeli, pa ste to vseeno naredili?

Zapišite si vsakokrat, ko ste naredili nekaj, za kar ste vedeli, da ne bi smeli, in se je izšlo natančno tako, kot ste vedeli, da se bo. Zapišite vse trenutke, ko se je nekaj izšlo natančno tako, kot ste vedeli, da se bo, ne glede na to, kaj je kdorkoli rekel. Priznajte si, da ste ne glede na to, kako se je izšlo, vseeno vedeli.

* Kaj vem o denarju, za kar si nikoli nisem dal/-a možnosti, da uzavestim, ali pa so me glede tega naredili napačnega/-o?

Če denar nikoli ne bi bil težava, kaj bi izbrali?

Če želite spremeniti stvari in če želite ustvariti finančno prihodnost, ki bo delovala za vas, si morate vsak dan postavljati vprašanja. Vsak dan je nov, vedno je na voljo več možnosti. Vse, kar morate narediti, je vprašati.

VPRAŠANJA

Če denar ne bi bil težava, kaj bi izbral/-a?

Kaj bi rad/-a ustvaril/-a v svetu?

Kaj od tega bi lahko začel/-a ustanavljati takoj?

S kom bi rad/-a govoril/-a?

Kaj bi moral/-a narediti?

Kam bi moral/-a iti?

Kaj bi lahko izbral/-a danes, s čimer bi lahko začel/-a ustvarjati lastno finančno resničnost?

DRUGI DEL: DENAR, PRIDI, DENAR, PRIDI, DENAR, PRIDI! poglavje: Deset stvari, zaradi katerih bo denar prihajal (in prihajal in prihajal)

1. Zastavljajte vprašanja, ki privabljajo denar.
2. Natančno vedite, koliko denarja potrebujete za življenje – radostno.
3. Imejte denar.
4. Dajte priznanje sebi.
5. Počnite tisto, kar imate radi.
6. Zavedajte se svojih misli, besed in dejanj.
7. Prenehajte biti vezani na izid.
8. Prenehajte verjeti v uspeh, neuspeh, potrebe & pomanjkanje.
9. Imejte dopuščanje.
10. Bodite voljni biti izven kontrole.

poglavje: Postavljajte vprašanja, ki privabljajo denar

Vprašanja so povabilo prejemanju, kar dovoljuje denarju, da se pojavi. Če ne vprašate, ne morete prejeti.

Če začnete vprašanje z »zakaj« ali »kako«, po največji verjetnosti v resnici ne postavljate vprašanja. Če iščete določen odgovor (ali pa že lahko vnaprej predvidite odgovor na vprašanje) – uganite kaj? V resnici ne postavljate vprašanja!

Tukaj je nekaj primerov vprašanj, ki bodo povabila denar.

VPRAŠANJA

* Kaj bi se lahko pojavilo, kar bi se izšlo veliko bolje, kot si lahko predstavljam?
* Kaj sem izbral/-a ustvariti s tem in katere druge izbire imam?
* Kaj je prav v zvezi z mano, česar ne dojemam?
* Kaj lahko vsak dan sem ali naredim drugače, da se začnem bolj zavedati izbir, možnosti in prispevkov, ki so mi na voljo v vsakem trenutku?

Začnite spraševati po denarju, zdaj!

Tarča tukaj je, da bi imeli več lahkotnosti s spraševanjem po denarju. Kaj če bi bilo spraševanje po denarju za vas pravzaprav zabavno? Kako zelo bi se lahko zabavali pri spraševanju po denarju, da se pojavi na vse vrste načinov?

ORODJE: VADITE SPRAŠEVANJE PO DENARJU

* Postavite se pred ogledalo in vprašajte: »Lahko sedaj dobim denar, prosim?« Izgovarjajte to znova in znova.
* Ko imate stranko, ki vam mora plačati, ali pa vam nekdo dolguje denar na podlagi izdanega računa, vprašajte: »Kako bi radi to plačali?«

Dnevno uporabljajte vprašanja, ki privabljajo denar

Nenehno postavljajte vprašanja. Ne glede na to, kaj se pojavi – sprašujte po več, sprašujte po boljšem. Kaj če bi vam postavljanje vprašanj postalo tako naravno, da bi postali neustavljivo, hodeče, govoreče povabilo za možnosti z denarjem?

VPRAŠANJA

* Kaj vse je še mogoče?
* Kako je lahko še boljše kot to? (Sprašujte, ko se pojavijo dobre in slabe stvari.)
* Kakšna bi rad/-a, da je moja finančna resničnost?
* Kaj bi moral/-a biti ali imeti drugačnega, da bi ustvaril/-a to?
* Kaj lahko danes sem ali počnem drugače, da bi porajal/-a več denarja takoj?
* Čemu lahko danes posvetim svojo pozornost, kar bo povečalo moje denarne pritoke?
* Kaj lahko danes dodam svojemu življenju, kar bo takoj ustvarilo več tokov prihodkov?
* Kdo ali kaj bi še lahko prispeval k temu, da imam v življenju več denarja?
* Kje lahko uporabim svoj denar, da bo to zame ustvarilo več denarja?
* Če denar ne bi bil problem, kaj bi lahko izbral/-a?
* Če bi izbiral/-a samo zase, samo za zabavo, kaj bi izbral/-a?
* Kdo še? Kaj še? Kje še?
* Lahko sedaj dobim denar, prosim?

poglavje: Natančno vedite, koliko denarja potrebujete za življenje – radostno!

Natančno morate vedeti, koliko vas stane, da vodite svoje življenje z radostjo, ali pa ne boste mogli učinkovito uporabiti vseh teh čudovitih orodij, saj ne boste imeli jasnosti, ki jo potrebujete, da bi se premaknili naprej.

ORODJE: ZAPIŠITE SI, KOLIKO VAS STANE, DA BI ŽIVELI RADOSTNO

- Podrobno si oglejte, koliko vas stane vodenje vašega življenja. Če imate posel, naredite to tudi za svoj posel.
- Zapišite si svoje stroške. Če imate bilanco stanja ali kakršnokoli poročilo svojega računovodje, uporabite to, da izračunate, koliko vas stane mesečno vodenje vašega podjetja ali vašega življenja.
- Seštejte vse trenutne dolgove. Če imate okoli dvajset tisoč dolarjev dolga ali manj, delite to z dvanajst in dodajte to k seštevku. Če dolg presega dvajset tisoč dolarjev, razdelite na štiriindvajset mesecev ali več, če želite. Preprosto vključite to na seznam.
- Zapišite si, koliko stane, da počnete stvari, ki so zabavne za vas.
- Seštejte vse skupaj.
- Dodajte deset odstotkov za svoj desetodstotni račun.
- In nato dodajte še dodatnih dvajset odstotkov – samo zaradi zabave.
- Saj je bistvo življenja zabavati se!
- Poglejte si znesek, ki ga dobite. To je dejanski znesek, ki je vsak mesec potreben, da vodite svoje življenje.
- Postavljajte vprašanja. Zahtevajte, da se pojavi ta znesek denarja in še več.
- Izvedite to vajo vsakih šest do dvanajst mesecev, saj se bodo s tem, ko se bo spreminjalo vaše življenje, spreminjali tudi vaši stroški, vaše želje in vaše finančne potrebe.

Kaj bi bilo potrebno, da s popolno lahkoto ustvarim ta znesek denarja *in več*?

Kaj vse še lahko dodam svojemu življenju?

Kaj vse še lahko ustvarim?

7.poglavje: Imeti denar

ORODJE #1 ZA TO, DA BI IMELI DENAR: 10-ODSTOTNI RAČUN

Dajte na stran deset odstotkov vsega, kar zaslužite

To dajete na stran kot spoštovanje sebe. Saj veste, to ni logično ali linearno. Na energijski ravni vam tudi vesolje začne prispevati in denar se vam začne pojavljati na najnenavadnejših mestih.

ORODJE #2 ZA TO, DA BI IMELI DENAR: S SEBOJ NOSITE GOTOVINO

Pri sebi nosite znesek gotovine, za katerega mislite, da bi ga pri sebi imela bogata oseba

Kaj za vas ustvari to, da v svoji denarnici vidite velik znesek gotovine vsakič, ko jo odprete? Ali prispeva občutek blagostanja? Je zabavno? Poskusite in videli boste.

Če imate stališče v zvezi s tem, da pri sebi nosite veliko denarja, ker mislite, da vam ga bodo ukradli ali ga boste izgubili, vprašajte: »Koliko denarja bi moral/-a imeti pri sebi, da bi bil/-a voljan/-na biti v zavedanju tega ves čas?«

ORODJE #3 ZA TO, DA BI IMELI DENAR: KUPUJTE STVARI Z RESNIČNO VREDNOSTJO

Predmeti z resnično vrednostjo ohranjajo ali pa povečujejo svojo vrednost, ko jih enkrat kupimo

Stvari, kot so zlato, srebro, platina, starine, redki predmeti, imajo realno vrednost.

Razmislite o nakupu likvidnega premoženja (stvari z vrednostjo, ki jih je zlahka prodati za gotovino), ki ima prav tako estetsko lepoto, ki dodaja vašemu življenju, kar bo prispevalo k ustvarjanju občutka bogastva in luksuza v vašem življenju in bo hkrati imelo tudi denarno vrednost.

ORODJE: IZOBRAZITE SE O VREDNIH PREDMETIH IN TEM, KAR USTVARI OBČUTEK VREDNOSTI ZA VAS

Izobrazite se o stvareh, ki imajo vrednost in bi vam jih bilo zabavno imeti v svojem življenju. Vam je zabavno imeti tako gotovino kot likvidno premoženje? Koliko gotovine bi morali imeti v svojem življenju, da bi imeli večji občutek miru in blagostanja z denarjem? Kaj vse bi še lahko dodali svojemu življenju, da bi ustvarili občutek estetike, obilja, luksuza in blagostanja, ki bi razširil vsako plat vašega življenja in bivanja?

8. poglavje: Dajte si priznanje

Obstajajo trije načini, na katere lahko začnete učinkoviteje priznavati sebe:

• Priznajte *vrednost* sebe.

• Priznajte, kar vam je *lahko* početi in biti.

• Priznajte, kar *ustvarjate*.

Ne čakajte, da bodo drugi videli vašo vrednost

Ali čakate, da vam drugi dajo priznanje, zato da boste končno lahko vedeli, da je tisto, kar imate ponuditi, vredno?

Kaj če bi bili vi tisti, ki prepoznate, da ste vredni, ne glede na to, kaj kdorkoli drug misli?

ORODJE: ZAPIŠITE SI, KAKO HVALEŽNI STE ZASE

Vzemite zvezek in si zapišite vse, za kar ste hvaležni pri sebi – vsak dan dodajte vsaj tri različne stvari. Zahtevajte, da boste zaznali, vedeli, bili in prejeli veličastnost sebe z veliko več lahkotnosti. Zavežite se sebi in se pri tem podprite.

VPRAŠANJA

Kaj je velikega glede mene, česar še nikoli nisem uzavestil/-a?

Česa nočem uzavestiti glede sebe, kajti če bi to uzavestil/-a, bi to ustvarilo moje življenje polnejše lahkotnosti in radosti?

Kaj je vam enostavno, česar nikoli niste priznali?

Kaj počnete z lahkoto? Kaj počnete z lahkoto, za kar mislite, da nima vrednosti?

ORODJE: ZAPIŠITE SI, KAJ VAM JE ENOSTAVNO BITI IN POČETI

Začnite zapisovati stvari, ki so za vas lahke in se jih resnično zavedajte. Prikličite si energijo tega, kako je početi te stvari, ki so lahke. Priznajte si, kako briljantni ste!

Prosite to energijo, naj se pojavi na vseh mestih, za katera ste se odločili, da niso enostavna. Če uzavestite to energijo in jo prosite, naj raste v vašem življenju, bo lahko in bo.

VPRAŠANJA

- Kaj vse še lahko uzavestim o sebi, za kar nisem mislil/-a, da ima vrednost?

Ali priznavate svoje kreacije ali jih prezrete?

Koliko v resnici ustvarjate v svojem življenju, kar zavračate? Kaj če bi lahko bili prisotni z vsem, kar se zgodi, in vsem, kar je ustvarjeno v vašem življenju – in bi vse to prejeli s hvaležnostjo? Opazite energijo in občutek možnosti, ki bi bila ustvarjena v življenju s priznanjem, kot je na primer: »Danes sem ustvaril/-a nekaj resnično čudovitega.«

VPRAŠANJA

- Kaj bi bilo potrebno, da bi prejel/-a ta denar v svojem življenju in imel/-a popolno hvaležnost za to in zase?
- Kje vse še lahko priznam svojo sposobnost ustvarjanja?
- Kaj če bi resnično užival/-a v svoji kreaciji?
- Koliko se lahko zabavam in kaj vse še lahko zdaj ustvarim?

9. poglavje: Počnite tisto, kar obožujete

Ko vključite več tega, kar radi počnete, boste nenehno privabljali denar, da se vam pridruži pri igri.

Kaj radi počnete?

Morate si začeti ogledovati stvari, ki jih radi počnete.

ORODJE: SESTAVITE SEZNAM VSEH STVARI, KI JIH RADI POČNETE

- Vzemite beležko in si začnite zapisovati vse, kar radi počnete.

- V naslednjih nekaj dneh in tednih nenehno dodajajte temu.
- Nato si poglejte – ali počnete dovolj tega, kar imate radi?
- Postavite nekaj vprašanj.

VPRAŠANJA

- S katerimi od teh bi lahko takoj ustvaril/-a pritoke dohodkov? (Opazujte, če eden ali več izstopajo; kaj če bi začeli pri teh?)
- Kaj bi moral/-a narediti in s kom bi moral/-a govoriti in kam bi moral/-a iti, da bi takoj začel/-a ustvarjati to kot resničnost?
- Kako zelo se lahko zabavam pri ustvarjanju tega?

KAJ VSE ŠE LAHKO DODATE?

Ni vam treba biti na eni poti. V tek lahko poženete več različnih tokov ali poti. Kaj če bi jih lahko ustvarili toliko, kot bi jih želeli? Ni omejitev glede števila tokov prihodkov, po katerih lahko sprašujete. Kako veste, kateri bi lahko bili pomembni? Če je zabavno za vas, je pomembno.

Dodajanje vašemu življenju bo ustvarilo več tega, kar želite, izločanje iz vašega življenja pa ne bo.

Če boste v svoje življenje začeli dodajati več, še posebej če ustvarjate s stvarmi, ki jih obožujete, se bosta tako dolgočasje in preobremenjenost začela topiti.

ORODJE: DO STVARI ZAVZEMITE PTIČJO PERSPEKTIVO

- Vadite zdaj zavzemanje ptičje perspektive v zvezi s svojim projektom ali delom svojega življenja, pri katerem greste v preobremenjenost. Oglejte si in vprašajte:
- Bi lahko kdo drug prispeval k temu?
- Bi lahko kdo drug nekaj dodal k temu?
- Bi lahko kdo drug to naredil bolje od mene?

147

Kaj lahko dodam svojemu življenju, da bi imel/-a jasnost in lahkotnost s tem in več?

Če iščete več strank v svojem poslu ali pa ste se naveličali svojega dela, vprašajte: Kaj vse še lahko dodam tukaj?

Če ste preobremenjeni, vprašajte: Kaj lahko dodam? Kaj vse še lahko ustvarim?

Ali ustvarjate drugače od drugih ljudi?

Ljudje projicirajo na vas, da bi morali dokončati eno stvar, preden začnete drugo.

Ali to velja za vas? Če ne sodite načina svojega kreiranja kot napačnega, koliko bi se lahko zabavali pri tem, da ustvarjate še več v svojem življenju?

Kaj deluje zame?

Je zabavneje, da se dogaja veliko različnih stvari?

Če bi lahko ustvaril/-a svoj denar in življenje, na katerikoli način bi si želela, kaj bi izbral/-a?

10. poglavje: Bodite v zavedanju tega, kar rečete, mislite ali počnete

Začnite poslušati vse, kar pride iz vaših ust ali pa se vam pojavi v mislih, ko gre za denar, še posebej tiste stvari, za katere avtomatično verjamete, da so resnične, in jih navadno ne postavljate pod vprašaj – kaj če v resnici sploh niso resnične?

Želje versus ustvarjanje

Kako pogosto postavljate stvari na nekakšen seznam želja v upanju, da se bo to pojavilo, vendar ne naredite ničesar, da bi to začeli ustvarjati?

Zaveza je voljnost dajati svoj čas in energijo nečemu, za kar zahtevate, da se pojavi.

ORODJE: NAPIŠITE SEZNAM USTVARJANJA, NE ŽELJA

Namesto seznama želja zapišite seznam tega, kar želite ustvariti v svojem življenju in svoji finančni resničnosti. Postavljajte vprašanja. In izberite.

VPRAŠANJA

- Česa si želim, namesto da bi se zavezal/-a ustvarjanju tega?
- Če bi bil/-a brutalno iskren/-a, koliko sem trenutno predan/-a svojemu življenju? Deset odstotkov ali manj? Petnajst odstotkov ali manj? Dvajset odstotkov?
- Sem se svojemu življenju voljan/-na zavezati stoodstotno?
- Sem se voljan/-na zavezati kreaciji teh stvari, ki si jih želim?
- Kaj bi bilo potrebno, da to ustvarim?
- Kaj moram pognati v akcijo, da se to zgodi?

Izbiranje v desetsekundnih intervalih

Zamislite si, da bi vsem vašim izbiram potekel rok po desetih sekundah. Če bi hoteli na določen način nadaljevati, je vse, kar bi bilo potrebno, to, da izberete ponovno – še naprej morate izbirati zavestno, vsakih deset sekund, zato je najbolje, da poskrbite, da je to nekaj, kar si resnično želite imeti! Kaj če bi izbira resnično lahko bila tako enostavna? Če nekaj izberete in se to ne izide, vam ni treba izgubljati časa s sodbami in kaznovanjem sebe za tisto zadnjo izbiro. Preprosto morate ponovno izbrati.

11. poglavje: Prenehajte biti vezani na izid

Ko pride v življenju do izbiranja, kako zelo ste vezani na izid, še preden sploh začnete? Kaj če je tisto, za kar ste se odločili, da se mora pojaviti na določen način, omejitev? Nehajte se vezati na izid in vprašajte po zavedanju tega, katere izbire bodo razširile vaše življenje in bivanje. Dovolite si dobiti občutek *energije* tega, kaj bi vsaka izbira ustvarila. Sledite energijskemu občutku tega, kar je bolj ekspanzivno, tudi če za vas nima logičnega ali spoznavnega smisla.

ORODJE: ŽIVITE DESET SEKUND NAENKRAT

- Vadite izbirati v desetsekundnih intervalih.
- Začnite z majhnimi stvarmi (stanje, sedenje, priprava skodelice čaja, nabiranje rož itd.).
- Bodite polno prisotni z vsako izbiro. Uživajte v vsaki izbiri. Ne naredite izbire pomembne, pravilne, napačne ali pomenljive.
- Opazujte, kako se počuti vaše telo, kaj se dogaja za vas?

Prepustite se temu

Indulging je nekaj, kar pomeni »vdajte se ali se predajte užitku tega«. Vsakič, ko razmišljate o izbiri glede nečesa in niste prepričani, da hočete izbrati to, kaj če bi si dali nekaj časa, da se temu prepustite?

ORODJE: SPRAŠUJTE PO PREJEMANJU ENERGIJE TEGA, KAR BO VAŠA IZBIRA USTVARILA

- Poglejte nekaj, o čemer niste prepričani, da hočete izbrati. Naslednje tri dni se prepustite temu, da to izberete. Ko se nečemu prepustite, imate veliko več zavedanja glede energije,

- Če ne bi imel/-a nobenih pravil in predpisov ter nobenih referenčnih točk, kaj bi ustvaril/-a?

12. poglavje: Prenehajte verjeti v uspeh, neuspeh, potrebe & želje

Vi že ste uspešni, in če bi prav tako radi spremenili stvari v svojem življenju, jih lahko preprosto spremenite. Kje ste že uspešni, pa tega še niste priznali?

Padci in neuspehi

Neuspeh ne obstaja. To je le vaše stališče. Izbira, ki se ni izšla po načrtih, ni neuspeh ali napačnost. Je samo drugače od tega, kar ste mislili.

Vadite izbiranje, da bi ustvarili zavedanje v svojem svetu. Naj ne bo bistvo v tem, da delate prav ali narobe. Kaj bi radi izbrali?

- Kaj ste se odločili, da vam mora uspeti na pravilen način?
- Ste se odločili, da mora biti vaš posel/odnos/finančni svet pravilen?
- Ste se odločili, da morate doseči pravo odločitev?
- Ste se odločili, da se morate izogniti napačnim odločitvam ali se izogniti padcem in neuspehom?
- Kaj če bi vedeli, da izbira ustvarja zavedanje?
- Kaj lahko ta izbira prispeva vam, česar se še ne zavedate?

Kaj če je čas, da ste tako drugačni, kot resnično ste?

Kaj če *vi* niste zguba ali napačni, ste preprosto drugačni?

ORODJE: PREJMITE PRISPEVEK SVOJIH »NEUSPEHOV«

▸ Zapišite si tisto, za kar verjamete, da so vaši neuspehi v življenju. Potem si jih oglejte in za vsakega vprašajte: »Če tega ne bi sodil/-a kot neuspeh, kakšen prispevek lahko prejmem od tega?« in »Kakšno zavedanje je to ustvarilo v mojem življenju, ki ga drugače ne bi imel/-a?« Zapišite si, kaj se pojavi v mislih. Pojdite ven iz sodbe svoje izbire in se začnite zavedati prispevka, spremembe, zavedanja, ki ga je ustvarilo za vas.

▸ Zapišite si tisto, za kar verjamete, da so vaše »osebne napačnosti«. Oglejte si seznam stvari, zaradi katerih se sodite kot napačne. Vprašajte: »Če odvzamem svojo sodbo napačnosti glede tega, kakšna vrlina bi to dejansko bila?«

Ne potrebujem denarja niti nočem denarja – vi tudi ne!

Ste vedeli, da ima prvoten pomen besede hoteti v vsakem slovarju pred letom 1946 približno sedemindvajset definicij, ki pomenijo primanjkovati, in le eno, ki pomeni želeti? Vsakič, ko rečete: »Hočem,« v resnici govorite: »Primanjkuje mi!«

ORODJE: »NOČEM DENARJA«

▸ Vsak dan vadite izgovarjati »Nočem denarja« naglas, vsaj desetkrat zapovrstjo. Opazite, kako stvari postanejo lažje? Lahkotnost, ki jo čutite, je priznanje tega, kar je resnično za vas. Saj vam v resnici nič ne manjka.

Nuja in izbira

Radi verjamemo, da potrebujemo stvari. Vendar pa, kaj če je vse pravzaprav izbira?

VPRAŠANJA

- Kaj sem se odločil/-a, da je nujnost?
- Je res nujnost? Ali je izbira?
- Katere nujnosti lahko zdaj priznam, da so izbira?
- Kaj če je to izbira, ki jo sedaj lahko naredim radostno?
- Kaj bi rad/-a ustvaril/-a?

13. poglavje: Imeti in biti dopuščanje

Dopuščanje je to, ko ste kamen v rečnem toku. Vsa stališča tega sveta v zvezi z denarjem se zlijejo po vas, vendar vas ne odnesejo s seboj. Dopuščanje ni sprejemanje. Ni to, da poskušate verjeti, da je vse okej. Lahko potegnete črto. Lahko izberete tisto, kar bo delovalo za vas.

Ko ljudje sodijo, ne gre za vas, gre za sodbe, ki jih imajo o sebi in tem, česar niso voljni ustvariti.

ORODJE: KAKŠNO SODBO IMATE O SEBI?

Če se ujamete v tem, da sodite nekoga ali nekaj, se vprašajte, kakšno sodbo imate o sebi v zvezi s to osebo ali stvarjo. Poglejte, če začne postajati lažje. Sodba ni resnična in dopuščanje ustvarja možnosti.

- Kaj bi bilo potrebno, da bi bil/-a voljan/-na prejeti sodbe (dobre in slabe), ki jih imajo drugi o meni?
- Kaj če bi jih bil/-a voljan/-na vse prejeti z lahkoto?

Ste voljni biti v dopuščanju sebe?

Večina sodb, ki jih imamo o sebi, devetindevetdeset odstotkov vseh je tistih, ki smo jih pobrali od ljudi okoli sebe. V resnici sploh niso prave ali resnične.

ORODJE: NE SODITE SVOJIH SODB, UŽIVAJTE V NJIH, NATO PONOVNO IZBERITE!

- Ko se sodite, priznajte: »Ta trenutek se izbiram soditi. V tem bom za trenutek užival/-a in nato bom izbral/-a to, da se preneham soditi.«
- Lahko si izberete soditi se in lahko izberete, da se prenehate soditi.
- Ko ste pripravljeni, da se nehate soditi, postavljajte vprašanja.

- Kaj je prav v zvezi z mano, česar ne dojemam?
- Kaj če ni napačno nič, kar sem kdaj bil/-a ali naredil/-a?
- In kaj če nič v zvezi z mano ne bi bilo napačno?
- Kakšno darilo bi v mojem življenju pravzaprav bilo to, da sem v popolnem dopuščanju sebe?
- Kakšna prijaznost sem lahko zase, s tem da se danes ne sodim?

Ne poskušajte spreminjati ljudi

Edina oseba, ki jo lahko spremenite, ste vi in nihče drug. Če poskušate doseči, da bi ljudje izbrali, kar želite, da izberejo, se vam bodo na koncu uprli in vas zaradi tega začeli sovražiti. Pustite drugim, da izberejo, kar izbirajo, in še naprej izbirajte, kar izbirate.

- Ali sodim izbire svojega partnerja/družine/prijateljev?
- Kakšno dopuščanje lahko imam zanje in njihove izbire?
- Kaj bi sedaj rad/-a izbral/-a zase, česar še nisem izbral/-a?

14. poglavje: Bodite voljni biti izven nadzora

Koliko ste zmanjšali denar v svojem življenju, tako da ga lahko nadzorujete?

Kaj če bi lahko ustvarili svoje življenje, posel in različne denarne tokove s tem, da razširite svoje zavedanje in *izpustite* tisto, kar ste poskušali nadzorovati?

Kaj če bi lahko briljantno ustvarjali na podlagi kaosa?

Se spomnite, da ustvarjanje denarja ni linearno? Tudi vi niste linearni! Kaj če bi lahko ustvarjali, kakorkoli želite in potrebujete, tudi če je to drugim videti popolnoma kaotično? Kaj če bi obupali nad tem, da poskušate nadzorovati svoje življenje, in ga preprosto začeli ustvarjati? Zapomnite si, da v vesolju niste sami, vesolje vam bo prispevalo, da ustvarite vse, kar si želite, zato vprašajte po več.

ORODJE: IZPUSTITE NADZOR IN SE SPUSTITE

Naslednji teden poskušajte izpustiti iz vajeti vse, česar ste se poskušali tako trdo držati. Izpustite stvari, ki ste jih skušali nadzorovati, in poglejte, če se lahko pojavi kaj novega. Sprašujte veliko vprašanj.

VPRAŠANJA

- Katera vprašanja moram postaviti, da ustvarim vse to z lahkoto?
- Koga ali kaj še lahko dodam svojemu poslu in življenju?
- Kaj bi bilo potrebno, da bi to bilo preprosto?
- Kaj danes potrebuje mojo pozornost?
- Kaj moram delati zdaj, da ustvarim to?

15. poglavje: Opomba o denarnem toku

Kaj če gre pri ustvarjanju gotovinskega toka za to, da se igramo z možnostmi?

ORODJE: BODITE POZORNI NA SVOJE GOTOVINSKE TOKOVE IN SPRAŠUJTE VEČ VPRAŠANJ

- Oglejte si denarni tok, ki ga trenutno imate ali nimate. Vzemite si čas in mu posvetite pozornost ter vsak dan postavljajte več vprašanj. Začnite se izobraževati o denarju.

VPRAŠANJA

- Kaj bi bilo potrebno, da bi imel/-a nenehen tok denarja v svojem življenju?
- Koliko tokov prihodkov in kreacij lahko ustvarim?
- S čim se želim igrati?
- Kaj mi prinaša radost?
- Glede česa sem radoveden/-na?
- Kaj vse še obstaja tam zunaj v svetu v povezavi z denarjem, kar bi mi bilo zabavno raziskovati?

ŠE DVE ORODJI, KI JU LAHKO DODATE, DA BI VSE DALI NA POTENCO

Sprememba, ki jo je Acecss Consciousness ustvaril v mojem življenju, je eksponentna.

Access Consciousness je ogromna orodjarna za ustvarjanje spremembe v vašem življenju, da bi končno spremenili način svojega delovanja, tako da ni nič omejeno in da je vedno več prostora, da bi izbrali, karkoli si želite.

Ne gre le za vprašanja, koncepte in 'izvajanje' orodij, ki jih ponuja Access Consciousness, ki vam resnično dopuščajo, da spremenite stvari; gre za čiščenje energije, ki se nahaja pod vsemi stališči in zaključki ter sodbami, ki v naših življenjih držijo stvari zataknjene in nespremenljive. Če bi s svojim logičnim umom lahko rešili vse, bi imeli vse, kar smo si vedno želeli, vendar so nora stališča tista, ki nas zaklenejo. Čistilna izjava deluje tako, da spremeni vse to in več.

Obstajata dve orodji za čiščenje in spremembo te osnovne energije, za kateri močno priporočam, da ju uporabite v povezavi s preostalimi orodji v tej knjigi: Access Consciousness® čistilni izrek in Access Bars®.

Čistilni izrek je verbalni proces, ki ga lahko dodate svojim vprašanjem in očisti energijo, kjer se trenutno počutite omejene ali zataknjene. Access Bars je praktično uporaben telesni proces, ki vam dopušča razbliniti ujete komponente misli, občutkov in čustev, ki so zaklenjeni v vaše telo in vaša stališča (vaše življenje).

Leta nazaj sem prebrala toliko knjig, s pomočjo katerih sem želela spremeniti neko področje svojega življenja, in ko sem prebrala zgodbe ljudi, mi je to šlo na živce bolj kot karkoli, saj sem si mislila: »No, to je super in kako naj to naredim? Kako to spremenim?« Ta knjiga je drugačna. Imate moje zgodbe, imate vprašanja in orodja in prav tako lahko zaganjate čistilne procese s čistilnim izrekom. To je zame spremenilo vse. Moja želja je, da veste, da ta orodja obstajajo in da lahko spremenite katerokoli področje v svojem življenju, za katero *mislite*, da ne deluje za vas. Izbira je popolnoma vaša.

ACCESS CONSCIOUSNESS® ČISTILNI IZREK

Čistilni izrek je eno izmed temeljnih orodij Access Consciousnessa, ki bi ga opisala kot »čarobnost«, ki se zgodi. Tu gre pravzaprav za energijo. Ko postavite vprašanje in nato zaženete čistilni izrek, spreminjate, uničujete in odustvarjate vsa mesta, kjer ste ustvarili

stališče, ki vam preprečuje, da bi imeli, bili ali izbrali nekaj drugačnega.

Čistilni izrek je pravzaprav zasnovan tako, da spreminja vsa mesta, kjer imate misli, čustva, občutke, omejitve, sodbe in zaključke, ki ne bi smeli obstajati, in ustvari večji občutek igre ter radosti, da se lahko pojavi nekaj drugega, kar lahko ustvari več zavedanja, da vam bo na voljo več možnosti.

Celoten čistilni izrek se glasi: *Right and wrong, good and bad, POD and POC, all 9, shorts, boys and beyonds®.*

Gre za skrajšano frazo, ki zajema vse različne energije, ki jih čistite. Lepota čistilnega izreka je, da vam ga ni treba razumeti ali si celo zapomniti celotnega izreka. Preprosto lahko rečete: »POD in POC,« ali »Vse te stvari,« ali celo »Ta energija iz tiste čudne knjige, ki sem jo pravkar prebrala/-a.« In ker je bistvo v energiji in ne v besedah, bo še vedno delovalo.

Spodaj je skrajšana razlaga besed v čistilnem izreku. Če bi radi več informacij, lahko obiščete www.theclearingstatement.com.

RIGHT AND WRONG, GOOD AND BAD (PRAV IN NAROBE, DOBRO IN SLABO)

Ta del izjave je okrajšava za: »Kaj sem se odločil/-a, da je prav, dobro, popolno in pravilno glede tega? Kaj sem se odločil/-a, da je napačno, zlobno, grozno, slabo glede tega?«

POD AND POC (POD IN POC)

POD (TU) je kratica za točko uničenja (angl. Point Of Destruction) vseh misli, čustev in občutkov, ki so obstajali neposredno pred neko odločitvijo, ki so zaklenili na mesto to sodbo, stališče ali energijo, ter vseh načinov, na katere ste uničevali sami sebe, zato da bi to ohranili v obstoju. *POC* (TS) je kratica za točko stvaritve (angl. Point Of Creation) vseh misli, čustev in občutkov, ki so obstajali neposredno pred neko odločitvijo, ki zaklepajo to energijo na mesto.

POD in POC je prav tako lahko skrajšan način izgovarjanja čistilnega izreka.

Ko nekaj POD in POC-ate, je to, kot da bi potegnili spodnjo karto izpod hiše kart. Celotna stvar se sesuje.

ALL 9 (VSEH 9)

All 9 pomeni devet različnih načinov, na katere ste ustvarili to zadevo kot omejitev v svojem življenju. So plasti misli, čustev, občutkov in pogledov, ki ustvarjajo omejitev kot trdno in resnično.

SHORTS

Shorts je skrajšana različica veliko daljše serije vprašanj, ki vključujejo: Kaj je pomenljivega v zvezi s tem? Kaj je brez pomena v zvezi s tem? Kaj je kazen za to? Kaj je nagrada za to?

BOYS

Imamo pogled, da če bomo kar naprej lupili plasti čebule, bomo prišli do sredice težave, vendar pa kako pogosto ugotovite, da nikoli v resnici ne pridete do tja? *Boys* pomeni energijske strukture, ki se imenujejo nuklearne sfere, ki jih napačno identificiramo kot čebule svojega življenja, za katere smo mislili, da jih moramo olupiti. Nuklearne sfere so kot mehurčki, ki pridejo ven iz otroške igrače (pipa za pihanje mehurčkov). Ves čas poskušamo popokati mehurčke, misleč, da je to reševanje težave, vendar je otrok, ki piha v zrak v pipo tisti, ki ustvarja mehurčke. Če odstranite otroka, se mehurčki nehajo. To je energija, ki jo naslavljamo in jo kolektivno imenujemo *the boys*.

BEYONDS

To so občutki, senzacije, ki jih dobite, ki ustavijo vaše srce, ustavijo vaš dih ali ustavijo vašo voljnost pogledati možnosti. Beyonds so tisto, kar se zgodi, ko ste v šoku – kot na primer, ko prejmete nepričakovano velik račun za telefon. So običajno občutki in senzacije, redko čustva in nikoli misli.

KAKO ČISTILNI IZREK DELUJE

Prvič ko sem slišala čistilni izrek, sem bila na uvodnem večeru za Access Consciousness, in ko sem slišala facilitatorja seminarja izreči izrek, sem pomislila: »O čem, za vraga, ta tip govori? Pojman nimam, kaj to je!« Opazila pa sem, da so se naslednje jutro, ko sem se zbudila, stvari zame spremenile.

Svoje življenje sem uredila v obstoj: vstajanje ob 6.30 zjutraj, v fitnes do 7.00 (in moram iti v fitnes, ker se bom drugače neneho, ves dan sodila), v pisarno do 9.00, vodenje mojega podjetja od ponedeljka do petka ter ostajanje do poznih ur ter početje tega in onega. Vse je moralo izgledati na določen način. In tako sem mislila, da bi vedno moralo biti.

Ko sem naslednje jutro po seminarju sedela v postelji, sem spoznala: »O, saj sploh še nisem vstala in šla v fitnes« in sem čutila občutek prostora ter še vedno nisem čisto vedela, kaj se je zgodilo.

Facilitator prejšnjega večera me je poklical in rekel: »Hej, samo kličem te, da bi videl, kako ti gre,« in rekla sem: »Kaj, za vraga, si mi naredil včeraj?« Vprašal je: »Kaj misliš?« Pojasnila sem mu, da sem se počutila, kot da se mi je celotno življenje pravkar spremenilo. Vse, za kar sem se odločila, da moram narediti, ni bilo več pomembno. Bilo je, kot da je zdaj na voljo drugačna možnost, in pojma nisem imela, kaj bi to bilo. Vendar je bila radost tega, *da se nisem počutila, kot da moram to razrešiti*. V mojem svetu je bil občutek igre, ki ga nisem izkusila že od otroštva.

Vedela pa sem eno stvar, in sicer da je vse, o čemer je ta facilitator govoril na tem uvodnem seminarju Accessa, delovalo. In želela sem si več. Takoj sem vprašala: »Torej, kaj boš počel naprej? Kdaj je naslednja delavnica?« Facilitator mi je povedal, kdaj bo naslednja delavnica, vendar je bilo to v času božiča in nihče ne bi hotel iti na seminar v tem času. Vprašala sem: »Koliko ljudi potrebuješ, da bi izvedel to delavnico?« in rekel je: »Štiri.« Rekla sem: »Zmenjeno.« V treh dneh sem imela štiri ljudi, ki so prišli na delavnico in izvedli smo jo ravno med božičem in novim letom.

To je bila zahteva v mojem svetu, imeti več tega, karkoli je to bilo, *zdaj*. Toliko let sem iskala – na duhovnih poteh, v drogah, na potovanjih po svetu – iskala sem nekaj več. V vsakem pogledu sem iskala, karkoli je to bilo. Kasneje sem spoznala, da sem bila tisto, kar mi je to kazalo, pravzaprav jaz. Vedno sem izvor spremembe iskala drugje, zunaj sebe, vendar sem začela spoznavati, da sem izvor spremembe jaz.

KAKO UPORABITI ČISTILNO IZJAVO

Da bi uporabili čistilno izjavo, morate najprej postaviti vprašanje. Ko postavite vprašanje, to dvigne energijo. Dvignilo bi morda lahko tudi konkretne misli, občutke ali emocije ali pa tudi ne. Nato vprašate, da bi počistili energijo, ki se dvigne s tem, da zaženete čistilni izrek. Na primer:

>»Kakšne sodbe imam glede ustvarjanja denarja?« Vse, kar to je
>(tj. vso energijo, ki se dvigne), sedaj uničujem in razgrajujem vse.
>*Right and wrong, good and bad, POD and POC, All 9, shorts, boys
>and beyonds.*«

Na seminarju vam facilitator postavi vprašanje in nato vpraša: »Vse kar to dvigne, bi bili voljni uničiti in razgraditi vse to?« In nato zažene čistilni izrek. To počnemo na ta način zato, ker

je odvisno od vas, koliko boste izpustili in ste voljni spremeniti. Čistilni izrek ne bo počistil ničesar, kar deluje za vas, ali česar si ne želite spremeniti. Očistil bo le to, kar ste voljni izpustiti in si želite izpustiti.

Na koncu tega poglavja sem vključila seznam procesov (vprašanj s čistilnim izrekom), ki jih lahko zaženete. Zamisel je, da jih zaganjate znova in znova, da bi še naprej očistili več in več energije, da bi dosegli več lahkotnosti, prostora in izbire na tem področju.

ACCESS BARS®

Access Bars je 32 točk na glavi, kjer z lahnim dotikom začnemo razblinjati misli, čustva in občutke, ki jih imate okoli tematik, kot na primer zdravljenje, žalost, radost, seksualnost, telo, staranje, kreativnost, nadzor, denar, če jih omenim le nekaj. Prepričana sem, da nimate nobenih stališč v zvezi s katero koli od teh tematik, kajne?

Močno priporočam, da si privoščite zaganjanje svojih Barsov. To dopušča vašemu telesu, da je vključeno v spremembo, ki jo ustvarjate. In bolj kot vključujete svoje telo v proces spreminajnja svojega življenja, bolj bo radosten in napolnjen z lahkotnostjo.

Prvič, ko so meni zagnali Barse, je to ustvarilo prostor zame, kjer nisem glede ničesar imela trdnega stališča. Več možnosti je bilo za izbiro nečesa drugačnega. Bolj kot zaganjate svoje Barse, večji postane ta prostor.

Še en način, na katerega lahko uporabite Barse pri tem, da vam pomaga spremeniti stvari je, da lahko takrat, ko vam zaganjajo Bars za denar, govorite o čemer koli v zvezi z denarjem, kar se pojavi za vas. Začne se dogajati, da začne pritiskati gumb za brisanje glede tega, za kar ste se odločiili, da denar je; vsa stališča, ki ste jih kupili glede denarja, vsa stališča vaše družine, prijateljev, kulture, kjer ste bili rojeni in tako dalje in začnete ustvarjati svojo lastno finančno resničnost.

Poiščite praktika ali pa se celo udeležite delavnice. Učenje Access Barsov je zajeto v enodnevni delavnici, v kateri preživite dan z zaganjanjem Barsov – prejmete dve seansi ter podarite dve seansi. Ko boste odšli iz delavnice, se boste počutili popolnoma drugačne.

Za več informacij obiščite www.bars.accessconsciousness.com

ACCESS CONSCIOUSNESS DENARNI PROCESI

Naslednji seznam denarnih procesov je nekaj, kar lahko zaganjate, da bi očistili energijo, ki vam preprečuje, da bi imeli večje možnosti. Bolj ko zaganjate te procese, več spremembe boste prejeli. Na voljo so tudi v zvočni obliki (na spletni strani www.gettingoutofdebtjoyfully. com/bookGIFT jih lahko brezplačno prenesete) in jih lahko predvajate v ponavljajoči se zanki na svojem MP3-predvajalniku ali telefonu. To lahko predvajate tudi pri skoraj neslišni glasnosti, medtem ko spite. Delovali bodo še bolj dinamično, če vam ne bo na poti vaš spoznavni um. Veliko zabave vam želim! Zapomnite si: *Radostno* osvobajanje iz dolgov!

Kaj vam pomeni denar? Ali boste uničili in razgradili vse to? Right and wrong, good and bad, POD and POC, all 9, shorts, boys and beyonds.®

Kaj ste se odločili in zaključili, da je prav v zvezi z denarjem? Ali boste uničili in razgradili vse to? Right and wrong, good and bad, POD and POC, all 9, shorts, boys and beyonds.®

Kaj ste se odločili in zaključili, da je napačno v zvezi z denarjem? Ali boste uničili in razgradili vse to? Right and wrong, good and bad, POD and POC, all 9, shorts, boys and beyonds.®

Dobite znesek denarja, ki ga trenutno služite, in to pomnožite z dve, zaznajte energijo tega. Ali boste uničili in razgradili vse, kar ne dovoljuje, da bi se to pojavilo? Right and wrong, good and bad, POD and POC, all 9, shorts, boys and beyonds.®

Sedaj dobite znesek denarja, ki ga trenutno služite, in to pomnožite s pet, zaznajte energijo tega. Ali boste uničili in razgradili vse, kar ne dovoljuje, da bi se to pojavilo? Right and wrong, good and bad, POD and POC, all 9, shorts, boys and beyonds.®

Sedaj to pomnožite z deset. Ali boste uničili in razgradili vse to? Right and wrong, good and bad, POD and POC, all 9, shorts, boys and beyonds.®

Sedaj to pomnožite s petdeset. Sedaj zaslužite 50-kratnik zneska denarja, ki ga trenutno zaslužite. Ali boste uničili in razgradili vse sodbe, projekcije, ločevanja, vse, kar ste se odločili in zaključili, da bi se lahko zgodilo? Right and wrong, good and bad, POD and POC, all 9, shorts, boys and beyonds.®

Sedaj je stokratnik. Ali boste uničili in razgradili vse to? Right and wrong, good and bad, POD and POC, all 9, shorts, boys and beyonds.®

Katera energija moram danes biti ali narediti, kar bo takoj porajalo več denarja? Ali boste uničili in razgradili vse to krat godzilijon (to je tako veliko število, ki ga pozna le Bog!)? Right and wrong, good and bad, POD and POC, all 9, shorts, boys and beyonds.®

Kje se omejujete in kaj lahko ustvarite, ker ste to ustvarili tako, da se vse vrti okoli denarja in okoli zabave tega? Ali boste uničili in razgradili vse to krat godzilijon? Right and wrong, good and bad, POD and POC, all 9, shorts, boys and beyonds.®

Katera porajajoča energija, prostor in zavest sva lahko jaz in moje telo, kar bo dovoljevalo, da bo vsak dan praznovanje življenja? Ali boste uničili in razgradili vse to krat godzilijon? Right and wrong, good and bad, POD and POC, all 9, shorts, boys and beyonds.®

Kaj dokazujete z denarjem? Kaj dokazujete z nič denarja? Ali boste uničili in razgradili vse to krat godzilijon? Right and wrong, good and bad, POD and POC, all 9, shorts, boys and beyonds.®

Katero stvaritev denarja uporabljate, da potrjujete resničnosti drugih ljudi in razvrednotite svojo, kar izbirate? Ali boste uničili in razgradili vse to krat godzilijon? Right and wrong, good and bad, POD and POC, all 9, shorts, boys and beyonds.®

Kaj ste se odločili v zvezi z denarjem, če se ne bi odločili tega, bi to ustvarilo popolnoma drugačno resničnost ter gotovinske tokove? Ali boste uničili in razgradili vse to krat godzilijon? Right and wrong, good and bad, POD and POC, all 9, shorts, boys and beyonds.®

Kaj ljubite v zvezi s tem, da sovražite denar? Kaj sovražite v zvezi s tem, da ljubite denar? Ali boste uničili in razgradili vse to krat godzilijon? Right and wrong, good and bad, POD and POC, all 9, shorts, boys and beyonds.®

Kaj imate proti temu, da bi bili bogati ali premožni? Ali boste uničili in razgradili vse to krat godzilijon? Right and wrong, good and bad, POD and POC, all 9, shorts, boys and beyonds.®

Kaj ste se odločili, da je denar, kar ni, kar vas odvrača od tega, da bi zaslužili veliko denarja? Ali boste uničili in razgradili vse to krat godzilijon? Right and wrong, good and bad, POD and POC, all 9, shorts, boys and beyonds.®

Katere skrivnosti imate z denarjem? Katere so vaše temne, globoke skrivnosti? Ali boste uničili in razgradili vse to krat godzilijon? Right and wrong, good and bad, POD and POC, all 9, shorts, boys and beyonds.®

Ste voljni dovolj trdo delati, da bi bili milijarder? Ali boste uničili in razgradili vse to krat godzilijon? Right and wrong, good and bad, POD and POC, all 9, shorts, boys and beyonds.®

Katero sodbo imate glede denarja, dobička, posla in uspeha? Ali boste uničili in razgradili vse to krat godzilijon? Right and wrong, good and bad, POD and POC, all 9, shorts, boys and beyonds.®

Povsod, kjer ste se odločili, da je na kupe denarja nekaj nepojmljivega, boste to uničili in razgradili? Ali boste uničili in razgradili vse to krat godzilijon? Right and wrong, good and bad, POD and POC, all 9, shorts, boys and beyonds.®

Katera energija, prostor in zavest ste lahko vi in vaše telo, kar bi vam dovoljevalo imeti preveč denarja in nikoli dovolj? Ali boste uničili in razgradili vse to krat godzilijon? Right and wrong, good and bad, POD and POC, all 9, shorts, boys and beyonds.®

Koliko vas ustvarja na podlagi nič denarja? Denar naredite kot vir ustvarjanja namesto SEBE kot vir ustvarjanja? Ali boste uničili in razgradili vse to krat godzilijon? Right and wrong, good and bad, POD and POC, all 9, shorts, boys and beyonds.®

Kaj veste o investicijah, kar niste hoteli uzavestiti, če bi to uzavestili, bi vam ustvarilo več denarja, kot ste sploh kdaj lahko sanjali? Ali boste uničili in razgradili vse to krat godzilijon? Right and wrong, good and bad, POD and POC, all 9, shorts, boys and beyonds.®

Koliko različnih tokov prihodkov lahko ustvarite? S katerimi tokovi prihodkov bi se še lahko igrali? Kje niste dovolili naključnim tokom prihodkov, da bi se pojavili, kar bi lahko ustvarilo več denarja, kot ste sploh kdaj mislili, da je mogoče? Ali boste uničili in razgradili vse to krat godzilijon? Right and wrong, good and bad, POD and POC, all 9, shorts, boys and beyonds.®

Kaj je tisto, kar imate, česar niste voljni uporabiti, da bi povečali denar, valutne tokove in tokove prihodkov? Ali boste uničili in razgradili vse to krat godzilijon? Right and wrong, good and bad, POD and POC, all 9, shorts, boys and beyonds.®

Kje dajete odpoved, da bi ustvarili pomanjkanje denarja, kar izbirate? Ali boste uničili in razgradili vse to krat godzilijon? Right and wrong, good and bad, POD and POC, all 9, shorts, boys and beyonds.®

Kaj ste naredili tako vitalnega glede tega, da nikoli, nikoli, nikoli, nikoli, nikoli ne boste imeli denarja, kar ohranja doslednost nespremenljivosti, neustvarjanja, nič zabave, nič sreče? Ali boste uničili in razgradili vse to krat godzilijon? Right and wrong, good and bad, POD and POC, all 9, shorts, boys and beyonds.®

Katero navdušenje zavračate, ki bi ga resnično lahko izbirali, če bi ga izbrali, bi to ustvarilo več denarja, kot ste sploh kdaj mislili, da je mogoče? Ali boste uničili in razgradili vse to krat godzilijon? Right and wrong, good and bad, POD and POC, all 9, shorts, boys and beyonds.®

Koga ali kaj nočete izgubiti, če bi jih izgubili, bi vam to dovolilo imeti preveč denarja? Ali boste uničili in razgradili vse to krat godzilijon? Right and wrong, good and bad, POD and POC, all 9, shorts, boys and beyonds.®

Kaj nočete biti, kar bi lahko bili, če bi to bili, bi to spremenilo vašo celotno finančno resničnost? Ali boste uničili in razgradili vse to krat godzilijon? Right and wrong, good and bad, POD and POC, all 9, shorts, boys and beyonds.®

Kakšno raven navdušenja in radosti bivanja zavračate, če tega ne bi zavračali, bi to spremenilo vašo celotno finančno resničnost? Ali boste uničili in razgradili vse to krat godzilijon?

Right and wrong, good and bad, POD and POC, all 9, shorts, boys and beyonds.®

Česa niste bili voljni prejeti, če bi to prejeli, bi to ustvarilo denarne tokove in valutne tokove, za katere veste, da si jih zaslužite? Ali boste uničili in razgradili vse, kar ne dovoljuje, da bi se to pojavilo, krat godzilijon? Right and wrong, good and bad, POD and POC, all 9, shorts, boys and beyonds.®

Koliko dvoma uporabljate, da bi ustvarili pomanjkanje denarja, kar izbirate? Ali boste uničili in razgradili vse to krat godzilijon? Right and wrong, good and bad, POD and POC, all 9, shorts, boys and beyonds.®

Kaj ste ustvarili s svojim življenjem, kar niste bili voljni uzavestiti, če bi to uzavestili, bi to lahko ustvarilo veliko več? Ali boste uničili in razgradili vse to krat godzilijon? Right and wrong, good and bad, POD and POC, all 9, shorts, boys and beyonds.®

Kaj ste zdaj sposobni ustvariti, česar niste bili voljni zaznati, vedeti, biti in prejeti, če bi to izbrali, bi se to aktualiziralo v obliki manj dela, več denarja in velike spremembe v svetu? Ali boste uničili in razgradili vse to krat godzilijon? Right and wrong, good and bad, POD and POC, all 9, shorts, boys and beyonds.®

Četrti del

ZGODBE
SPREMEMBE

ZGODBE SPREMEMBE

Včasih, ko berete o tem, kako je neka oseba spremenila svojo resničnost z denarjem, je mogoče zlahka pomisliti: »O, zanjo je bilo drugače, zanjo je bilo nekako lažje, zame verjetno ne bo delovalo.«

Resnično ni pomembno, od kod ste ali koliko ste stari, kako ste mladi in ali imate nekaj denarja, veliko denarja ali nič denarja – ni treba, da je vaša denarna situacija videti tako, kot je v preteklosti, ali celo kakor je videti danes; lahko se spremeni in lahko se razširi.

Okoli sebe imam veliko ljudi: čudovitih, super ljudi, za katere vem, da niso vedno imeli takšne situacije z denarjem, kot jo imajo danes, in bilo je vznemirljivo, da sem jih lahko intervjuvala še posebej, da to z vami delim v tej knjigi.

Vsi ti ljudje so zrasli ali živeli v situacijah, kjer so se težko preživljali z denarjem, in so imeli omejujoča stališča glede denarja – in to so spremenili. Upam, da vas bodo njihove zgodbe navdihnile in prispevale vašemu vedenju, da spreminjanje dolga in stališč okoli denarja ni potrebno, da bi bilo pomembno, je le nekaj v vašem življenju, kar lahko spremenite.

Opomba: Naslednji intervjuji so urejeni prepisi. Intervjuji so bili v celoti predvajani na radijski postaji Joy of Busines. Posnete epizode oddaje lahko najdete in jim prisluhnete v naših arhivih na http://accessjoyofbusiness.com/radio-show/

INTERVJU S CHRISTOPHERJEM HUGHESOM

Povzet po internetni radijski oddaji Joy of Business, »Getting Out of Debt Joyfully with Christopher Hughes«, ki je bila predvajana 27. julija 2016.

Kakšno je bilo tvoje življenje, ko si bil zadolžen? Kako si deloval, ko nisi imel denarja? Kakšna so bila nekatera tvoja ključna stališča?

Mesto, od koder sem deloval, in moja ključna stališča okoli denarja so bila v tistem času ta, da je pretežko; da nisem imel priložnosti, ki so jih imeli drugi ljudje, ali pa tam zunaj preprosto ni bilo dovolj, na podlagi česar bi lahko deloval.

Mislil sem, da ni dovolj denarja ali ni dovolj ljudi, ki bi mi lahko pomagali s tistim, kar sem si želel početi, ali pa niso bili dovolj zainteresirani za moje proizvode in storitve, ki sem jih ponujal, ali, saj veste, x, y in z razlogi.

Je to bilo tesno povezano z vsemi mesti, kjer nisi bil voljan videti vrednosti sebe ali vrednosti denarja?

Torej, ja in ne. Šlo je za mojo vrednost, vendar sem tudi svojo situacijo ustvaril kot razlog, da mi ne bi bilo treba imeti denarja, ki sem ga potreboval. In včasih je bilo že nerealno, kako malo sem imel. Ne samo, da sem imel dolg, ampak tudi na primer: »Vau, rezervoar za bencin je že skoraj čisto prazen, imam pa le 50 centov. Hmm. Upočasnil bom vožnjo, ker želim porabiti manj goriva. Če bi le lahko poskrbel, da bom prispel domov.«

Bilo je tudi tako: »Kaj lahko naredim s konzervo tune, da bo nocoj postalo zanimivo?« … če sem si sploh lahko privoščil tuno! Ampak vse se je vrtelo okoli projiciranja razlogov na mojo situacijo. Tako smešno je, saj prej v svojem življenju v resnici z ničimer nisem počel tega. Bolj verjetno sem bil nagnjen k temu, da sem se delal napačnega za nekaj, vendar iz nekega razloga sem pri denarju vedno govoril, da je šlo za scenarij, v katerem sem bil, za situacijo, v kateri sem bil, okoliščinah, ki so me obdajale. To je bila moja konkretna leča, skozi katero sem gledal v tistem času.

Torej, ni bila tvoja krivda? Za to, da nisi imel denarja, so bili krivi drugi, nekaj takega? Ali pa samo to, kako si bil vzgojen?

Absolutno. Res sem moral postati naveličan tega, resnično razdražen in res nejevoljen s tem, da nisem imel denarja, da sem si rekel:»Počakaj trenutek. Zakaj izbiram to? Zakaj krivim scenarij in situacijo?« Spoznal sem – od tega, ko sem šel skozi seminarje Access Consciousnessa ter si zelo podrobno in počasi ogledal scenarij –»Oh, tako je pravzaprav živela moja mama, ki me je vzgojila.« Tudi ona je imela vse možne razloge na svetu, na katere je lahko zvalila krivdo. Poročila se je pri šestnajstih, ker je bila noseča, in končalo se je tako, da je bila stara petindvajset let in imela tri otroke. Najstarejši otrok je imel nekje devet let. Narejeno je imela le srednjo šolo, nobene druge izobrazbe. In moj oče je bil precej nasilen moški. Spominjam se, kako me je na zadnji dan vrtca pobrala in sva se peljala v drugo mesto, ker je bil tako nasilen. Podnevi je delala v trgovinah z daljšim delovnim časom in ponoči hodila na večerno srednjo šolo, da bi se lahko počasi dvigovala. Vendar pa je imela veliko stališč. Vzgojen sem bil ob scenariju in situaciji ter ob tem, da je bilo naše mesto v življenju težko preživljanje in boj. To je bilo tisto, kar nam je bilo dodeljeno, ne nekaj, kar bi ustvarili.

Obstaja kaj, česar se izrecno spominjaš, kjer si ustvaril energijo izogibanja, neukosti, ali pa nekaj, kar bo vedno ohranjalo dolg?

Moja posebna olajševalna okoliščina ali pa znamka je bila, da sem vedno potoval; bil sem popotnik. Rodil sem se v majhnem mestecu v Kanadi, vendar sem odšel, takoj ko sem lahko, kot je bilo v navadi, razen če nisi bil noseč, kot moja mama. In tako sem nenehno potoval ter se ustvarjal na novo in se za štiri leta preselil na drugo stran države in se nato za več let preselil v Azijo in se selil od tu do tam. Kjerkoli sem bil, se mi nikjer ni bilo treba ustaliti ali pa se zavezati temu, da bi si zgradil življenje.

Torej, ja, veliko je bilo tistih kuvert, ki so prihajale in na katerih je pisalo: »Izklopili vam bomo to storitev« ali »Niste naredili tega«, in nikoli me ni prešinilo, da to vpliva na moje življenje, saj se v resnici tako ali tako nisem nikoli zavezal biti tam; rekel sem si samo: »Oh, pač.« Prehajal sem od enega nezanesljivega avta do drugega; saj je to bilo vse, kar sem si lahko privoščil, in bili so najslabše bombe, kar ste jih kdaj videli v svojem življenju.

Spomnim se, da se je eden izmed njih pokvaril, jaz pa sem nekako samo rekel »Oh« in segel v držalo za lončke, zgrabil drobiž, ki je bil tam, ga dal v žep in pustil avto za krajem ceste ter preprosto odkorakal. Šlo za celo stvar. V resnici se nisem bil voljan zavezati temu, da bi imel življenje, kjer bi skrbel zase in skrbel za te stvari in kjer bi pokril vse te stroške ter se počastil ne le s tem, da bi poplačal stroške, ampak tudi imel več zase.

Pravzaprav je bilo resnično smešno; moram povedati še preostanek zgodbe, ko sem odkorakal od tiste bombe. S sabo nisem vzel le drobiža iz konzole v avtu. Vzel sem to, vendar sem takrat živel tudi na Sončni obali v Queenslandu, ki je bila približno dve uri oddaljena od mesta Brisbane, kjer je crknil avto, in v mestu Brisbane sem kupil božično darilo za Brendona, Simoninega partnerja, in vzel sem to ter drobiž – bil je set loncev in ponev, saj se je resnično začel posvečati kuhanju – in uporabil sem drobiž, da sem si kupil karto za vlak nazaj do Sončne obale, in spomnim se, da nisem imel ničesar, a sem prišel do Sončne obale. Postaja je bila še vedno 35–45 minut stran od mesta, v katerem sem živel, in mislil sem si: »Pravzaprav sploh ne vem, kako bom prišel domov.« Sploh nisem imel denarja.

Kako si torej prišel domov?

»Imel sem tako malo denarja, da sem moral klicati vse, ki sem jih poznal, da bi našel koga, ki bi me pripeljal še tistih zadnjih trideset minut do doma.«

Nedavno si se prvič peljal v avtomobilu Tesla. Ko si izstopil, si rekel: »Okej, mislim, da hočem nov avto. Mislim, da je čas za nadgradnjo.«

Trenutno je cena Tesle približno dvesto dvajset tisoč avstralskih dolarjev. Ko si v svojem življenju ogledaš nekaj takega ... Kje bi kaj takega sedelo v tvojem vesolju pred nekaj leti? Kakšno je bilo tvoje stališče? In kakšno je tvoje stališče zdaj?

Leta nazaj in pravzaprav niti ne toliko let nazaj bi bilo: »O, moj bog! Sploh se ne trudi.« Vendar bi to naredil tudi z avtom za petdeset tisoč dolarjev. Torej bi avto, vreden dvesto dvajset tisoč dolarjev, bil le smešen in absurden in zakaj bi se sploh ukvarjal s tem, sploh niti ne glej takšnega avta, niti ne hodi ob njem. Zdaj ni tako. Zdaj sem pomislil: »Okej. Da bi to ustvaril zase, bi za to bilo potrebnih nekaj pogajanj ter preračunavanja in videti bi moral, kaj lahko dobim v finančnem smislu, vendar bi mi verjetno lahko uspelo.«

Pred kratkim sem šel v trgovino in kupil tri takšne lepe srajce in vsaka je bila okoli petsto dolarjev, kar bi ponovno prej, ko sem bil zadolžen, bilo: »Joj, kaj pa počneš?« Vendar sem pokupil vse, ki so bile v moji velikosti. Kupil bi več, če bi jih imeli več. In to je bilo tako drugačno stališče in paradigma. Bilo je kot: »Ja. Zakaj pa ne?« To je bila ena izmed večjih stvari, ki sem jih opazil pri tem, da nisem zadolžen, da obstaja veliko področje v mojem življenju, kjer ne delujem več iz omejitev.

Katera področja v svojem življenju si spremenil, da si lahko ustvaril to? Kakšno zahtevo si moral narediti? Katera orodja si moral uporabiti, da nisi več deloval iz omejitev?

Bilo je nekaj stvari. Obstaja neko orodje v Access Consciousnessu, ki mi ga je predstavil Gary Douglas, ki je desetodstotni račun. Pri tem za vsak dolar, ki pride v vaše življenje, vzamete deset odstotkov in jih daste na stran kot spoštljivost do sebe; nikoli jih ne zapravite, ne uporabite jih za položnice, na uporabite jih za nič. Vendar je bilo zame to kar zapleteno. Sam nikoli nisem mogel racionalizirati tega, če pride opomin pred izvršbo, na katerem piše »Izklopili vam bomo elektriko«, da za to ne bi porabil denarja z desetodstotnega računa. Zato sem naredil to, da sem se prelisičil do tega, da bi imel denar, tako da sem kupoval srebro.

Srebro je komoditeta, ki se jo na borzi z vrednostnimi papirji da prodajati. Vsak dan imajo mesto s cenami za trgovanje s srebrom. To je valuta. Zato sem s svojim desetodstotnim denarjem kupoval te stvari, ki so bile denarno vredne, in tega nisem mogel porabiti za poplačilo položnic. Mislim, saj ga niste mogli menjati za druge valute ali karkoli, in pri menjavi bi lahko ali izgubili ali pridobili denar, vendar je to zelo nepriročno. In to tamponsko območje med tem, kako dolgo bi trajalo, da bi predmet likvidiral, do poplačila položnic, mi je vedno dalo dovolj časa, da sem rekel: »Ne, čakaj. Res bi rad imel to v svojem življenju.« In zame je bila super stvar ta, da sem včasih s svojimi desetimi odstotki kupil žlico za štirideset dolarjev, včasih pa sem kupil kilogram srebra, ki bi danes znašal okoli devetsto avstralskih dolarjev. In sčasoma so se ti manjši intervali in večji intervali resnično začeli seštevati. Spomnim se, ko sem pred letom ali dvema zaprosil za hipoteko in mi sploh ni bilo jasno, če bom sploh kvalificiran za odobritev hipoteke ali ne; ali bi mi banka res hotela posoditi denar. In po hiši smo začeli nabirati in seštevati vse srebro in zlato ter vse te vrste stvari in samo v srebru smo imeli približno sto petdeset tisoč dolarjev.

Na podlagi tega nam je banka rekla: »Seveda, posodili vam bomo denar. Bogati ste v premoženju.« Jaz pa sem rekel: »No, to pa je nekaj novega.« Zato je bilo teh deset odstotkov verjetno najbolj ključnih zame, da sem se prelisičil v to, da sem imel denar, saj sem bil v svojem življenju vedno dober v njegovem ustvarjanju, ne pa v tem, da bi ga imel.

Si svoj desetodstotni račun začel takoj oziroma kakšno je bilo sprva tvoje stališče o tem orodju?

Če sem iskren, nisem začel takoj. Access Consciousnessove seminarje verjetno obiskujem že, oh, v celoti nekje deset let in imel sem ogromna stališča glede zadeve z desetodstotnim računom, ker sem si mislil:

»Karkoli«. Ker je prispela položnica in sem si rekel: »Nikakor ne bo ustvarilo več, če imam denar na banki, ko pa moram plačati ta ogromni račun, za katerega ne vem, kako ga bom plačal.«

Gary Douglas je vedno rekel: »Vprašajte in prejeli boste. Vprašaj, naj se pojavi denar. Ne zapravi svojih 10%. To je spoštljivost do tebe. Vprašaj, naj se pojavi denar.« Jaz pa bi se nenehno postavljal za položnico; naredil položnico pomembnejšo in jo plačal prvo. In ko sem začel kupovati te »finančne instrumente« – srebro, starine itd. – kot jih imenujem jaz, ki niso bili takoj likvidni, jih je bilo težje zapraviti; in tako je ta energija bogastva počasi začela pronicati v moje življenje. Sedaj pogledam svojo hišo in si rečem: »Hm. Vse ima veliko vrednost.«

Z možem sva si neki dan ogledovala to dražbo zbirke stvari neke gospe: slike in srebro, nakit in pohištvo, ki jih je nabrala za časa življenja in so jih dali na dražbo. Pogledala sva svoje stvari in rekla: »Midva sva sredi tridesetih in imava boljše stvari!« Vrednejše stvari. Ne iz sodbe, vendar sva si rekla: »Vau. Res hitro si nabirava bogastvo!« Tukaj ne gre za varčevanje in ne gre za denar; gre za radost, ki nama to prinese. In resnično se je začelo s tem desetodstotnim računom.

Za vsak dolar, ki pride v vaše življenje in ga zaslužite, vzemite stran deset odstotkov in to dajte na stran kot spoštljivost do sebe. Če želite kupiti zlato in srebro in stvari, za katere veste, da ne bodo izgubljale vrednosti, odlično. Naredite to. Ali pa če ste malo bolj disciplinirani, kot sem bil jaz, samo imejte to na nekem računu, spravljeno, dajte na stran, ali v predal, ali pa karkoli je to za vas, kjer imate ta denar; *imejte* ta denar. Ravno ta del je bil zame najtežji.

Ko pripoveduješ te zgodbe o tem, kako si šel od tega, da nisi imel denarja, do tega, da si ga imel – od tega, da si pustil avto ob cesti in odšel le z drobižem v žepu, do tega, da si imel 150.000 dolarjev srebra v svojem domu … ne tako dolgo nazaj si imel dneve »obuboženosti«.

Če bi dejansko izračunali, je bilo to verjetno pred štirimi leti. Torej, da sem v štirih letih prišel od omenjenega do tega, da sem gledal po hiši; ne samo, da imam hišo, ja, je pod hipoteko, vendar imava hišo in dva avta in obilico vrednih starin ter zaboj poldragih kamnov nekje v hiši, kup srebra in obilico zlata in to je drugačen svet.

Kaj je bilo tisto, zaradi česar si se hotel osvoboditi dolgov?

Na neki točki se mi je posvetilo, da sem s tem, ko sem imel dolgove ter si nisem dovolil imeti denarja, močno omejeval to, kar bi lahko ustvaril na svetu. Sprememba, ki sem jo lahko navdihnil v drugih; in mislim, ni šlo za to, da sem imel čudovit avto ter čudovito hišo in čudovit življenjski slog, bolj je šlo za to, da sem se začel zavedati, da lahko vplivaš na svet in ga spremeniš, če imaš za to vse potrebne vire.

Je obstajal kdo, ki je bil zate navdih, da si ustvaril to spremembo?

Ti, Simone, si bila zame ogromen navdih, da sem ustvaril to spremembo. Moja prijateljica si že deset let. Tvoja radodarnost z ljudmi, ki sem ji bil priča, ne iz prostora »naredila jih bom take, kot sem jaz« ali iz prostora vzvišenosti »boljša sem od tebe, poskrbela bom zate«, temveč iz energije »kraljestva nas«, kjer je bistveno to, da vsi imamo in prispevamo drug drugemu ter temu, kar poskušajo zgraditi. Ne želim uporabiti besede »podpora«, vendar kar vidim, da počneš ti, je to, da denar zate nikoli ni bil cenena motivacija; ja, zabavno je, vendar je najbolj navdihujoče to, kar lahko narediš s tem.

Dober odnos imam tudi z Garyjem Douglasom in to so vsi ljudje, ki ne delujejo z denarjem tako, kot so nam govorili, da bi se spodobilo; veste, v filmih, v medijih, na način, na katerega nam ta resničnost govori, da bi morali biti z denarjem. Videl sem drugačno možnost z denarjem, zaradi katere sem si rekel: »Huh! Hočem to.« Ne gre zato, da imam na roki velike prstane, temveč kaj lahko ustvarim.

Zdaj ko dejansko imaš denar, kakšen bi rekel, da je zdaj tvoj pogled na denar?

Obstaja nekaj stvari, ki takoj skočijo na misel. Sedaj je denar samo zabaven. Denar je, kot – vau, ko to govorim, zaznavam poslušalce, ki si mislijo: »Eergh, zate je to lahko!«

Spomnim se nekoč, ko sem obiskal enega izmed joga tečajev in fizično nisem bil nikoli ena tistih gibčnih oseb. Spomnim se, da sem pristopil k svoji učiteljici joge in rekel: »Ne morem izvesti tega določenega giba. Ne morem se tako upogniti.« Ona pa mi je rekla: »To je napetost. Moral bi jo spustiti.« In imelo me je, da bi jo najraje udaril v obraz ali jo zadavil z lycro, ki jo je imela oblečeno; se opravičujem za miselne slike. Vendar tisto, kar je zdaj denar, je … Spoznal sem, da je resnično le pogled tisto, kar ustvarja, da denar imate ali ga nimate, ali pa je nekako kot to, če hočete odnos in ga nimate. Ko ga enkrat imate, se zaveste: »O, počakaj. Ni taka nemogoča stvar, ali fantazija, ali sanje, kot sem si to zadal, da bo.« Ko imate enkrat denar, ni tako, kot da se vam ne bo nikoli več treba soočiti s kakršnimikoli težavami ali da ne boste več imeli problemov v življenju.

V vsakem primeru vaše življenje postane večje, če ste voljni, da bi postalo večje; opcije, možnosti, vrata, ki se vam lahko odpro, če ste voljni, lahko zrastejo, če je to vaša izbira. Zavedam se, da denar ni nikoli bil odgovor. Zunaj je toliko ljudi brez denarja ali v dolgovih, ki si mislijo: »Če bi le imel/-a denar in partnerja in … in … in …« Zgradili ste ta seznam stvari, ki bi jih radi imeli, kot da je to odgovor, in bodo v popolnosti ustvarile vaše življenje. Ampak to sploh ni to. Denar je samo gorivo; je le orodje, ki vas pripelje tja, kamor ste namenjeni. To je zdaj moja hvaležnost zanj, in manj kot imam stališč o tem in bolj ko njegovo kreacijo naredim zabavno, lažje je.

Torej, kaj vse bi rekel, da se je zdaj najbolj spremenilo glede tvojega pogleda v zvezi z denarjem? Kaj je nekaj te energije, ki bi jo ljudje lahko spremenili, ali kakšno orodje, ki bi ga ljudje uporabili, kar bi jim pomagalo spremeniti njihovo stališče o denarju?

Verjetno bi bil najboljši nasvet ali orodje, ki bi vam ju lahko dal, kot dejstvo, da denar ni nikoli problem; nikoli ni denar tisti, ki ustvarja težavo, ki ustvarja pomanjkanje ali katerokoli dramo, ki jo imate v življenju. Tam zunaj ga je v velikih količinah. Je kot v enem izmed tvojih najljubših filmov in mojem tudi, *Auntie Mame* z Rosalind Russell, kjer pravi: »Vesolje je banket in večina ubogih par je tam zunaj do smrti sestradanih.«

Tam je. Tam zunaj v vesolju pravzaprav ne obstaja končna količina denarja. Trgujem s starinami in to je dejavnost, kjer večina deluje iz pomanjkanja. Imajo pogled, da industrija umira; ljudje si ne želijo več tega, kar imamo.

Trgujem s starinskim pohištvom in nakitom, srebrom, slikami, kitajsko umetnostjo, afriško umetnostjo, karkoli si lahko zamislite. Ko je priložnost sprva potrkala na moja vrata, sem rekel: »O moj bog. Ne morem si zamisliti nečesa bolj dolgočasnega!« In, presneto, bilo je vse drugo kot to. V tej dejavnosti se ukvarjam s številnimi preprodajalci starin, predvsem širom Avstralije. Veliko jih deluje iz izrednega pomanjkanja; da ni dovolj denarja, da ljudje niso zainteresirani, da postaja pretežko, dražbene hiše jemljejo od trgovcev na drobno in to naredijo preveč težko, da bi dobili cene, ki si jih želijo. V resnici je vse samo stališče.

Če želite orodje, da bi spremenili svojo situacijo: vaše stališče ustvarja vašo resničnost. Vprašajte se in si temeljito oglejte: »Kakšno je moje stališče v zvezi z denarjem?« Kakšno je vaše stališče o vas v zvezi z denarjem? Oglejte si nekatere stvari, začnite se spraševati in uporabljajte to. V Access Consciousnessu je čudovita knjiga, ki se imenuje *Kako postati denar*. Mislim, da je cena nekje trideset dolarjev, razen če se ni že spremenila, vendar je čudovit delovni zvezek, kjer se lahko sprašujete ta vprašanja in lahko popolnoma, za sto osemdeset stopinj, spremenite svojo celotno finančno situacijo, samo s to eno investicijo v to knjigo. In zakaj ne? Mislim, vse, kar lahko naredi, je, da pomaga.

Ko bi rad naredil nekaj ali imel nekaj, za kar nimaš dovolj gotovine, kaj narediš? Katera orodja uporabiš, da to ustvariš, ali kako se približaš tej situaciji?

Aha. Dobro vprašanje. To vprašanje mi je všeč, ker ne glede na to, koliko denarja imate ali nimate, še vedno lahko sprašujete in iščete še več. Zato ni nujno samo to, da ste zadolženi ali da nimate dovolj. Na primer zame v tem trenutku, nakup avta Tesla, o katerem smo govorili prej, za ceno dvesto dvajset tisoč dolarjev na primer, to bi od mene zahtevalo nekaj žongliranja ter prerazporejanja ali neke kreacije z moje strani, da bi to dejansko lahko uresničil. Torej v smislu orodij, ki bi jih jaz uporabil, da bi to lahko naredil, je eden izmed najboljših nasvetov, ki sem jih kdaj prejel glede denarja in financ, da razčistite glede tega, koliko vas stane, da živite svoje življenje. Vzemite papir in pisalo ter zapišite, kaj so vaši izdatki; kakšni so vaši stroški. Torej, imate svojo najemnino, imate položnico za telefon, imate »Rad bi šel ven na pijačo«, ne le čisto osnovne življenjske potrebe, ampak koliko v resnici porabite v svojem življenju.

To sem enkrat naredil v podjetju, ko sem prvič začel tam in sem prosil knjigovodjo, naj mi prinese kopijo bilanc stanja, in sem se usedel skupaj z njo ter sva šla skozi vse ter natančno izračunala, kam gre denar v organizaciji. To je ustvarilo tako čudovito zavedanje zame glede finančne situacije v podjetju. Torej, koliko ste si na jasnem glede lastne finančne situacije? Veliko delavnic učim na temo prodaje in marketinga in bil sem tukaj s tabo v Kopenhagnu na eni izmed njih in to je bilo tako veliko darilo zame, vendar je bil nasvet, ki sem ga dal na seminarju, namenjen prav temu, da bi si ljudje pri svojih podjetjih in življenjih prišli na jasno glede tega, kje finančno so.

V marketingu obstaja rek, ki pravi: »Petdeset odstotkov mojega budžeta, namenjenega marketingu, je zapravljenega. Samo nisem prepričan, katerega.« Pri financah drugih ljudi je ista stvar. Presenetljivo je, koliko ljudi je tam zunaj, ki nimajo pojma, koliko denarja zaslužijo v enem mesecu in koliko pravzaprav zapravijo. Če bi torej želel ustvariti denar in da bi prišel na jasno, bi moral postaviti temelje in vedeti, kje sem in kaj bi moral ustvariti, da bi prišel do tja. Ne gre za to, da na tako linearen način gradimo stopnice a, b, c, d, temveč da vemo: »Kje sem trenutno in kaj je moja tarča?« Meni to, da imam tarčo, zelo pomaga. Recimo, da imam določene tarče – na primer odpiranje nove lokacije, je nekaj, kar si ogledujem za svoj posel – izračunam, koliko bo to stalo, in prosim, da se to pojavi, in nato sledim energiji, ki dovoljuje, da se to zgodi. Ponovno, ne gre za linearne korake tega, kako bom to storil in koliko bom moral zaslužiti in pritiskati na ljudi v svoji trgovini, da bi vsi dosegli prodajno tarčo. Gre bolj za to: »Okej, sedaj imam zavedanje ... kaj bi bilo potrebno, da ustvarim to?«

Christopher, mi lahko, prosim, poveš malo več o tem, kje te ljudje lahko najdejo in kaj počneš? Ker vem, da izvajaš nekaj čudovitih seminarjev, imenovanih Eleganca življenja.

Facilitiram skupino seminarjev, imenovanih Eleganca življenja, ki vas uči o različnih vidikih bogastva ter življenje s tem, kar jaz rad imenujem vidna znamenja denarja; čeprav se zdi, da je beseda »pritikline« zelo nabita, se mi zdi, da je še vedno malce zabavna. In to, da se učimo več o starinah ter umetnosti in kako lahko imajo dodano vrednost vašemu življenju ter bogastvu. S partnerjem sva začela s tem, ker sva iz kozarca za drobiž vzela drobiž – in imela sva petsto dolarjev ter sva šla na dražbe in kupila kup stvari ter jih začela prodajati – in tistih petsto dolarjev se je kmalu spremenilo v tri tisoč dolarjev in tri tisoč dolarjev v devet tisoč dolarjev; vse v smislu majhne mikroekonomije, ki sva jo začela in je sedaj zrasla v nekaj ogromnega. To zdaj učim pri Eleganci življenja in tudi učim o prodaji, marketingu oziroma facilitiram, raje kot učim, pravzaprav. Imam spletno stran www.theeleganceofliving.com in tudi www.theantiqueguild.com.au, če bi radi stopili v stik z mano in mi zastavili kakšno vprašanje.

Ali je kakšno drugo orodje, ali vprašanje, ali karkoli podobnega, kar bi rad ponudil ljudem, s čimer bi lahko odšli in danes začeli spreminjati svojo finančno resničnost?

Za toliko ljudi se mi zdi, da je težava v tem, če ste vsaj malo podobni meni, da je nekaj glede denarja ali vedenja o denarju, česar se izogibate. Zame je bilo to. Če to vsaj malo odmeva tudi pri vas, bi se začel spraševati: »Česa se pri denarju izogibam?« »Česa se izogibam glede vedenja o denarju?« Saj povsod, kjer sem imel glavo v pesku in sem dobro oponašal noja, je bilo mesto, kjer sem se omejeval pri denarju. To je vprašanje, ki bi si ga začel postavljati: »Česa se glede tega izogibam?« Včasih je bilo tako, ko sem še bil v dolgovih, da sem se vsakič, ko sem slišal tebe, Simone, ali druge ljudi ponavljati isto stvar, tako razjezil. Ti bi na primer rekla: »Toliko težje je, da ne ustvarjate denarja, kot je, da ga ustvarjate.« In posvetilo se mi je, če to otežujem, se očitno izogibam temu, kar je položeno pred mano na pladnja! Torej česa se izogibate pri tem, da služite in imate denar? Vprašajte se. Ne gre za to, da ste napačni ali da imate prav. Samo vprašajte se. Tam, kjer ste zdaj, ni napačno.

INTERVJU S CHUTISO BOWMAN IN STEVOM BOWMANOM

Povzet po internetni radijski oddaji Joy of Business, »Getting Out of Debt Joyfully with Chutisa & Steve Bowman« (Radostno osvobajanje iz dolga s Chutiso & Stevom Bowmanom), predvajani 22. avgusta 2016.

Steve, zelo bi bila vesela, če bi mi lahko dal kratek povzetek tega, kako je bilo zate v zvezi z denarjem, ko si odraščal. Kako je to bilo zate? Si bil poučen o denarju? So te učili o denarju? Je bil skrit? Prezrt? Ali je bilo to nekaj, kar je resnično bilo na odprtem in o čemer ste se pogovarjali?

Steve:

Veš, da je to prvič, da mi je nekdo postavil to vprašanje. In to je prvič, da bom kdaj odgovoril na to. Torej, ko sem odraščal, je bila moja mama mati samohranilka in bili smo trije otroci in naš oče je bil precej nasilen ter nas je lovil naokoli nekje petnajst do dvajset let. O denarju se nikoli, nikoli nismo pogovarjali. Vendar se nismo pogovarjali ne o pozitivnem niti o negativnem. Nikoli se ni pogovarjalo o njem v obliki sodbe niti kot možnosti. Preprosto dobesedno ni bilo govora o tem. Torej, če pomislim na to zdaj, sem odrasel tako, da nikoli nisem vedel, kakšno je bilo stališče drugih ljudi o denarju.

Ko smo si torej začeli ogledovati stvari, sem vedno vedel že od zelo zgodnje starosti, še preden sem sploh spoznal Chutiso – in spoznala sva se, ko mi je bilo šestnajst let. Prva fant in punca nasploh in potem sva se poročila in sva zdaj poročena že več kot štirideset let. Zato je bilo pri naju drugače, saj sva vedno imela drugačen pogled glede denarja. Nisva vedela, kakšna so bila stališča drugih ljudi o denarju, saj nisva odraščala z nobenim od teh stališč o denarju. Zato je bilo zame zanimivo to, ko pogledam denar zdaj, da sem voljan spremeniti svoje stališče o denarju, saj med odraščanjem nikoli nisem imel stališča.

Če ni bilo nobenega stališča o denarju, ne glede na to, ali je bilo pozitivno ali negativno, ali ste si lahko privoščili stvari, ali ste jih potisnili v »To lahko dobiš le za božič ali za rojstni dan«, ali je bil na voljo denarni tok?

Steve:

Zanimivo, ko pogledam svojo družino, je na primer moja sestra nasedla stališču, da je denar vedno problem nekoga drugega in ne njen. Seveda sva odraščala v isti družini, vendar vsak vedno sliši ali vidi stvari drugače. Kar sem se torej naučil z leti, je to, da je vaše lastno stališče tisto, ki je pomembno. Ne od drugih. Zato lahko krivite svoje starše ali družbo, vendar je to le izgovor za vas, da ne bi spremenili stališča glede denarja. Ena izmed stvari, ki sva jih ugotovila, na primer, je ta, da sem odrasel z nič denarja. In ko sem srečal Chutiso, so se stvari začele spreminjati, saj sva začela skupaj ustvarjati življenje. In na primer, šla sva v ZDA in ostala tam. Tam sva živela dve leti in živela sva na dveh dolarjih na dan. Kako sva že imenovala te večerje? Filmske večerje? TV-večerje! TV-večerje za dva dolarja na večer. Na tem sva živela tam nekje leto, leto in pol. Vendar sva vedno vedela, da lahko ustvariva denar, in sva ga, dokler sva bila tam. To nama je dalo vedenje, da dejansko lahko ustvarjava. Zato denar ni prišel v to. Dejstvo, da sva sposobna ustvarjati, je prišlo v to.

Rekel si, da ko si srečal Chutiso, si imel več zavedanja o tem, da lahko ustvarjaš. Ali zaznavaš, da je bilo dejstvo, da si imel nekoga drugega ob sebi, ki ni imel stališča glede tega, kaj je ustvarjanje, ali kako to izgleda zate, ko druga oseba ustvarja?

Steve:

Ponovno, še eno vprašanje, ki mi ga nihče nikoli še ni zastavil! Ena izmed čudovitih stvari glede tega, da si z nekom, ki je bil vedno ustvarjalen – ne *početi* ustvarjalnosti, ona pravzaprav *je* ustvarjalna – je, da to prebudi ustvarjalnost v tebi, v meni; to v meni prebudi ustvarjalnost. Zato smo vedno ustvarjali svoja življenja od tod, kako smo želeli, da bi bila naša življenja, in zanimiva stvar pri tem je, da je to prav tako vključevalo denar. Ena izmed stvari, ki jih bom sedaj povedal, da je eno izmed večjih daril, ki jih nekdo lahko podari svojemu življenju, in to sva se naučila v zadnjih nekaj letih, je, da ni nikoli prepozno. Nikoli ni prepozno dejansko začeti ustvarjati življenje; nikoli ni prepozno dejansko ustvarjati spremembo, nikoli ni prepozno, da začnete spreminjati svojo finančno resničnost. Vsako leto si ogledava, kaj vse še lahko spremeniva – kaj vse še lahko spremeniva? Še pred tremi tedni sva popolnoma spremenila najini življenji glede finančne resničnosti na vse vrste različnih načinov. Torej ključna stvar v tem je: če bi imela stališče o tem, kaj bi denar moral biti ali ne bi smel biti, potem tega ne bi mogla spremeniti. Ugotovila sva, da ko si začneva ogledovati katerokoli stališče o denarju ali dolgu, če sva voljna spremeniti to, se vse drugo prav tako spremeni. To ugotoviva vsako leto. Ni le enkratna stvar, ves čas se dogaja.

Spomnim se, ko sem živela v Londonu in skoraj nisem imela denarja in sem imela vsaj petdeset receptov, ki sem jih lahko uporabila pri kuhanju rezancev, pripravljenih v dveh minutah. Nisem imela stališča, da sem revna. Nisem imela stališča, da mi karkoli manjka. Samo voljna sem bila zavedati se, da če nisem zapravljala denarja za kupovanje veliko različnih tipov hrane ali drage hrane, bom imela več denarja za potovanje. Saj je bilo v tistem času potovanje zagotovo moja prioriteta. Torej, moje vprašanje, ko sta živela od dveh dolarjev na dan z vajinima TV-večerjama, kakšna je bila vajina miselnost?

Kakšno je bilo stališče, ki sta ga imela?

Steve:

Najino stališče je bilo, da bova naredila, karkoli bo potrebno, da bi dejansko ustvarila več. Jaz sem delal dva magisterija v Washingtonu DC in Chutisa je iz nič ustvarila zelo uspešno podjetje za modno oblikovanje, ki je bilo glavna govorica v mestu New York, medtem ko sva živela od TV-večerij za dva dolarja na dan in ker nase nikoli nisva gledala, kot da sva revna; preprosto sva vedela, da je to ustvarjalo. Morala sva ustvarjati. In ona je bila izredno čudovita ti dve leti, ko sva bila tam. Delala je triindvajset ur na dan, da bi ustvarjala, in je pravzaprav ustvarila zelo uspešen posel za modno oblikovanje, kar je osupljivo. Jaz sem istočasno opravljal dva magisterija, kar je bilo tudi neverjetno, vendar o tem nisva razmišljala, razen v smislu, da je to način, kako izbirava ustvarjati svoje življenje.

Chutisa, rada bi vedela, kako si bila vzgojena v zvezi z denarjem? Si bila izobražena glede tega? So te podučili o denarju, ali je bil denar prezrt, ali pa niste smeli govoriti o njem? Kakšno je bilo splošno vzdušje v vaši družini? Odrasla si na Tajskem, kajne?

Chutisa:

Ja. Odrasla sem v zelo, lahko bi jo klasificirali kot aristokratski družini. Torej, če se pogovarjaš o denarju, pomeni, da se hvališ ali da se obnašaš zoprno glede tega, zato je najbolje, da o denarju ne govoriš preveč. Vendar pa je moj oče nekdo, ki bi ga lahko imenovali črna ovca družine, zato je počel vse, česar se ne sme početi v aristokratski družini, in zato so ga zelo grdo sodili. Sam sebe je videl kot podjetnika, zato v tistem času – govorim o času pred približno šestdesetimi, sedemdesetimi leti – ni obstajalo nekaj takšnega, kot je podjetnik. Zato so ga obsojali kot tvegajočega, nekoga, ki je veliko tvegal, počel grozne stvari z denarjem. Zato sem imela izkušnje s tem, kako se spopadati s sodbami, ki so bile projicirane nanj in seveda na našo družino, saj smo imeli očeta, ki je počel stvari proti družbi in proti kulturi, ki je (verjela), da bi moral delati in pošteno služiti denar ter početi »pravo stvar«. Vendar se je izpostavil in poskušal ustvariti posel, ki ni bil tako uspešen. Zato je bilo prisotne veliko tovrstne skrbi. Čeprav smo imeli denar, je bil strah okoli denarja ogromen.

Ko praviš »grozne stvari«, je bila to le sodba, ker je bilo drugačno? V katere vrste stvari se je zapletel, o katerih si se učila med odraščanjem?

Chutisa:

Bil je eden izmed tistih ljudi z velikimi vizijami. Saj veste, če gre nekdo postavljat trgovino na malo, bi moj oče razmišljal o postavitvi celotnega nakupovalnega centra. Če je nekdo drug razmišljal o tem, da bi nekaj naredil, na primer zgradil garažo, je on zgradil letališče; to je počel. Imel je sposobnost, da je dosegel, da so ljudje investirali v vse mogoče. In veš, spoznala sem, da obstaja dvoje: človek ima sposobnost govoriti o denarju in navdihniti ljudi, da donirajo, investirajo; vendar moramo mi prav tako imeti sposobnost generirati – da nam uspe nekaj storiti iz nič. Morate biti sposobni, da vam uspe. Čutim, da je bila to pot, ki jo je moral ubrati, da bi postal uspešen.

Torej, vem, da je Steve imel nekaj, kar je še želel dodati o očetu svoje ljubke žene: kakšen je bil in kakšen je bil prikazan. Steve?

Steve: Torej, to je zanimivo. Ko imate cel kup ljudi, ki to sodijo, ker ne ustreza njihovi resničnosti; ne ustreza resničnosti aristokratske družine. Brutalno ga je obsojala večina ljudi v njegovi družini. Vendar pa so na njegovem pogrebu – bila sva tam, ko je preminil – bile nekatere zelo nadrejene uradne, morda celo tajne osebnosti. In pojavili so se na pogrebu, da bi izrazili spoštovanje in sožalje, saj je z njimi nekaj ustvaril in jih obenem ščitil. Torej, bil je moški, o katerem bomo vedno poznali le del zgodbe. Ker pa ga je družina tako silovito obsojala, smo le v zadnjih desetih ali petnajstih letih prišli do zavedanja, da je morda dejansko počel stvari, za katere sploh nismo vedeli in so tam zunaj ustvarile ogromne spremembe. Torej to, kar smo od tega odnesli, je, da je sodba ubila vse možnosti.

Chutisa:

In ta sodba je zame zelo resnična, saj nisem bila, dokler me ni Gary Douglas, ustanovitelj Access Consciousnessa facilitiral tako, da sem videla, da sem zelo previdna in prav tako sploh ne nekdo, ki tvega z denarjem in vidi povezavo med dejstvom, da je bil moj oče nekdo, ki je rad tvegal in sploh ni bil previden z denarjem; zato je bilo karkoli velikega in vse, kar je bilo ogromno, ravno obratno od tega, kar sem izbrala. Torej, česarkoli tako velikega ali ogromnega ne bi nikoli izbrala, saj sem imela to povezavo, da to ni odgovorno z denarjem, dokler mi Gary ni pokazal, da to ni tveganje, in tako se je v mojem vesolju spremenilo vse. Sedaj sem si voljna ogledati večje projekte.

Zanimivo, da praviš, da nisi nagnjena k tveganjem, Chutisa. Ko si ogledam zgodbo, ki jo je Steve pravkar povedal o vaju, in ko sta bila v New Yorku in živela od TV-večerij za dva dolarja na dan, in ti, ki si zagnala to ogromno modno znamko iz skoraj ničesar, zame je to kar veliko tveganje. Torej, kako vidiš to?

Chutisa:

Nekdo, ki tvega z denarjem. Še posebej denarjem nekoga drugega; nikoli ne tvegam z denarjem nekoga drugega. Ko se zdaj pogovarjam s tabo, sem spoznala, da tvegam svoj denar; z denarjem kogarkoli drugega pa ne bi. In to je povezano s sodbo ... Ko si velik podjetnik in zunaj želiš ustvariti velik uspeh, moraš biti voljan uporabiti denar drugih ljudi, kajne? Če torej ne moreš biti nekdo, ki tvega z denarjem drugih ljudi, potem boš vedno previden. Zato se boš vedno ohranjal majhnega.

Kako bi svetovali ljudem (v povezavi s tveganimi potezami z denarjem drugih ljudi)? Kakšne druge informacije še imata v povezavi s tem?

Steve:

Ena izmed premis tega pogovora je, kako se osvoboditi dolga in kako to storiti z radostjo, radostno. In ena izmed stvari, ki sva jih ugotovila, je: imela sva investitorje, ki so vlagali v podjetja, in ta podjetja so se odločila, da se bodo zaprla, in tako sva vrnila denar vsem investitorjem, čeprav nama tega ne bi bilo treba. Pri naju je tako, da sva voljna tvegati vse. Vendar pa nisva voljna tvegati ničesar na podlagi drugih ljudi. In to je še vedno omejitev. Ni nekaj, kar bi bilo prav ali narobe, vendar pa je omejitev. Sva pa tudi videla druge ljudi, ki se požvižgajo na vse; sploh jim ni mar, kar so jim dali drugi ljudje in kaj bi oni storili s tem. Pri vsem tem mislim, da se morate zavedati, kaj so drugi ljudje voljni investirati v vaše podjetje; bodite v zavedanju in bodite voljni izpolniti tisto, kar se mora izpeljati. Mislim, to je le najino stališče. Tisto, kar nama olajša stvari, je dejstvo, da veva, da lahko ustvariva denar iz nič nenehno, in to počneva. Če imaš to vedenje, kako si sploh lahko kdaj v dolgovih?

Malo več povejta o tem, kako nenehno ustvarjati denar iz ničesar.

Steve:

Obstaja toliko različnih načinov, kako dejansko ustvariti bogastvo. In to je še en pogovor – razlika med obiljem in bogastvom. V življenju sva se naučila, tudi če je to bilo zadnjih nekaj tednov, že samo s tem, da imava ves čas te 'aha' trenutke. Ne pozabite, nikoli ni prepozno! Zato je ustvarjanje denarja iz zraka le eden izmed načinov, kako gledati na to, saj je tam zunaj toliko več možnosti. Kričijo na nas, naj jih pogledamo, pa jih vseeno večino časa ne želimo videti. V svojem življenju sva ugotovila, da je bilo toliko različnih stvari, ki jih sedaj počneva, ki jih pet let, ali deset let, ali petnajst let sploh nisva hotela videti. In sedaj jih počneva, in ko sva enkrat presegla svoja stališča, se je kar naenkrat najin posel povečal. Imam zelo veliko podjetje za svetovanje; za svetovanje podjetjem. Imel sem stališče, da sem vredna komoditeta, okej? Dve stvari, ki sta napačni v tej zgodbi. Prvič, vredna. Drugič, komoditeta. Takoj ko sva s Chutiso začela raziskovati to in govoriti: »Kaj če bi ustvarila posel na drugačen način, da ne bi bil več dragocen proizvod v tem konkretnem podjetju? Kako bi to izgledalo?« In še vedno sem počel stvari, ki jih obožujem početi. In to je nato ustvarilo druga podjetja. Sedaj smo na spletu. In imamo vrsto drugih stvari. Vključila sva tudi druge ljudi. Ko sem enkrat presegel stališče, da imava dovolj osebja, na neki točki sem imel 300 ljudi med osebjem. Dovolj že. Ko sem enkrat presegel stališče, da nisem želel več osebja, je podjetje spet zraslo.

Torej osnova tukaj je, da presežemo svoje stališče?

Steve:

To je zadetek v polno.

Kje lahko ljudje izvejo več o tem, kaj ustvarjata?

Steve:

Torej, obstaja nabor različnih stvari. Imava spletno stran z naslovom www. consciousgovernance.com. Obstaja še ena, ki se glasi www. befrabjous. com, ki je stran z blogom, ki vsebuje vse vrste čudovitih stvari.

Beseda ,frabjous' izhaja iz knjige Alica in ogledalo. To je rek Lewisa Carola, ki pomeni čudovito radosten. Zato bodite to! In našli boste nekaj čudovitih stvari, ki jih je Chutisa napisala tam notri. Obstaja tudi luxproject.com. Obstaja tudi nomorebusinessasusual.com. Imava tudi strategicawareness.com. Če niste prepričani, v Googlov iskalnik vpišite Chutisa Bowman, tako boste našli vse spletne strani, saj je njeno ime veliko lažje najti, kot če 'pogooglate' Steven Bowman.

Steve, omenil si, kako se še vedno izobražujeta o denarju. In omenil si razliko med obiljem ter bogastvom. Ali lahko poveš nekaj o razliki?

Steve:

Pri naju je tako, da nenehno gledava stališča, ki jih imava glede česarkoli. Dolgo časa sem imel stališče, ki se je izšlo za naju, do točke, da je bil denarni tok tisto, kar nama je najino podjetje za svetovanje zagotavljalo, in s tem denarnim tokom sva lahko ustvarjala in porajala nekaj, česar sem se zavedel šele pred tremi ali štirimi tedni, in sicer, da me je ustavljalo pri tem, da bi si ogledal druge generativne vire obilja, saj sem bil osredotočen na denarni tok. In tri do štiri leta sem bil prepričan, da sem imel prav glede denarnega toka. Takoj ko sva se s Chutiso pogovarjala o tem: »Kaj če gre pri obilju več kot samo za denarni tok? Kaj če obstajajo drugi načini gledanja na denarni tok? Kaj če bi bile stvari, ki jih lahko ustvariva, ki bi ustvarile denarni tok na način, da to ne bi bil denarni tok, da bi lahko imela denarni tok, za kar se nama ne bi bilo treba odločiti, da je denarni tok?« In to se je popolnoma spremenilo in od tega trenutka dalje, pred tremi tedni, sva ustvarila dve novi podjetji, ki sta že začeli ustvarjati drugačen tok denarja; ker ga zdaj ne imenujem več denarni tok.

Kaj bi sedaj opisal kot razliko med denarnimi tokovi, bogastvom in obiljem?

Steve:

Najprej, vse to so stališča. Trenutno obilje za naju – in to se ves čas spreminja – pomeni voljnost ustvarjati in porajati na podlagi te kreacije. Chutiso bova povabila malo kasneje, saj je zelo razgledana, ko pride do gledanja na obilje. Denarni tok je lahko zelo privlačen, vendar pa prav tako lahko odvrne vašo pozornost stran od kreativne igre. Torej, ja, lahko je pomemben, vendar pa ni vse. In mislim, da sem napačno identificiral denarni tok kot končni cilj.

Chutisa, kako ti vidiš razliko med obiljem, bogastvom, denarnim tokom itd.?

Chutisa:

Meni se že od vsega začetka dozdeva, da ima beseda »denarni tok« tako ali tako neko čudno energijo. In potrebovala sem, kot je rekel Steve, do pred treh tednov, ko sem mu rekla: »Denarni tok skoraj ne ustvari nobene izbire. Ko enkrat nehaš delati ali nehaš početi to, se ustavi tok gotovine. Torej, kako bi bilo, če bi na grajenje premoženja gledali kot na kreativen, porajajoč prihodek, porajajoč dohodek?« In ko govorimo o porajajočem dohodku, to še naprej poraja več dohodka, kajne? Torej se ta energija razlikuje od »denarnega toka«. Saj jaz denarni tok povezujem z linearnostjo. Mi smo iz obdobja *baby boomov*. Večina ljudi iz tega obdobja, naših kolegov, se zdaj upokojuje in Steve velikokrat reče: »Nikoli se ne bom upokojil. Vedno bom delal.« Ali čutite to? Že vnaprej si je določil, da bo delal za vedno, kajne? Zato sem rekla: »No, to je drugačna izbira kot 'toliko generativnega bogastva imamo, da bova izbrala izvesti delo, s čimer bova prispevek, da bova svet spremenila v boljši prostor za vedno'. To se razlikuje od 'Vedno bom delal, zato da bom lahko imel denarni tok'.

Denarni tok ... tukaj ni veliko izbire: »imeti moraš denarni tok«. Če pa imaš porajajoče obilje, to še naprej samo od sebe poraja.

Steve:

Eden izmed čudovitih ključev tega je, izobraziti se v vseh teh možnostih. Takoj ko sem rekla izobraziti se v teh možnostih, sem slišal »Eek!«, ki se je sprožil v svetovih ljudi. Izobrazba je lahko nekaj tako enostavnega kot iskanje na Googlu in iskanje na YouTubu glede tega, kako ... bla, bla, bla, karkoli bi to lahko bilo. Tudi če bi pogooglali nekaj kot na primer »Kaj je bogastvo?« , »Kako premožni ljudje postanejo bogati?« ... in preberite skozi lastna stališča ter izberite eno ali dve stvari tam notri, ki pravzaprav imajo smisel za vas. To je vsaj neki začetek. Pred tremi tedni sva ugotovila, da obstajajo področja obilja, na katera do sedaj še nisva pomislila, vendar pa so vedno bila tam in kričala na nas, vendar sva se branila videti, kaj je to bilo. Takoj ko sva spoznala, katere so te stvari, sva jih začela poganjati v akcijo in kar naenkrat sedaj služiva tisoč dolarjev dnevno, dva tisoč dolarjev dnevno na področjih, kjer bi vedno lahko tako služila, vendar nikoli nisva pomislila na to. To je tisto, kar počneva povrhu vsega drugega.

Chutisa, bi kaj dodala k tej celotni stvari o samoizobraževanju glede denarja? Kaj bi ponudila ljudem, da bi se začeli izobraževati?

Chutisa:

Mislim, da bistveno vprašanje, ko slišite besede »izobraževanje sebe«, ni, da se boste poglobili v osnove finančnega planiranja ali kaj podobnega ali pa pridobili diplomo iz računovodstva. Je bolj podobno temu, da najdete še nekaj, kar je zabavno za vas, in se preprosto naučite čim več, kot je le mogoče, glede te konkretne stvari. Kot smo rekli za nakit. Lahko so to starine, lahko je zlato, srebro; samo začnite z neko stvarjo, ki je zabavna za vas, in se naučite čim več ter bodite v vprašanju v zvezi s tem: Kaj bi bilo potrebno, da s tem zaslužim denar? Lahko kupujete, ali prodajate, ali pa lahko začnete oblikovanje. Lahko počnete vse mogoče.

Velikansko finančno izobraževanje je lahko to, da ste z eno stvarjo, ki povzroči, da vam poje srce, in potem samo pojdite in se naučite o tem. Izobrazite se in potem dodajte več. Kar naprej dodajajte več.

Zanimalo me je, če lahko govorim o tem, kako vidita razliko med dolgom in razjasnita sodbo, ki jo ima večina ljudi okoli dolga in tega, da so v dolgovih.

Chutisa:

Torej stvar, ki jo ljudje imenujejo slab dolg, je v tem, da uporabijo denar nekoga drugega, na primer denar banke, in kupujejo potrošne dobrine; dobrine vam pravzaprav ne razširijo ali gojijo denarja za vas. Lahko ustvarite dober dolg tako, da vzamete denar, najamete bančno posojilo s petodstotno obrestno mero, recimo, in uporabite ta denar, da bi od tega denarja porajali dvajset do petindvajset odstotkov. To je boljši način, kako uporabiti dolg; dober dolg.

Steve:

Pri dolgu gre vedno za to: če uporabljate denar drugih ljudi, kar je definicija dolga, da bi ustvarili premoženje, ki bo potem za vas ustvarilo prihodek, zakaj bi to imenovali dolg. Če uporabljate dolg, ki je denar in ki ga dolgujete drugim ljudem, da bi ustvarili nekaj, kar boste porabili, in to ni premoženje, ki bo ustvarilo denar za vas, potem je to dolg, ki se ga je dobro izogibati. Torej še enkrat, gre za to, da se znebite vsega, pri čemer porabljate in uporabljate denar drugih ljudi, toda oglejte si načine, na katere lahko uporabite denar drugih ljudi, da bi ustvarili premoženje, ki nato ustvari nov denar.

Za ljudi tam zunaj, ki razmišljajo: »Kako je to uporabno zame? Imam dolg s faksa in imam ves ta dolg, ki me še čaka.« Kaj vidva priporočata? Katera vprašanja, osnovna orodja, samo da lahko ljudje začnejo spreminjati to, da se začnejo osvobajati te čudne energije v razmišljanju, da je to njihovo življenje, da ne obstaja nič, kar bi se lahko spremenilo?

Steve:

Nikoli ni prepozno začeti karkoli od tega. In nikoli ni prepozno, ne glede na to, ali ste stari dvajset, trideset, štirideset, petdeset, šestdeset, sedemdeset, osemdeset let. Ni pomembno. Saj se vsakič, ko se spremenite, spremeni tudi vaše življenje. Zato nekaj praktičnih nasvetov glede tega. To, mimogrede ni finančni nasvet. To je le praktični nasvet. Gre za gledanje na načine, na katere lahko zmanjšate znesek potrošnega dolga, ki ga imate, s stvarmi, ki jih nameravate porabiti. Svoje kreditne kartice glejte kot načine, na katere lahko pravzaprav kupujete premoženje, ki vam bo ustvarilo dohodek. Torej, kaj je premoženje, ki ustvarja dohodek? Izvedite Google iskanje, ki pravi: »Kje so sredstva, ki ustvarjajo prihodek?« in si začnite ogledovati tista, ki bodo pravzaprav zabavna za vas. In začnite si ogledovati, kako lahko uporabite nekaj svojega denarja, ki ga ustvarjate na druge načine, da boste potem lahko porajali nekaj teh sredstev; tudi če je le tisoč dolarjev na mesec, ali petsto dolarjev na mesec. Je več kot kdorkoli, ki ne služi petsto dolarjev na mesec. In začnite, no, samo začnite; in najboljši način, kako začeti, je, da kar začnete.

Mislim, da je uporaba primera srebrne žlice briljantna. Če želite kupiti srebrno žlico, se izobrazite o ceni srebra. Kupite jo pod vrednostjo srebra. Kupite jo pod ceno in tako lahko še vedno, če bi želeli, stopite srebrno žlico in še vedno zaslužite več denarja, kot ste plačali zanjo.

Ena izmed stvari, ki naju je resnično presenetila skozi desetletja, je:, če se izobrazite glede česarkoli, to pomeni, da boste vedeli več kot 99,99 % vseh ljudi tam zunaj. Vidite, ljudje samo vedo, kar vedo, in če glede nečesa veste malo več, potem lahko takoj vidite vrednost v stvareh, ki je drugi ne bodo videli. Torej, če uporabimo primer srebrne žlice. Preberite si malo o srebru. Lotite se tega. Poglejte kakšen polurni tečaj na YouTubu, brezplačno, glede tega: »Kako vrednotiti srebro?« In potem si poglejte, naredite še eno iskanje glede tega: »Kje lahko kupim srebrno žlico?« Kupite srebrno žlico za manj, kot je njena vrednost v staljeni obliki. Potem izvedite še eno iskanje na: »Kje lahko talim srebro?«

Stopite ga. Tako ste zaslužili dodatnih dvajset odstotkov več od tega, kar ste zaslužili prej. Samo predstavljajte si, če bi to naredili trikrat na teden!

Ali je slabo, da sem si mislila: »O ne, ne stopite čudovitega srebra«? Steve, ampak jaz bom tista, ki ga bom odkupila od tebe, da ga ne bi stopil; vedno je kje kakšna stranka!

Slišala sem te govoriti o izkazih poslovnega izida, o maksimiranju dobička.

Steve:

Ena izmed težav je vedno ta, da ugotovimo, da bi veliko ljudi raje imelo stoodstotno nič kot dvajset odstotkov nečesa. In če imate stališče, da želite maksimirati znesek profita, ki ga boste dobili od nečesa, preprosto ne boste, ker vedno gledate na najboljši čas, ko ga lahko prodate za najboljšo ceno; za največ denarja karkoli pač to je. Kaj če bi vam bilo v resnici zelo udobno v vedenju, da ste pravkar ustvarili petindvajset odstotkov več od tistega, kar ste imeli, ko ste prvič šli v to? In kaj če bi to počeli kar naprej, kar naprej, kar naprej? Koliko mislite, da bi porajali v enem letu, če bi vse, česar bi se dotaknili, potem bili tudi sposobni prodati ali prodati naprej za petindvajset odstotkov ali več? Ne tristo odstotkov več, ne petsto odstotkov več, temveč petindvajset odstotkov več? Večina ljudi bi raje čakala tri leta in prodala nekaj za dvojno ceno, kot pa nekaj prodala za petindvajset odstotkov več desetkrat letno.

Steve:

Rad bi le povabil vse, ki poslušajo/berejo to, da začnejo tam zunaj iskati tisto, kar je brezplačno na voljo o ustvarjanju in porajanju obilja. Preprosto izberite eno stvar. Če bi izbrali eno stvar, potem bi bili v prednosti pred 99 % populacije. In eno izmed velikih daril pri osvobajanju iz dolga je, da spremenimo svoje stališče. Bistvo je, da se osvobodimo dolga. Kaj če ne bi šlo za to, da se osvobajamo dolga? Kaj če bi šlo za porajanje premoženja?

Chutisa, bi še ti rada karkoli dodala?

Chutisa:

Na stran dajte neki odstotek svojega prihodka ali zaslužka. Ne glede na to, kako majhen je, se bo začel nabirati. In uporabite ta denar za kupovanje premoženja, ki vam bo porajalo več prihodka ali več zaslužka. Začnite z majhnim. Obdržite to. Dajte na stran in uporabite ta denar le za nakup generativnega premoženja. Če so vam všeč srebrne žlice, dajte denar na stran in preprosto kupite eno srebrno žlico, takrat ko si boste lahko privoščili kupiti eno. In to bo samo po sebi porajalo več za vas in vaše življenje.

INTERVJU Z BRENDONOM WATTOM

Povzeto po internetni radijski oddaji Joy of Business, »Getting Out of Debt Joyfully with Brendon Watt« (Radostno osvobajanje iz dolga z Brendonom Wattom), predvajani dne 29. avgusta 2016.

Kako si odraščal z denarjem? Kakšna je bila tvoja družina v povezavi z denarjem? Ste govorili o tem, niste govorili o tem, je bilo prikrito, ni bilo prikrito, ste ga imeli, ga niste imeli? Kako je to bilo zate?

Spomnim se, ko sem odraščal in sem spraševal svoje starše: »Koliko je to stalo?« in oni so odgovorili: »To se te ne tiče.« In potem sem spraševal še naprej: »No, koliko je stalo to?« Če sem vprašal karkoli v zvezi z denarjem, je bil njihov odgovor vsakič: »To se te ne tiče. O tem ti ni treba vedeti.« Torej, ko sem odraščal, sem bolj kot ne ugotovil, da je denar nekaj, saj veste, nekaj, česar se je treba izogibati, nekaj, kar je bilo neobstoječega, in v zgodnjih odraslih letih je bilo to nekaj, kar se je pogosto pojavljalo. Spomnim se, da sem od podjetij za dobavo električne energije po pošti prejel položnice, ali od telefonskih podjetij, ali karkoli je to bilo, in nisem odprl e-pošte, ker sem si mislil, če ne bom odprl pošte, potem ne bom mogel videti, da jim moram plačati račun. Zato bi se lahko preprosto izognil temu. Ali pa če se je na mobilnem telefonu pojavila skrita številka; če se nisem oglasil, potem očitno ne morem dolgovati nič denarja, saj nisem vedel nič v zvezi s tem. Zato sem se tega izogibal in izogibal, dokler ni prišlo do točke, ko sem dolgoval preveč in sem bil tako zelo zadolžen, da je bil skrajni čas, da sem si to resnično ogledal.

Mi lahko poveš, kaj je to ustvarilo zate? Česa se zavedaš zdaj, česar se nisi zavedal takrat?

Spomnim se nekega primera, ko sem si delil stanovanje s prijateljem. Takrat je bil zdoma in računi za elektriko so se kopičili, vendar jaz očitno nisem odpiral pošte in prišlo je do izklopa elektrike, zato sem električni kabel povezal z zunanjimi električnimi viri električne energije; saj sem stanoval v bloku in zunaj so imeli vire električne energije, ki niso bili povezani z mojim stanovanjem. In kabel sem povezal z električno enoto ter priklopil vse skupaj. Ni se mi zdelo, da bi to bil problem, samo mislil sem si: »Super, spet imam elektriko.« Sostanovalec se je vrnil s potovanja, me pogledal in vprašal: »Kaj počneš?« in jaz sem rekel: »No, zmanjkalo je elektrike in nimam nič denarja, da bi plačal položnico.« In jaz sem mislil, da je to popolnoma normalno. Kot da sem odraščal v revščini in revščina je bila zame resnična stvar. Bilo je, kot da ni bilo napačno, ni bilo prav ali narobe, bilo je le: »Nimam denarja, kaj pa lahko drugega storim? Seveda, da bom električni kabel napeljal v zunanjo električno omarico.« Ampak tako je bilo zame.

Torej si dejansko postal ustvarjalen.

Ja. No, potreboval sem elektriko. Neki način sem moral najti, da sem lahko ohranil hladilnik hladen in luči prižgane. Ampak tako je to bilo zame. Niti opazil nisem, da sem zadolžen; tako neizobražen sem bil o denarju. Dolg zame sploh ni obstajal. Bilo je samo: »Nič denarja nimam.« Vendar se spomnim časov, ko sva – s Simone sva se vselila v prvo hišo, ki sva jo kupila skupaj – se nekega dne pogovarjala in omenil sem: »Oh, mimogrede, državi dolgujem dvesto tisoč dolarjev davčnega dolga.« In ona je rekla: »Kaj?« in dodala: »No, to je pa kar velika stvar.« In tudi takrat sem si mislil: »Res? Velika stvar je, da imam dolg?« Vendar še enkrat, nisem se zavedal, da je dolg velika slaba stvar ali karkoli; bil je le denar in denar ni pomenil nič. Nikoli me niso izobrazili o njem, zatorej nisem imel nobenega spoštovanja do njega.

Ja, spomnim se tega pogovora s tabo in mislila sem si: »Skupaj sva kupila hišo, živiva skupaj, ali ni to nekaj, kar poveš nekomu, preden narediš kaj takega? Da imaš toliko dolga?« In ti si rekel: »Oh.« Do tega si bil tako ravnodušen. Temu sva se veliko smejala.

Ja, ampak to je bil denar zame. Bilo je: »Oh, pozabil sem na to.« Tako dobro sem se mu naučil izogibati, da sem to držal stran od sebe v taki meri, kot bi le redki lahko; dober sem bil v tem!

Ena izmed stvari, ki si mi jih povedal pred nedavnim, je bila, da ko si odraščal, so se ljudje okoli tebe prepirali zaradi denarja. Spomnim se, ko si rekel, da nisi nikoli hotel imeti denarja, nobenega opravka nisi hotel imeti z njim, saj je to zate enačilo z določeno stopnjo zlorabe in nasilja. Lahko malo več govoriš o tem?

Ja, točno. Saj veste, to vidim pri veliko ljudeh. V odnosih, na primer, če nekdo odraste v nasilnih odnosih: ali si najde nasilen odnos, da ga poskuša razvozlati in ga izvede bolje, kot je to uspelo staršem, ali kot na primer z denarjem: če je bil denar nekaj, o čemer so se vaši starši prepirali, zakaj bi ga potem želeli imeti? Saj veste, saj sem se jaz trudil po najboljših močeh, da bi osrečil starše. Vedno sem bil v vprašanju, kaj lahko naredim, da bi ju osrečil. In ves čas sta se prepirala okoli denarja, zato očitno nisem mogel narediti ničesar v zvezi z denarjem, da bi ju osrečil, vendar pa vse to ni bila stvar v spoznavnem smislu. Bilo je nekaj, kar sem se odločil nekje po poti: »Če se tako počutiš zaradi denarja in če je denar takšen, zakaj bi ga potem imel?«

Prav tako si omenil srečo. Ko si kot otrok odraščal, je bil denar sreča, enaka denarju, denar enak sreči? Ali je bil le nepomemben? Kako to deluje?

Zame sreča ni imela nič opraviti z denarjem. Srečo sem opredeljeval tako, da sem bil sam s sabo, ali ko sem počel nekaj, kar me je osrečevalo. Koliko otrok vidite, ki bi svoje življenje ustvarjali na podlagi denarja? Ne rečejo: »Danes sem zaslužil deset dolarjev, zato sem srečen.« Pravijo: »Danes sem imel super dan, zato sem srečen.« Vendar pa gremo mi odrasli nekako v: »Danes nisem zaslužil nič denarja, zato sem neumen.« Ali: »Imel sem usran dan,« ali karkoli to je. »Zaradi denarja ne morem biti srečen«. Torej, koliko ljudi se je odločilo, da je denar enak sreči? Ker ni. Mislim, jaz sem to mislil. Še enkrat, ko sem bil še na začetku odraslosti, sem mislil: »Če bi lahko zaslužil več denarja, bi bil srečnejši,« vendar sem spoznal, da ko sem enkrat začel služiti denar, je bilo to nepomembno. Sreča je bila izbira, ki sem jo moral izbrati, in to sploh ni imelo nobene zveze z denarjem.

Ali obstaja kakšen poseben trenutek v tvojem življenju, za katerega lahko rečeš, da je začel to zavedanje?

No, mislim, spoznal sem tebe in spoznal sem Garyja in Daina in srečal sem veliko bližnjih prijateljev, ki jih imam zdaj, in veliko jih je ustvarilo veliko denarja; in ne gre za to, da je zanje ustvaril srečo ali zame, gre bolj za izbire, ki vam jih daje. Kot na primer za naju, rad letim v poslovnem razredu in rad nosim fine obleke in rad jem dobro hrano in vse to imam rad; to me osrečuje in osrečuje moje telo, ampak je tudi izbira, ki jo moram izbrati, da bi to imel. Ni le to: »Če bi zdaj imel tisoč dolarjev, bi bil srečnejši. Če bi mi ta trenutek dala tisoč dolarjev, to ne bi ustvarilo sreče. Ustvarilo bi: »Ooo, zdaj imam tisoč dolarjev. Super.«

Omenil si izbiro. Da ti denar daje več izbire. Na primer, da potuješ v turističnem razredu, da potuješ v poslovnem razredu ali …

Torej, kaj te bo bolj osrečilo? Turistični ali poslovni razred?

Kaj bo bolj osrečilo tvoje telo? Definitivno poslovni razred ali prvi razred!

Ali zasebno letalo.

Ali zasebno letalo, saj sva v zadnjih nekaj mesecih letela s kar nekaj zasebnimi letali; kar je bilo zelo zabavno. Torej, govorila sva o izbiri. Si se med odraščanjem pravzaprav počutil, kot da imaš glede denarja izbiro ali da nimaš izbire? Kako je to bilo zate?

Za začetek, sploh nisem vedel, kaj je izbira. Zame je med odraščanjem izbira pomenila, da sem gledal izbire vseh drugih in si mislil: »Okej, ali bi moral izbrati to? Ali bi moral izbrati to?« Ne: »Kaj lahko izberem in kakšne izbire imam tukaj, ki so na voljo takoj zdaj?« Nikoli ni šlo za to. Bilo je tisto, kar sem lahko izbiral za nekoga drugega ali proti nekomu drugemu. Zato je bilo učenje o izbiri verjetno eden prvih korakov pri tem, da sem bil sposoben ustvariti drugačno resničnost z denarjem.

In tudi ta zadeva z dolgom. To sem moral pogledati in si reči: »Dobro, zadolžen sem. To ne bo izginilo.« Torej sem zadnjih trideset ali štirideset let porabil za to, da sem bežal pred tem. To je zdaj na mojem pragu in mi trka. In še vedno trka. Moram odpreti vrata in si to ogledati. In sem si; in to je bilo le dve leti nazaj. Šele pred dvema letoma sem se začel zavedati, koliko dolga sem si nabral, in: »Dobro zdaj, torej katere izbire moram ubrati, da se osvobodim tega?«

Kako je bilo, ko si prvič prevzel vajeti nad svojim finančnim življenjem in si vedel, da si ti tisti, ki je moral to spremeniti; da si ti tisti, ki je moral izbrati še nekaj več izbir?

Imel sem takšno srečo, da sem imel ob sebi dovolj dobrih prijateljev, s katerimi sem se lahko posvetoval in rekel: »Tukaj sem.« Prav tako sem se obdal z ljudmi, ki so imeli denar; zato sem se izobrazil. Mislil sem: »Rešil se bom tega …« in prva stvar, ki se je dvignila zame, je bila: »Moral se bom izobraziti o denarju.« Torej zame je to pomenilo, da sem preživel čas z ljudmi, ki so poznali denar. To bi lahko bilo, saj veste, spremljanje finančnega programa. Lahko je bilo tudi branje česarkoli, povezanega z ljudmi, ki so dejansko ustvarili izobrazbo okoli denarja in so izobraženi v zvezi z denarjem. In bilo je le to, da sem se izobraževal in potem sem lahko pogledal: »Če se moram osvoboditi dolga, moram narediti to in to in to. Kakšne so moje izbire? Kaj moram izbrati tukaj?« In nato: »Kaj je občutiti najlahkotneje?« In slediti temu. In sem. In to je bilo pred nekaj leti in se je popolnoma obrnilo. Mislim, sedaj nimam nobenega dolga, razen hipotek in stvari, ki mi prinašajo denar.

Povej mi o razliki med tem, ko si prvič šel do računovodje, in zdaj. Nikoli se nisi počutil dobro, ko si prikorakal ven, zdaj pa se rad udeležuješ finančnih sestankov ali sestankov z davčnim načrtovanjem z najinim računovodjem. Kakšna je razlika v kreaciji?

No, razlika je, da sedaj ni nobenega izogibanja denarju. Če sem imel stališče, da sem se moral izogibati dolgu in denarju, kako bi se potem lahko sploh pogovarjal z računovodjo? Ni se tako lahko pogovarjati z računovodjo, če imaš stališče, da denar smrdi, in pri meni je bilo tudi to, da sem moral preseči to ter spremeniti to stališče, ki sem ga imel o denarju. Ko se zdaj srečamo z našim računovodjem, rečem: »Kaj naj sedaj naredimo? Kaj lahko naredimo s tem? In kako lahko to damo tja? In kako lahko tukaj prihranimo davek?« To je tako vznemirljivo, ker je kreacija ponovno vznemirljiva in ne gre več za ustvarjanje še več dolga. Sedaj je bistvo v ustvarjanju prihodnosti in obilja.

Torej, kako si spremenil svoje stališče, Brendon? Ali nam lahko daš, recimo, tri orodja ali vprašanja?

Moje prvo orodje bi bilo desetodstotni račun. Zares. Številka ena. Če lahko naredite to, se boste osvobodili dolga. In razlog tukaj je, če lahko daš na stran deset odstotkov vsega, kar zaslužiš, takoj. Če na teden zaslužite tisoč dolarjev, preden plačate svoje položnice ali karkoli to je, dajte na stran sto dolarjev na poseben bančni račun ali pa ga ohranite kot gotovino v svojem predalu ali sefu, ali karkoli to je, in se ga ne dotikajte. Če zaslužite tisoč dolarjev na teden in je to sto dolarjev, koliko denarja boste imeli v treh letih? Imeli boste petnajst tisoč šeststo dolarjev. Če torej imate petnajst tisoč šeststo dolarjev, ki vam ležijo na posebnem računu, se boste počutili, kot da imate denar ali da ga nimate? Se boste počutili, kot da lahko ustvarite denar ali da ga ne morete ustvariti? Jaz sem verjetno najprej to naredil petkrat in sem prišel do dva ali tri tisoč dolarjev in jih nato zapravil. Potem sem rekel Simone: »To ne deluje. To bi res rad naredil. Res bi rad spremenil svojo denarno situacijo.« Vendar je bila to tudi zahteva, ki sem jo imel: »Ali lahko hraniš ta denar zame? Ali lahko držiš mojih deset odstotkov?«

In rekel si mi: »Ne vračaj mi ga, tudi če prosim zanj.«

In mislim, da sem nekajkrat zaprosil zanj.

Res si. In rekla sem ti: »Ne.« In ti si rekel: »Kaj?«

Mislil sem si: »Vraga!« To je bilo verjetno pred dvema ali tremi leti in od takrat se ga nisem več dotaknil. Tako se je nalagal in nalagal in nalagal.

In zdaj imam določen znesek denarja na banki, zato se ne počutim, kot da nimam denarja.

Te lahko vprašam, kolikšen znesek denarja si moral imeti na svojem desetodstotnem računu, preden si se počutil, kot da imaš denar?

Mislim, da je bilo na začetku okoli deset tisoč dolarjev. Potem sem dosegel ta znesek in bil je trideset tisoč dolarjev. In potem je šel do petdeset tisoč dolarjev. Vendar ko enkrat prideš do določenih zneskov, je kot: »O, vau! Imam denar. Kaj še zdaj?« To je bila moja prva stvar. In to bi bil moj nasvet številka ena glede tega, kako se osvoboditi dolga. Naslednje bi bilo, da si zapišete svoje izdatke – vse. Svoje si zapisujeva vsakih nekaj mesecev in tja si zapiševa tudi božična darila; kot mesečne izdatke. Ko pride božič, veva, da bova morda porabila tisoč, dva tisoč, tri tisoč dolarjev za božična darila, ali božično kosilo, ali to, da družina stanuje pri naju, veste, tudi to je strošek.

Spomnim se, da sva neko leto izračunala, da sva porabila osem tisoč dolarjev za božič. Zato sva namesto tega, da bi rekla: »Oh, osem tisoč dolarjev v času božiča!«, sva to razdelila na dvanajst delov ...

In jih dodala k svojim mesečnim stroškom.

Ali nam lahko poveš malo več, kako izračunaš mesečne izdatke?

Okej, če ste iz stare šole, si jih zapišite na list papirja. Če ste novodobni, Excelova tabela; jaz jih sovražim, ker jih ne znam uporabljati. Simone je preprosto ... Oh, jaz znam kopirati in lepiti, da mi ni primere! Vendar naredite nekaj od tega in recite: »Avto: registracija, gorivo,« karkoli. »Hiša: najemnina ali hipoteka.« Potem imate vodo, imate elektriko, imate otroke, imate šolo, imate obleke. In nato imate še sebe. Imate obleke, imate, karkoli to je, vendar morate za vsako stvar, za katero porabite denar, to zapisati tam noter, zato ker s tem vodite svoje življenje. To je tisto, kar potrebuje vaše telo. Zato si vse to zapišite, kot mesečno ali tedensko zadevo ali, karkoli to je za vas, in si nato oglejte to.

In na primer, če zaslužite tisoč dolarjev na teden in potem izračunate svoje stroške in ti znašajo tisoč petsto dolarjev, ali bo to resnično delovalo? Že zaostajate za petsto dolarjev. Namesto da bi zapaničarili in si rekli: »Okej, moram zategniti pas in zmanjšati svoje izdatke. Moram zmanjšati to, kako živim svoje življenje. Nehati se moram tako zabavati. Ne morem več ven na večerjo,« si raje oglejte: »Okej, torej, kaj moram zdaj dodati življenju, da bi ustvaril tistih petsto dolarjev in več?« Poglejte, kaj lahko dodate svojemu življenju, namesto tega, kaj lahko odvzamete.

Ko si prvič naredil to, se spomniš zneska in kako je to bilo zate?

Ne, ne spomnim se. Pojma nimam. Vendar mislim, da je bilo ... ne bi ti mogel povedati zneska, če sem iskren, vendar verjetno ni bilo veliko. Spomnim se, da je definitivno bilo preko zneska, ki sem ga zaslužil. Torej, od tod je izhajal dolg, ker sploh nisem imel jasnosti glede tega, kaj bi bilo potrebno, da vodim svoje življenje. Na primer uporaba tistih tisoč dolarjev. Če sem zaslužil tisoč dolarjev na teden in sem potem izračunal svoje stroške in je to bilo dva tisoč petsto dolarjev ... Toda vedno bolj sem bredel v dolg, nisem pa vedel, zakaj. Mislim sem, da je to slabo upravljanje ali pa vesolje ... Bog me je sovražil: »Bog, zakaj me nimaš rad?« Vendar tam sploh nisem imel nobene izobrazbe, in ko sem enkrat dal to na papir, sem si mislil: »O, zato torej zahajam v dolg. Ker ne služim dovolj denarja, da bi si pokril stroške.« Zato je to zame ustvarilo popolno jasnost. Rekel sem: »Okej, dobro. V minusu sem za tisoč ali tisoč petsto dolarjev na teden od tega, kar bi moral zaslužiti.« Zato imate več izbir. Ali izločite iz svojega življenja vse te stvari, ki jih radi počnete, ali: »Okej, kaj moram danes dodati svojemu življenju, kar mi lahko ustvari več denarja? Kaj vse še lahko ustvarim? Katere druge tokove dohodkov?«

Katera druga orodja in vprašanja si uporabil, da si spremenil svoj dolg in porajal denar?

Vprašanja so vredna stvar. Postavljati morate vprašanja, saj bo vesolje poskrbelo za to. To ni linearna stvar. Sam sem odrasel s tem kot z linearno stvarjo, ko pa sem enkrat začel spraševati vprašanja, sem spoznal, da lahko vprašam za nekaj in se bo to začelo pojavljati. Do določene mere morate to, kar govorite, spraviti v akcijo.

»Vprašajte, kaj bi bilo potrebno, da bi se to pojavilo?« In zaupajte vase, da se bo. Imejte zaupanje v vesolje, da se bo pojavilo. Saj je tako bilo zame. Vedel sem, da se bo moje življenje spremenilo, in vedel sem, da če postavljam vprašanja in začnem izbirati drugačne izbire, se tudi bo. Nisem vedel kako, vendar se je.

Prav tako vprašajte: »Kaj sovražim v zvezi z denarjem?« »Kaj ljubim v zvezi s tem, da nimam denarja?« Morda se boste počutili, kot da ste soočeni s tem, saj boste rekli: »Pa saj vendar ne sovražim denarja. Ljubim ga, vendar ga nič nimam.« Če ga nimate nič, potem ga ne ljubite. In to je bila tista stvar, glede katere sem moral postati brutalno iskren s sabo in si reči: »Vau, tukaj obstaja nekaj, česar ne obožujem glede tega, da bi imel denar.« Zato se to vprašajte in bodite voljni ogledati si to ter priznati: »Vau. To je čudno stališče. Kaj bi bilo potrebno, da to spremenim?«

Še eno vprašanje, ki ga lahko postavite, je: »Česa nisem voljan početi za denar?«, saj ima veliko ljudi določene stvari, ki bi jih počeli za denar, toda če bi si resnično želeli imeti ves denar na svetu in ustvariti vse ter imeti vse, kar si želite, morate biti voljni početi vse, kar je treba. In to je bila ena izmed stvari, ki sem jih dojel. In še ena stvar, ki sem si jo ogledal, je bila: moram imeti takšno mero zahteve v svojem svetu. Če želim tako spremeniti življenje in imeti denar na takšen način in če želim imeti vse, kar si želim, bom res moral narediti, karkoli je potrebno. Ena stvar, ki jo vidim pri veliko ljudeh, je, da niso voljni narediti tistega, kar je treba.

Torej, ko govorimo o tem, da naredimo, karkoli je treba, da bi nekaj ustvarili ... Prvič, Ko si šel v Ameriko, si letel v turističnem razredu. Ko si prvič letel vse od Avstralije do Italije, kar je precej dolga pot, je to bilo v turističnem razredu. Sedaj pa potuješ v zasebnem letalu. Si si kdaj mislil, da bo to mogoče?

Vedno sem vedel, da je mogoče. Smešna stvar pa je bila, da je bilo moje prvo potovanje v Ameriko za sedemdnevni seminar na Kostariki. Imel sem deset tisoč dolarjev, prihranjenih na banki.

In bil sem nekako: »Šel bom v Ameriko in potoval bom v poslovnem razredu in šel bom na ta seminar,« in ogledoval sem si karte za poslovni razred in povratna karta bi me stala šest tisoč dolarjev; zato sem imel dovolj, da bi izvedel to, vključno s seminarjem. In rekel sem si: »Super.« Potem pa sem si pogledal to in sem si rekel: »Zakaj bi izbral to? Ta trenutek imam deset tisoč dolarjev. Lahko bi si kupil karto za turistični razred za tisoč dolarjev, se udeležil seminarja in še vedno bi imel pet tisoč dolarjev, da bodisi naredim več, bodisi ustvarim več, bodisi imam malo več svobode z denarjem.« Nekaj, kar vem o denarju, je, da ko ga imaš, imaš več svobode, da ustvariš več. Več lahko ustvarim z denarjem kot pa brez denarja. Zato sem si ogledal to in rekel: »Vau, to je noro!« Imel sem to čudno stališče, da če bi lahko izgledal, kot da imam denar, bi potem ustvaril več denarja. Ali če bi lahko letel s karto za poslovni razred, bi se lahko delal bogatega približno trinajst ur, kolikor je trajal let. Ko sem si to ogledoval, sem si rekel: »Okej, moram biti malo bolj pragmatičen a) s tem, kako gledam na denar, in b) kako ga porabljam.«

Vendar si pravzaprav imel izbiro. Lahko bi zbral zapraviti ves denar in početi vse to, vendar pa si vseeno izbral drugače.

Ko sem začel, sem veliko potoval v turističnem razredu. Vedel sem, da želim potovati v poslovnem razredu, in ko sem vstopil na letalo in sem videl vse te ljudi v poslovnem razredu ... Nisem si mislil: »O, poglej te ljudi; saj veste, bogate ljudi.« Nisem bil takšen. Vstopil sem na letalo in sem mislil: »To bom imel. Karkoli je potrebno. Kaj bi bilo potrebno, da bi imel to?« Usedel sem se na svoj sedež. Užival v letu. Začel sem hraniti milje pri različnih letalskih družbah in tako so me povišali v višji razred. In nato so me povišali v poslovni razred in rekel sem si: »To je čudovito!

Tako si želim, da bi izgledalo moje življenje. Kaj bi bilo potrebno?« Konec koncev je to bilo to, zahteval sem to in postavljal vprašanja in to je bilo potrebno, da se je začelo pojavljati.

Od kod vidiš prihajati denar? In kako ga vidiš, da se pojavlja? Kaj se je zate spremenilo v zadnjih nekaj letih, odkar si spremenil svoje stališče glede denarja?

Prva stvar je, kot si pravkar rekla, da spremeniš stališče okoli denarja. Ker vaše stališče ustvarja vašo resničnost. Zares. To je to. Če imate stališče, da zaslužite dvajset dolarjev na uro in delate štirideset ur na teden, je to osemsto dolarjev in to je vse, kar boste zaslužili. To je to. Če rečete, to je tisto, kar imam, to je tisto, kar počnem, je potem to vse, kar je. Ker takoj ko greste v zaključek, da je to denar, ki ga zaslužite, je to tisto, kar se pojavi v vašem življenju. Če pa rečete: »Okej, super. Imam službo s štirideseturnim delovnikom. Zaslužim dvajset dolarjev na uro. To je osemsto dolarjev na teden. To je čudovito. Tako si služim kruh. To pokrije stanarino, hrano, karkoli. Kaj pa je sedaj še mogoče? Kaj vse še lahko ustvarim? Kakšne druge dohodkovne tokove še lahko imam?« In ponovno, to je vprašanje. In kar naprej. Če začnete postavljati vprašanja, če je prva stvar zjutraj, ko se zbudite, ta, da spremenite svoje stališče, če bi namesto, da rečete: »V službo moram,« delovali iz: »Super. Grem na delo in kaj vse je še mogoče?«, vam zagotavljam, da če ste iskreni s tem vprašanjem in ste iskreni s stališčem, ki ga imate okoli tega, »da boste ustvarili svoje življenje drugače in boste drugače ustvarjali svoje denarne tokove, ne glede na to, kaj bo potrebno«, vam zagotavljam, da boste v šestih mesecih imeli drugačno finančno resničnost; to vam zagotavljam!

Ko sem te prvič srečala, si se preživljal s polaganjem ploščic – to v Avstraliji imenujemo obrtnik in z nekom si imel podjetje. Ali lahko malo več govoriš o tem, kako si prišel do tega, da si ustvaril toliko več tokov prihodkov? Tudi temu, kar te vidim v življenju ustvarjati, ni konca ne kraja; ni konca temu, koliko tokov prihodkov imaš. Ali lahko malo več poveš o tem?

Prva stvar, ki sem si jo ogledal, je bila, da sem res trdo delal pet dni na teden, ali pet in pol, ali šest dni na teden in potem sem si mislil: »Oh, super, nedelja je tukaj,« in poležaval sem ter gledal TV, ali pil pivo, ali počel karkoli. Spomnim se, ko sem te srečal, sem počel isto, potem pa sem prišel do mesta, kjer sem si začel ogledovati to in začel iskati, če imam dovolj v življenju in ali sem resnično zadovoljen s tem, kar sem ustvarjal, in se zavedel, da nisem bil. Naveličan sem bil do amena.

Zato sem si ogledal: »Okej, kaj še lahko dodam svojemu življenju?« In to je tisto, kar pogledam sedaj: Si resnično želim iti in …? Imava denar. Lahko bi bil doma in se dobesedno sprostil. Enostavno bi lahko šel domov in se vozil z vodnim skuterjem ter se sproščal. Bi to delovalo zame? Niti v milijonih let ne. Početi moram veliko stvari. Če ustvarjam svoje življenje, sem srečen. Če pa posedam naokoli, pa nisem. Čudovito je voziti se z vodnim skuterjem ali karkoli, ampak to ni dovolj zame. Vedel sem, da služba od devetih do petih ne bo dovolj zame. Vedel sem, da posedanje in pitje piva ob nedeljah ne bo dovolj zame. Ne pravim, da to ne more biti dovolj za vas, če pa ni, potem si morate to bolj pogledati. Prvo vprašanje je: »Kaj vse še lahko dodam svojemu življenju?« To si ogledam vsak dan: »Kaj lahko danes dodam svojemu življenju?« Namesto: »Preveč dela imam« ali »Nič drugega ne morem početi.« To je laž. Premaknite se naprej. In ko boste prišli do: »No, preveč sem zaposlen« ali »Nočem početi tega,« vprašajte: »Je to res moje stališče? Ali je to stališče nekoga drugega?«

Ena stvar, ki sva jo dodala življenju, je portfelj z delnicami. Kakšno je bilo tvoje stališče na začetku in kaj si moral spremeniti, da bi ustvaril uspešen, zelo uspešen portfelj z delnicami?

No, delnice me navdušujejo, ker je nekaj na tem, da tako hitro zaslužiš denar, kar me močno navdušuje. Mislim, spomnim se, da sem odšel v TBA, ko sem bil star enajst ali dvanajst let; to je mesto, kjer v Avstraliji potekajo stave, kamor lahko greste in stavite denar na konje. Oče mi je dajal tisoč dolarjev gotovine in seznam konj, na katere je hotel, da stavim denar. Šel sem tja in stavil denar ter odšel pobrat njegov dobiček. Torej, ali je izgubil ves denar in nato bil nasilen kreten ali pa me je poslal nazaj tja in sem pobral tri ali štiri tisočake in sem si mislil: »Ooo, to je bilo pa enostavno.« Zato sem imel to stvar glede hitrega zaslužka, ki mi je bila zabavna. In enako je bilo pri delnicah: »Vau, denar lahko zaslužiš tako hitro, da dobesedno uporabljaš svoje zavedanje?« In to mi je všeč pri delnicah. Je kot: »Če kupim to, mi bo prineslo denar? Ja? Ne? Ja? Ja? Okej, super, pa kupimo.«

No, dejansko sva imela neki portfelj z delnicami, ki mu je šlo tako dobro, da sva prodala nekaj delnic in sedaj kupujeva hišo na reki v Noosi, v Queenslandu; kar ni poceni kupčija.

Kupila sva neke delnice; kotirale so zelo nizko. Bile so poceni delnice in kupila sva jih veliko. Pravzaprav sva jih kupila, ko so bile visoko, in kupila sva jih tudi, ko so bile nizko, vendar sva jih kupila veliko, ko so bile nizko, in pred kratkim je delnica zelo narasla, ker sva vedela, da bo. Še naprej sva jih kupovala in kupovala. Vsi so nama govorili: »Nora sta. Nora sta. Nora sta.« Najini računovodji sta nama govorili. Prijatelji so nama govorili. Družina nama je govorila: »Ne počnita tega. Vsa jajca dajeta v eno košaro.« Kaj sva naredila? Še naprej sva jih kupovala. Zakaj? Ker sva vedela, da bo vrednost narasla. Torej, kar želim povedati, je, da kaj če bi sledili temu, kar veste, da bo ustvarilo vašo finančno resničnost, namesto tega, kar vam govorijo vaši prijatelji?

Torej boste na primer šli k svojemu računovodji in rekel bo: »Narediti morate to, ker je varno« ali pa da bi morali narediti to ali ono. Kaj veste o denarju, česar nihče drug ne ve? Ali kaj veste o denarju, česar nihče drug ne ve? Ali pa kaj veste o denarju, česar niste voljni priznati? Torej, kaj če bi se vprašali to: »Kaj vem v zvezi z denarjem, česar nisem voljan priznati?« In: »Okej, kaj moram narediti, da bi to spravil v akcijo?« Je kot: »Super! Vesolje, dalo si mi to zavedanje glede tega, kaj moram vedeti o denarju, kaj pa zdaj?« Vprašajte: »Kaj bi bilo potrebno, da se to pojavi?« »Kaj moram narediti?« »S kom se moram pogovoriti?« »Kaj moram ustanoviti, da bo to obrodilo sadove?« Od sebe morate zahtevati vse to. To boste morali narediti, če želite, da se vam spremeni življenje.

Eno izmed stvari, ki me jih je naučil Access, je, da vem. Ni mi treba razmišljati o stvareh, da bi vedel. Ne berem knjig, da bi vedel. Preprosto vem. Če torej postavljam vprašanja in vprašam: »Okej, kaj torej tukaj vem o tem?« in potem se nekaj pojavi zame: »Okej, super!« in potem grem v tisto smer. Namesto da si mislite: »Ona je rekla, da moram narediti to, zato bom naredil to. Potem so drugi rekli, da moram narediti tisto, zato bom tisto naredil.« Ne. Ljudem postavljajte vprašanja, da bi dobili informacije, ne odgovorov.

Brendon, zelo, zelo sem hvaležna, da si se nam danes pridružil. Je še kaj drugega, kar bi rad dodal, preden končava?

To, kar bi vam rad pustil, je: denar sledi radosti. Radost ne sledi denarju. Če ste voljni imeti radost v življenju glede česarkoli, vključno z denarjem, bo denar temu sledil. Če bi imeli zabavo in bi povabili denar in bi mu rekli, da tam ne bo nobene pijače, tam ne bo plesanja, tam ne bo nobenega smeha, nobena zabava ne bo dovoljena, mislite, da se bo denar želel udeležiti te zabave? Torej, kaj če bi bilo bistvo zabave, na katero vabite denar, to: »Hej, dajmo, zabavajmo se skupaj.« Če bi bil denar energija, ki bi jo bili voljni povabiti v zabavo, bi v svojem življenju imeli več ali manj?

INTERVJU Z GARYJEM DOUGLASOM

Povzeto po internetni radijski oddaji Joy of Business, »Getting Out of Debt Joyfully with Gary Douglas« (Radostno osvobajanje iz dolga z Garyjem Douglasom), predvajani 5. septembra 2016.

Gary, ti si eden najbolj navdihujočih ljudi, ki sem jih kdaj spoznala, in sicer glede tega, kako gledaš na denar, glede stališča, ki si ga imel glede denarja, stališča, ki ga imaš v zvezi z denarjem zdaj, iz mesta, kjer si ga vedno voljan spremeniti, in seveda, ker si ustanovitelj Access Consciousnessa. Torej, vsa orodja, o katerih govorimo tukaj, so prišla od tebe in nisi pomagal le meni, ampak dajensko tudi tisočim ljudem spremeniti njihova stališče o denarju. Torej hvala za to.

Hvala. In tudi sam sem moral spremeniti svoja stališča o denarju, zato da sem ga bil sposoben dobiti.

Nam lahko poveš nekaj malega o tem, kako si odrasel? Kakšno je bilo tvoje družinsko življenje? Ste imeli denar; si bil izobražen? Kako je to bilo zate?

Zrasel sem v dobi *Leave it to Beaver* (*Prepustite to bobru* – gre za ikonično ameriško komično serijo nanizank iz petdesetih let prejšnjega stoletja, ki govori o idealizirani družini ameriškega predmestja; op. prev.) in to ni bilo »veliko se dajati dol«. Tukaj je šlo za to, da smo se lahko veliko pogovarjali, vendar nismo mogli veliko početi. Odraščal sem v družini srednjega, srednjega, srednjega, srednjega, srednjega razreda, kjer smo se v primeru, ko se je obrabilo pohištvo, znebili prejšnjega in kupili nov kos, da bi ga nadomestili na točno istem mestu, in nič se nikoli ni spremenilo; vse je bilo vedno enako. Preproge smo uporabljali, dokler se niso poznale sledi, in potem smo jih zamenjali z novimi. In niso jih hoteli obrniti na drugo stran, ali jih spremenili, ali karkoli naredili z njimi; vse je šlo na isto mesto in ostalo na istem mestu. In ko sem odraščal, mi je mama nekoč povedala, pred mano je nekomu rekla: »Mislim, da Gary nikoli ne bo imel denarja, ker ga bo vsega dal svojim prijateljem.«

Ker sem dobil petdeset centov žepnine in sem z njimi kupil prijateljem pito in kolo in druge stvari; v tistih časih je to bilo res presneto poceni. Tako ste lahko kupili strip za pet centov. To vam torej da predstavo o razliki glede stvari. V tistih časih je bilo petdeset centov veliko denarja. Dobil sem petdeset centov in sem jih šel zapravit za pito in kole tako za prijatelje kot tudi zase in zanimalo me je le to, da sem se zabaval. In mama je rekla: »Nikoli ne boš imel več denarja, če se ne boš zresnil in če boš še naprej svoj denar zapravljal za druge ljudi.« Jaz sem si mislil: »Če pa je zabavno!«

Česa te je skušala naučiti takrat? Je šlo bolj za to, da prihraniš denar?

Vedno je šlo za to, da je treba prihraniti za sušno obdobje ampak z mojim očetom sta odraščala med gospodarsko krizo, zato z njunega vidika nismo smeli zapravljati denarja, temveč smo morali poskrbeti za toliko denarja, kolikor smo ga imeli, in vedno smo morali zategovati pasove ter manjšati stroške, kolikor smo lahko, in nikoli nismo smeli čez meje česarkoli; nikoli ne izbereš česa večjega od tega. Smešna plat tega je bila, da je bilo v mojem očetu malce hazarderja, in tako smo leta 1942, ko sem se rodil, živeli v mestu, imenovanem Pacific Beach, v San Diegu in malo višje vzdolž ceste je bila majhna vasica po imenu La Hoyer, ki je zdaj eno izmed najdražjih področij v San Diegu.

Oče je imel možnost za šeststo dolarjev kupiti kvadraten blok (približno 6.475 m2) tam, kjer se zdaj imenuje središče mesta La Hoyer, in imela sta šeststo dolarjev prihrankov, vendar mu moja mama ni dovolila tega narediti. Mama je vedno govorila: »Ne, ne. Moraš počakati, dokler ne bomo imeli več denarja.« In vedno je šlo za čakanje glede vsega. In verjela je, da moraš čakati, preden lahko ustvarjaš.

Kaj je torej bila tipična večerja v Douglasovi hiši: vam je dejansko bilo dovoljeno govoriti o denarju pri mizi za večerjo?

Ne, ne. Ne smeš govoriti o denarju. To je vulgarno! O denarju se ne govori. Smešna stvar pri tem je, da imajo ljudje z denarjem stališče »Ne smeš govoriti o denarju, ker je to neokusno«, kajne? Zakaj je vulgarno, če si reven, in neokusno, če si bogat? Tega ne razumem. Noben od njiju ni dober. Tako zanimivo je bilo gledati mojo družino početi to. Mama je za nas pripravljala solate ... in na dno krožnika je postavila list zelene solate, nato je nanj položila en ananasov obroč in iz vsakega obroča je odrezala majhen košček ter obroč stisnila skupaj, nato pa v sredino dodala kupček majoneze in naribala sir po vrhu in to je bila naša solata. Kupila je majhno konzervo, ki je držala tri obroče in iz tega ji je uspelo narediti štiri solate, tako da je iz vsakega obroča izrezala en kos, zato da bi poskrbela, da bi imeli štiri solate, da smo lahko kaj jedli. Kar naprej sem jo spraševal: »Zakaj?« In nato me je pitala s stvarmi, kot je brokoli, in jaz sem ji rekel: »Vendar jaz tega nočem.« Ona pa: »Na Kitajskem so otroci, ki stradajo. Pojej vsak grižljaj.« Jaz pa sem odvrnil: »Ali jim lahko pošljem to?« Za to zadnjo sem jih dobil po zadnjici!

Ko si odraščal in si bil obdan z energijo »pazljivosti« ... rekel si, da sta tvoja starša preživela gospodarsko krizo; ko se je vse to dogajalo okoli tebe, si kjerkoli nasedel njunem stališču? Ali si vedno vedel, da si drugačen? Kako je to bilo zate?

Nekaj mi je vedno bilo zanimivo, in sicer, da smo hodili okoli in v času božiča smo šli do predela mesta, kjer so živeli bogataši, ter si ogledovali njihova prelepa božična drevesca; ker so imeli slikovita okna in sredi teh oken so imeli postavljena čudovita drevesa.

Hodili smo okoli in si jih ogledovali. Danes ljudje hodijo okoli in si ogledujejo lučke, ki jih imajo drugi razobešene po hišah. Vi si morda rečete: »Vau! Tako čudovito je, da lahko naredijo to.« Jaz pa sem rekel takrat: »Ali lahko imamo takšno drevo? Lahko imamo takšno hišo?« Starši pa so rekli: »Ne, ljubček. Ti bogataši tako ali tako niso srečni.« V mislih sem si rekel: »Lahko vsaj poskusim to?«

Torej, ali je bil, ko si odraščal, splošni konsenz, da se sreča ne vrti okoli denarja?

O, denar ti ni prinesel sreče. Veste, mama mi je rekla: »Denar ti ne kupi sreče.« Ja pa: »Kaj pa kupi?« Rad bi izvedel, kaj lahko kupim. In je odvrnila: »Ti si tega ne moreš privoščiti. Ti si tega ne moreš privoščiti. Ti si tega ne moreš privoščiti.« Vse je šlo za to, česa si nismo mogli privoščiti. Nikoli ni šlo za to, kaj smo si lahko privoščili. In za zabavo, ker so moji starši bili tako revni, je bila zabava to, da smo si šli ob sobotah in nedeljah ven ogledovat hiše bogatih ljudi; dnevi odprtih vrat (hiš, ki so bile naprodaj). Vstopil sem v hišo in si rekel: »O, ta hiša mi je zelo všeč. Lahko imamo to hišo?« »Ne.« Zakaj si ogledujemo te stvari? Če jih ne moremo imeti, zakaj bi si jih ogledovali? In moj pogled je postal, zakaj bi si ogledoval nekaj, česar ne moreš imeti, razen če se ne domisliš načina, kako to imeti?

Si se rodil s svojim lastnim pogledom v zvezi z denarjem? Kdaj si začel spreminjati svoj pogled na denar in si vedel, da si drugačen?

Prvič, zavedel sem se, da tako ne želim živeti. Imel sem bogato teto, ki je živela v Santa Barbari, in včasih smo jo hodili obiskovat. Imela je fin porcelan in kristalne kozarce ter pribor iz sterling srebra. In vse to je bilo zanjo običajno. Namesto da bi šla v trgovino in tam kupila pecivo za 1,79 dolarja, je šla v pekarno in nabavila šest kosov peciva za šest dolarjev. Jaz sem si rekel: »O moj bog! Jaz hočem živeti tako!« Poslušala je opero in imela takšno eleganco bivanja.

Zahteval sem: »Veš kaj? Hočem imeti takšne vrste življenje. Tako želim živeti. Želim si imeti čudovito glasbo. Želim si imeti lepe prostore, kjer bom živel. Želim si imeti lepe stvari, iz katerih bom jedel. Želim si imeti lepo pohištvo.« V moji družini je veljalo, če ni bilo uporabno, tega nismo potrebovali.

Vedno sem bil neprijetno presenečen nad stvarmi, za katere moja starša nikoli ne bi dala denarja. V mojih mladih letih smo imeli filme z dvojno predstavo in starša sta me poslala v kino za petindvajset centov in to je bilo zanju varstvo, tako da sta se ona dva lahko zabavala po svoje brez mene. Poslala sta me skupaj z mlajšo sestro, včasih samega, in večinoma je bila dvojna predstava vesternskih filmov s kavboji. Oba skupaj sva lahko vzela eno majhno vrečico pokovke ter eno majhno kolo, ker je to bilo vse, kar smo si lahko privoščili. Za poslastico sva enkrat mesečno dobila dodatnih deset centov, da sva lahko kupila otroške mentolčke.

Ko je tvoja mama omenila, da ne boš nikoli imel denarja, ker si vsega zapravil za prijatelje, mi je jasno, da to ni bilo toliko povezano z zapravljanjem denarja, ampak bolj z radodarnostjo duha, iz katere deluješ: vedno boš daroval vse, kar je sploh mogoče. Pri tem sploh nimaš omejitev. Kako pomembna vidiš, da je radodarnost duha pri tem, da nekdo dejansko ustvari denar v svojem življenju? Kakšen učinek ima to?

Ena stvar, ki sem jo opazil, je bila, da ko sem svojim prijateljem dal pito in kolo – so verjetno zaradi sladkorja – prvič postali srečnejši, drugič pa so mi vedno dajali stvari, ki so jih imeli v hiši, za katere se jim je zdelo, da mi bodo všeč. Takrat sem bil tako zelo zaljubljen v stripe. Zato so mi vedno dajali stripe, ki so jih že prebrali. Zato mi ni bilo treba zapravljati denarja za stripe. Še vedno sem dobil stripe, vendar sem jim jaz v zameno dajal pito, oni pa meni stripe, in na koncu sem dobil več stripov, kot bi jih dobil, če bi ves svoj denar zapravil zanje namesto za pite.

Gary, nekaj, o čemer govoriš v Accessu, je razlika med dajanjem in jemanjem ter darovanjem in prejemanjem. Ali lahko malo več poveš o tem?

Opazil sem, če resnično nekaj podariš in nimaš nobenih pričakovanj glede ničesar, potem prihajajo stvari k tebi iz najnenavadnejših mest in na vse mogoče načine. Nekaj, kar sem opazil, ko sem prijateljem dal tisto pito, je bilo, da sem vedno dobil nekaj od njih, vendar sem vedno tudi dobival darila od drugih ljudi. Mislim, imel sem sosede, recimo, da sem bil res prikupen, kar sem bil, vendar so mi sosedje ves čas dajali posebna darila. Zanje sem počel stvari, kot na primer, če je njihova pošta prispela k nam, sem jim jo nesel in podobno. In vedno so mi dajali majhna darila, saj sem bil vedno tako darežljiv s svojim časom, energijo in nasmehom. To je bilo vse, kar sem takrat imel, da sem lahko dal; bil sem mulec, veste? Star sem bil osem ali devet. Poleg tega takrat nimaš veliko več, kar bi lahko dal. In zato če si dal, kar si dal, ker je to bilo tisto, kar si imel dati, bi ti ljudje dali več, kot bi dobil, če tega ne bi počel, in tako sem se začel zavedati, da obstaja nekaj drugega poleg stališča mojih staršev.

Edinokrat ko sem videl očeta v skrbeh, saj je bil vedno radodaren, je bilo takrat, ko smo videli nekoga, ki ni imel dovolj hrane. Vedno jim je dajal hrano, čeprav smo delovali, kot da nimamo nič hrane. Vendar je bila pri nas doma vedno sladica. Vedno smo imeli meso, krompir in solato ter sladico; in to smo dobili po vsakem obedu. Moja mama je zrasla na kmetiji, zato je bil to njen pogled na življenje.

Moj oče je zrasel v okoliščinah, kjer je njegov oče zapustil njegovo mamo, in tako je moj oče odšel ven s puško, nekako mu je uspelo kupiti. 22-ko (puška) in vzel je to puško ter odšel ven streljat zajce, da je nahranil celo družino. Njegov oče je pustil njihovo mamo in šest otrok, da so se morali znajti in poskrbeti zase, zato je sovražil svojega očeta. In odšel je ven ter se nadelal skoraj do smrti in to je napravil, da mu ne bi bilo treba biti brez hrane ali pa da mu ne bi bilo treba trpeti. In to se mi je zdelo precej čudovito, saj je moj stric lahko odšel na kolidž, moja teta tudi, moj oče pa ni šel nikoli.

Vendar je bil tako zaposlen s tem, da bi nahranil družino, da ni nikoli študiral. Ob koncu dneva je bil izčrpan. Bil je odličen športnik in mu je pri tem šlo zelo dobro, vendar se nikoli ni naučil, kako ustvariti denar. Od očeta je dobil le zavedanje, da moraš poskrbeti za družino in da moraš nahraniti ljudi. In to je bila končna vsota njegovega stališča o denarju.

Tako sem nekako podedoval to stališče, in ko sem imel družino, je bilo to nekaj, kar sem si najbolj želel narediti. Vendar sem prav tako spoznal: »Čakaj malo, uspelo mi je ustvariti več denarja s tem, ko sem bil voljan biti radodaren.« In gledal sem očeta, kako je bil radodaren z ljudmi, ki niso imeli ničesar, in gledal sem, kako so se vrnili k njemu z darilom prijaznosti ter skrbnosti in ljubeznivosti, ki jih nisem videl nikjer drugje. Moji starši so bili v resnici precej izjemni. Zelo sem vesel, da sem jih lahko imel za starše. Moja mama je bila prijazna. Moj oče je bil prijazen. Nobenih slabih stvari nam nista storila. Nista nas pretepala; mislim, da sem jih dobil po zadnjici trikrat v življenju. Poskušali so skrbeti za nas in po svojih najboljših močeh so se trudili za nas in hoteli so, da bi imeli dobro življenje. In to je ena stvar, ki sem jo spoznal, ki jo redki spoznajo o svojih starših. Gledajo tisto, česar jim starši niso dali. In gledajo tisto, kar so jim starši dali. In resnično sem dojel, da so se moji starši po najboljših močeh trudili s tistim, kar so imeli. Ko sem torej šel do hiše svoje tete, sem rekel: »Hočem živeti tako. Ni mi mar, kaj bo potrebno, živel bom tako.«

Ena stvar, ki jo vidim, je, da ljudje neprenehoma nasedajo stališčem, ki so jih v zvezi z denarjem imeli starši/stari starši/ljudje, s katerimi so odraščali, namesto da bi dejansko postavili nekaj vprašanj glede tega, kakšna bi lahko bila njihova finančna resničnost. Vidim, kako si nekako zaobjel tisto, kar so ti dali, pa si še vedno ustvaril svoj lasten pogled; še vedno si ustvaril svoj lasten vidik okoli denarja.

No, zelo zgodaj sem začel postavljati vprašanja. »Kako to, da ne morem imeti tega?« »Zakaj? Zakaj? Zakaj?« Kot je moja mama imela navado govoriti: »Ali bi, prosim, lahko nehal spraševati?« »Okej. Zakaj ne moremo …« Tiho sem bil lahko približno deset sekund in pol.

Nič se ni spremenilo. Še vedno sem takšen. Nenehno postavljam vprašanja. In tudi takrat sem vedno spraševal vprašanja, ker sem pogledal stvari in si rekel: »Zakaj je to tako, kot je?« Gledal sem prijatelje govoriti: »No, tega ne moreš imeti. Tega ne moreš početi.« Jaz pa bi rekel: »Zakaj?«, oni pa bi rekli: »No, ker pač ne moreš.« Jaz bi vprašal: »Zakaj ne? Vse, kar moraš, je narediti to; jaz sem to naredil.« In oni bi rekli: »Ja, ampak tega ni mogoče narediti.«

219

»Zakaj ne?« sem postavil pod vprašaj. Odraščal sem v času, ko je bilo postavljanje avtoritete pod vprašaj popularno. Ampak odraščal sem v večjem času, kjer sem postavljal pod vprašanje vse.

Katera so pragmatična in praktična orodja, ki bi jih lahko dal ljudem; katera vprašanja, priljubljena vprašanja ali orodja, da bi si lahko začeli ustvarjati lastne vidike o denarju?

Eno izmed prvih, do katerih sem prišel tudi zase, ko sem bil še otrok, je bilo: »Okej. Kaj bom moral narediti, da dobim denar, ki ga potrebujem?« To sem začel spraševati. Edina stvar, ki se je lahko domislim, je bila, da so moji starši morali vcepiti vame to delovno etiko, saj sta oba nenehno delala, zato sta verjetno morala. Tako sem rekel: »Torej, kaj lahko naredim, da bi zaslužil denar?« in bilo je tako:»Okej. Lahko kosiš travo.« In nisem bil pretirano visok; bil sem suhljat, koščen otrok in šel sem do sosedov in vprašal: »Ali vam lahko pokosim travo?« In rekli so: »Seveda. Koliko mi boš zaračunal?« »Karkoli mi boste želeli plačati.« In nekateri bi mi plačali dolar, nekateri pa petdeset centov. In mislil sem si: »Ja, petdeset centov imam. Ja, dolar imam.« Nikoli nisem gledal tega, kaj bi moral dobiti. Nisem imel zaključkarske resničnosti, ki jo ima večina ljudi: moral bi zaslužiti več, moral bi dobiti več, potrebujem več. Mislil sem si: »Okej, to imam. Kaj pa zdaj?«

Torej več prihaja iz prostora hvaležnosti?

Ja. Hvaležen sem bil zato, da sem dobil stvari, in to hvaležnost sem opazil, ko sem dal prijateljem pito; v njih je bila hvaležnost, ki je meni in mojemu telesu prispevala energijo, ki je drugače nisem občutil. In tega nisem čutil, ko sem videl ljudi delati in početi stvari, in resnično sem si želel tega.

Druga stvar, o kateri govoriš, glede česar bi rada slišala tvoje misli, je uporaba denarja za širjenje resničnosti ljudi. Kdaj si prvič prišel do zavedanja tega?

No, to je bilo dejansko veliko pozneje v mojem življenju, saj sem dobesedno šel skozi obdobje »O ja, stari, hipi sem in nič denarja nimam« do tega »Okej, preprodajalec droge bom in imel bom denar«. Zato sem gojil travo in imel veliko denarja, pa tudi to ni nič bolj osrečilo. Opazil sem, da so ljudje, ki sem jih poznal in so se veliko drogirali, končali za zapahi in mislil sem si: »Veš kaj, tja pa ne grem. Zato mislim, da bom prenehal to.« Delal sem za številne ljudi in naredil sem vse, kar sem lahko, da bi delal prav, kadarkoli pa sem bil darežljiv, se je začuda zgodilo nekaj čudovitega v mojem življenju. Spomnim se, ko sem bil v svojih dvajsetih in sem šel delat za to šolo jezdenja in sem jezdil konje. In tam je bila gospa, ki je bila bogata kot sam bog in imela je prelepega čistokrvnega konja, ki ga je kazala, in bila je elegantna in vozila res dober avto. Na dan sem zaslužil pet dolarjev vključno s hrano in bivanjem. No, bila je pred hlevom svojega konja in sedela na kocki sena ter jokala, zato sem vprašal: »Kaj je narobe?« »Obubožana sem. Nič denarja nimam. Tako brez denarja sem, da ne vem, kaj bom storila.« Rekel sem:»Ali te lahko peljem na večerjo?« In tako sem jo peljal na večerjo in sedela sva tam na večerji in stalo me je petindvajset dolarjev; pet dni dela zame. In vstala se je, da bi šla na toaleto in njena čekovna knjižica ji je padla iz torbice na tla ter se odprla in pokazala, da ima 47.000 dolarjev na svojem računu.

Mislil sem si: »Sveto sranje! Čakaj malo. Njena ideja obubožanosti je bila manj kot 50.000.« Čez nekaj časa sva se pogovorila in rekel sem: »Videl sem tvojo čekovno knjižico. Zakaj misliš, da si brez prebite pare?« »Kadarkoli sem pod 50.000 dolarji vem, da sem obubožala. Imeti moram 50.000 dolarjev ali pa sem revna.« Rekel sem: »No, to je pa super.« Tako sem se zase zavedel, da če sem sto dolarjev v minusu, pomeni, da sem brez denarja.

Zato imajo vsi drugačen vidik.

Ja.

Knjiga, ki si jo napisal z dr. Dainom Heerom, *Denar ni težava, vi ste*; vsa ta orodja iz te knjige so me dobesedno izvlekla iz dolgov, ker sem začela spreminjati svoje stališče okoli denarja. Ena stvar, ki jo vidim in je res bistvenega pomena, je ta, da moramo spremeniti svoj pogled. Spremeniti morate način, kako gledate na denar, kako ste z denarjem in kako se začenjate izobraževati o denarju.

To je bil najpomembnejši del. Tukaj sem bil s to žensko, ki je imela 47.000 dolarjev in 20.000 dolarjev vrednega konj, jaz pa komaj zaslužim karkoli in živeti moram v eni sobi klubske hiše in zaslužim pet dolarjev na dan, vendar sem počel nekaj, kar sem oboževal. Spoznal sem, da je zapravila veliko denarja, da je počela, kar je rada počela. Jaz pa sem služil malo denarja, da sem počel, kar sem imel rad. Rekel sem si: »Okej, kaj bi torej bilo potrebno, da bi imel drugačno resničnost?« Začel sem spraševati to: »Kaj bi bilo potrebno, da bi imel drugačno resničnost?« Hotel sem biti podoben njej, kjer ustvarjam svoj denar, da ga lahko veliko zapravim, zato da bi se zabaval. Rad bi se zabaval, vendar bi prav tako rad nekaj denarja, in takrat so se zame stvari začele spreminjati. Vprašal sem: »Okej, veš kaj? To se mora spremeniti.« In to je ena stvar, za katero mislim, da jo morate storiti, da pogledate svojo situacijo in zahtevate: »Okej, dovolj! To se mora spremeniti.« Samo to, da se postavite zase, ker je to pač tako; in postavite se zase. Samo zavzeti ta pogled; in to si naredila ti, Simone, ko si rekla: »Dovolj. Osvobodila sem bom tega dolga.« Je, kot da se postaviš zase, in nato se začne svet prilagajati temu, kar potrebuješ. Neverjetno je.

Slišala sem te že, ko si govoril, da se svet začne prilagajati. In to je ena izmed stvari, ki sem jih slišala na začetku in si rekla: »Pojma nimam, o čem govoriš.« Za vsakogar, ki to sliši prvič, lahko poveš malo več o tem: »Svet se začne prilagajati.«

No, z dr. Dainom sva pred kratkim kupila ranč. Šel sem na Japonsko in prvič jedel kobe govedino in sem rekel: »O, moram dobiti več tega. Kako naj dobim več tega?« In nekdo je omenil, da gojijo to posebno vrsto goveda le na Japonskem. Potem pa sem izvedel, da jih imajo tudi v nekaterih državah, kot je Avstralija, zato sem vprašal: »Zanima me, če lahko to dobim v Ameriki?« Zato sem prosil prijatelja, da na spletu pogleda, in našel je mesto v Ameriki, kjer bi jih lahko našel, in tako je zame našel sedem krav. In rekel sem si:»Vau, všeč mi je, da imam te krave. Te so tako lepe.« In res so lepe črne krave. Tako prijazne so in nežne in tako čudovita bitja; nekako jih nerad jem.

Tako sem naročil nekemu tipu, da je zame kupil te krave. Pet dni kasneje me je klical in rekel:»Pravkar sem našel sedem krav.« In pravkar sem jih nabavil sedem.»Novih sedem za komaj 6.500 dolarjev.« In rekel sem: »To je manj kot tisoč dolarjev na kravo. Vzel jih bom.«

Kar jaz vidim pri tem, Gary, je, da ti nenehno ustvarjaš. Ti pravzaprav ne gledaš na bogastvo in obilje, kar soustvarja, temveč gledaš to, kaj lahko ustvariš.

Ja. In mislil sem si, da bom v najslabšem primeru pač imel jesti za osem let. Saj veste, na kopitu imam za osem let govedine ...

Veliko ljudi ne misli, da lahko imajo bogastvo, ne mislijo, da imajo lahko obilje. Mislim, slišala sem te govoriti o tem, ko si moral s sinom živeti v zelo zelo majhni sobi s posteljo in nisi jedel nič drugega kot koruzne kosmiče.

Ni bila soba. Bila je omara. Živel sem v omari, dobesedno, v hiši nekoga, s sinom, ki je spal ob meni na blazini iz pene. Obleke sem imel obešene na eni strani omare, jaz pa sem živel na drugi strani in nič denarja nisem imel in vse, kar sem si lahko zaslužil, so bili kosmiči in mleko; saj je to tudi bila edina stvar, ki jo je moj sin takrat jedel. Plačeval sem petdeset dolarjev na teden, da sem lahko živel v omari teh ljudi.

In kakšne vrste zahtev si potem postavil do sebe?

Rekel sem:»Veš kaj? Dovolj. Tako ne bom več živel; nikoli več. Ne zanima me, kaj je potrebno. Ta denar bom zaslužil. Dobil bom denar.« Kmalu potem se je vse spremenilo. Vedno sem oboževal starine, vendar sem šel do te trgovine s starinami, da bi prodal nekaj, kar sem imel. In rekel sem:»Vau, vaša trgovina ima nekaj dobrih stvari, vendar bi tukaj bilo potrebnega nekaj prerazporejanja.« Ženska me je pogledala in rekla: »Poznate koga, ki bi to naredil?« Rekel sem: »Ja, jaz.« »Koliko računate?« Emm ...: »Petindvajset dolarjev na uro«. Bilo je veliko več, kot sem zaslužil v tistem času, in mislil sem si, zakaj pa ne? Rekla je: »Plačam vam petintrideset dolarjev, če boste dobro opravili.« »Zmenjeno.« Tako sem ji preuredil trgovino in naslednji dan je prodala vsaj pet stvari, ki so bile v trgovini vsaj dve leti in sta jih kupila dva človeka, ki sta to trgovino v dveh letih obiskala večkrat. In rekla sta: »O, a je to novo?« Rekel sem: »Ja!« In rekla sta: »O, mislim, da bi to bilo popolno za mojo hišo.« Nekaj, kar sem se naučil pri oglaševanju, je bilo to, da moraš stvari premikati naokoli, da jih ljudje vidijo drugače. Ker bo drugačna svetloba ustvarila drugačen učinek nanje. In na ta način poglejte tudi svoje življenje: »Kaj moram v svojem življenju premikati okoli, da bi ustvaril več; da se bolje prodajam, da ustvarim več denarja, da bi imel več možnosti v življenju?« Res čudovito je gledati, kako se to dogaja, ko končno začnete spraševati tista vprašanja: »Kako lahko uredim sebe in svoje življenje, da se bom različnim ljudem prikazoval drugače, ki bodo nato hoteli kupiti tisto, kar imam ponuditi, ter prisluhniti temu, kar imam povedati?«

Torej, še enkrat, je to tako, kot bi kar naprej spreminjal svoje stališče o denarju. In prav tako počel, kar imaš rad. Ker rad delaš s starinami. Verjetno bi to delo opravil tudi brezplačno.

No, saj sem to že počel zastonj, zato sem tudi vedel, da to lahko počnem.

V življenju si očitno imel različne količine denarja, ki si jih zaslužil. Veliko ljudi vidim, ko si mislijo: »Oooo, sedaj imam svojo hišo – kljukica,« in obkljukajo to okence. Ali pa: »Imam avto,« in obkljukajo to okence in potem se zdi, da nehajo ustvarjati. Kaj lahko poveš ljudem ali pa katera orodja lahko daš ljudem, zato da ne bi imeli te omejitve?

Bistveno tukaj je, da si morate ogledati, ali imate zastavljen cilj ali tarčo? Dolgo časa nazaj sem ugotovil, da beseda cilj (ang. goal) pomeni ječo. Če si zastavite cilj in ga dosežete in tega ne uzavestite, se zgodi to, da nazadujete zato, da bi lahko ponovno dosegli cilj, za katerega mislite, da ga niste dosegli. Zato sem si rekel: »Čakaj malo. Ne bom izvajal ciljev. Raje izberem tarče.« Zato sem si zastavil tarčo in takoj ko sem jo zadel, sem še vedno lahko izstrelil novo puščico in spet zadel v polno. Zase sem si mislil: »Želim si biti sposoben stalno spreminjati.« Sprememba je zame najpomembnejša v življenju in brez spremembe ni kreacije. Če si resnično želite ustvarjati življenje, se začnite spreminjati.

In s to spremembo, ko ste v nenehnem prostoru spreminjanja, se denar pojavi. Pojavi se obilje.

Vem. Res je čudno.

Ali lahko podaš razlago tega, kako vidiš razliko med obiljem in bogastvom?

Obilje je kopičenje tistih stvari, ki jih bodo drugi ljudje kupili od vas za neki denarni znesek. Za bogastvo gre takrat, ko imate dovolj, da zapravite, kolikor želite.

Če resnično želite imeti obilje, se obdajte s stvarmi, ki bodo vredne več, ne glede na vse. Če hočete bogastvo, boste hoteli dovolj, da boste lahko zapravili in kupili, kar ste se odločili, da hočete. Kogarkoli poznam, ki je ciljal na bogastvo, kupuje te stvari in potem nenadoma nima več želje po več, ker dejansko ne želijo ustvariti obilja, temveč poskušajo ustvariti bogastvo.

Ko enkrat prepoznate: »Čakaj malo, obilje vključuje stvari, ki so za druge vredne. Kaj je vredno drugim, da bi plačali za to?« In ko imate to v svojem življenju, bo povsod, kjer boste hodili, vse, kar boste počeli, šlo za obilje v življenju in ne za bogastvo ter to, kar lahko zapravite.

Torej ne gre za to, da delamo denar za bistvo življenja, temveč da gre za to, o čemer smo govorili: radodarnost duha, ustvarjalnost, voljnost prejemanja, voljnost darovanja?

In dopustiti si, da ste radodarni do sebe. Ker nas večina ni radodarnih do sebe. Kadarkoli sodite sebe, niste radodarni do sebe. Vsakič, ko se v nekem vidiku vidite kot napačne, niste radodarni do sebe. Dobro bi bilo biti radodarni do sebe. In ne gre za to, koliko denarja zapravite zase; gre za to, kako dobro skrbite zase.

Večina nas misli, da imamo težavo z nečim, vendar je nimamo. Gre za to, kar izumljamo, zato da bi se ohranjali v početju stvari, ki nas omejuje in nas drži na mestu, kamor spadamo. In to je ena izmed stvari, ki sem jo spoznal o svoji družini, da so se hoteli obdržati na istem mestu. Imeli so majhno hišo in vse je bilo mogoče nadzorovati. Vedno se je šlo za nadzor. Jaz pa sem si želel biti malo podivjan. Želel sem si početi nekaj drugačnega. In zato sem že zgodaj začel ustvarjati drugačnost in bila je zelo čudovita sprememba v življenju, spoznati, da lahko imam nekaj drugačnega in lahko izberem nekaj drugačnega. In sem.

Dojel sem, da lahko pogledate na stvari drugače, in ena izmed stvari, ki jo morate narediti, je, da pogledate: »Kaj je prav v zvezi s tem in kaj je prav v zvezi z mano, česar ne dojemam?«

Na primer nekega dne, ko smo zunaj jezdili in je nekdo pritekel zadaj za tvojim konjem in tvoj konj se je začel plašiti in danes sem te vprašala, če ti lahko dam nekaj informacij glede tega, kar se je zgodilo takrat?

In jaz sem rekel: »Glej, moraš dojeti, da imajo konji drugačen pogled, da če neki drug konj priteče za njimi, bo tudi za njih potrebno, da začnejo teči. Zato se začnejo pripravljati na to. Ti is sedela na svojem konju in ga nadzorovala, tako da ni zbezljal. Se zavedaš, da to ni napačnost? To je briljanca sposobnosti? Saj večina konj začne teči, ker drugi konji tečejo. Nisi mu dovolila teči. Obvladala si ga.« Čudovito si to izpeljala in potem si se počutila pretreseno in si se počutila, kot da nisi dobra, in si razjahala.

Ko sem se danes pogovarjal s tabo in ko sem gledal, kako jezdiš, sem lahko občutil tvojo bojazen glede tega, da ga boš jezdila, kot da bo spet naredil nekaj takega. Ampak rad bi, da dojameš, da si pravzaprav čudovito izpeljala celo zadevo s to živaljo. Stvar pri ljudeh, ki delajo s konji, je, da ti redko povedo, da si dobro opravila. In je, kot da, saj veš, obožujem konje, vendar pa mi ljudje, ki delajo s konji, niso všeč, ker ti večina sploh ne pove, kaj si naredila dobrega, temveč ti povedo, kaj si naredila slabega. In rekel sem: »Zavedati se moraš, da je to bilo presneto briljantno.« In sedela si tam in sedela si tesno na njem. Ne bi bila padla. Nič se ne bi zgodilo. In ta fant te ima tako rad, da bo poskrbel zate. Ko se povzpneš nanj, ga prosiš, naj poskrbi zate, in on to vedno stori.

Tako sem hvaležna, da se pogovarjava o tem. In spoznala sem, kako pogosto se ne potisnemo naprej; ne zahtevamo več od sebe. Raje gremo dol s konja in rečemo: »To bo okej.«

Vi greste dol s svojega posla (kot s konja).

Greste dol s posla. Prenehate ustvarjati denar. Zaradi česa? Ker ste izgubili denar? Nekaj se je zgodilo in ste v rdečih številkah; ste v minusu? Ja no, pa kaj potem? Kaj če bi bil zdaj čas, da to spremenite?

Veste, petkrat sem bankrotiral in sovražil sem to. Vendar sem se odločil: »Dovolj.« Resnična točka preobrata za mojo finančno situacijo je bila, ko sem bil star 55 let in sem si moral sposoditi denar od mame, zato da ne bi izgubil hiše. Pred tem sem dovolil svojima bivšima ženama voditi denar in rekel sem: »Dovolj. Nikoli več si ne bom moral sposoditi denarja od mame. To je smešno. Preveč sem star, da bi to bila resničnost.« In sem se zaposlil ter začel ustvarjati denar in od takrat dalje sem neprenehoma ustvarjal denar. In bilo je fenomenalno. Ne bom čakal. Vedno bom ustvarjal. Čakal sem na svoji ženi in čakal na partnerje in čakal na vse, da bi dostavili nekaj. Zdaj ne čakam nikogar več. Grem ven in opravim delo, zdaj, zase. Ker spoštujem sebe. Morate se spoštovati, ker veste kaj? Ko nekaj naredite pravilno, ne iščite tega, kar ste naredili napačno, temveč kar ste naredili prav. Vedno vprašajte: »Kaj je prav v zvezi z mano in kaj je prav v zvezi s tem, česar ne dojemam?« in boste spremenili svoje življenje; ni tako težko.

Tudi ko sem bila [Simone] v dolgovih, sem še vedno ustvarjala in nikoli se vam ne bi zdelo, da nisem imela denarja. Sedaj ko pa imam denar, je to zelo, zelo drugačna energija. Lahko govoriš o energiji, ki se je zate spremenila, ko si dejansko imel denar in imaš denar, in kaj to ustvarja zate? In za planet?

Ja. Tukaj na Kostariki mi je zelo všeč. In tukaj imam konje in tudi kupil sem jih tukaj. Prišel sem do točke, ko sem spoznal, da vsakič, ko sem se zanimal za konja, se je njegova cena podvojila. Vedno je bilo dvakrat dražje, če so mi bili všeč. Zato sem poskušal doseči, da bi drugi ljudje kupovali zame, pa ni delovalo. Ena izmed ljudi, Claudia, ki naredi veliko stvari v španski skupnosti, mi je rekla: »Se zavedaš, da si bogat?« In sem rekel: »Nisem bogat!« Rekla je: »Bogat si!« In jaz sem rekel: »Nisem bogat! Saj nimam milijonov na banki.« »Bogat si.« In to sem si ogledal ter rekel: »O, zaslužim veliko denarja, kar me naredi bogatega v očeh drugih ljudi.« Tako kot ženska, ki je imela 47.000 dolarjev, jaz pa sem imel pet dolarjev na dan. Njena predstava tega, kaj je bogato, in moja predstava bogatega sta se razlikovali. Nista bili napačni. Le drugačni sta bili. Zato morate vprašati: »Kaj lahko tukaj spremenim? In če to spremenim, kako lahko svoje življenje ustvarim drugače?«

Hvala za to vprašanje. Še minuto imamo, bi rad tem ljudem tam zunaj v svetu povedal še karkoli?

Pojdite ven in ustvarjajte. Ne čakajte.

Če se boste dovolj tesno držali denarja, ga boste izgubili. Zagotovo ga boste izgubili. Ne morete se oklepati denarja, z njim lahko le ustvarjate. Denar je ustvarjalna sila v svetu in ne neprestana sila v svetu.

INTERVJU Z DR. DAINOM HEEROM

Povzeto po internetni radijski oddaji Joy of Business, »Getting Out of Debt Joyfully with Dr. Dain Heer« (Radostno osvobajanje iz dolga z dr. Dainom Heerom), predvajani 12. septembra 2016.

Torej zamisel tukaj je, da sem hotela, da ljudje dojamejo, da nisem bila zadolžena samo jaz, Simone, in z uporabo orodij Access Consciousnesa spremenila vsega tega. Na svetu je veliko ljudi, ki so spremenili svoj pogled na denar in spremenili svojo situacijo z denarjem, vključno s tabo, Dain.

Moram ti povedati – od prvega trenutka, ko sem te spoznal – to, da si bila kot svetovna koordinatorka Access Consciousnessa, medtem ko sem začenjal postajati soustvarjalec Accessa – zame je bilo tako zanimivo, da si dejansko uživala v tem, kar si počela. Odraščal sem ob družinskem poslu in vsi so ga sovražili; sovražili so posel. Resnično so sovražili denar, razen mojega starega očeta, ki je ustvaril podjetje. Iz te izkušnje sem pobral veliko nenavadnih fiksnih stališč.

Želela sem začeti ravno s tem, o čemer si govoril. Kako si odraščal ob denarju? Si bil bogat ali reven? Kakšne so bile tvoje razmere glede denarja, ko si odraščal?

Večino svojega mladega življenja – prva leta do nekje desetega leta starosti – sem dejansko živel v getu s svojo mamo. Ko sem videl geto, recimo temu tako – je bila količina denarja, ki smo ga imeli, takšna: na neki točki se nam je pokvarilo stranišče in skoraj cel mesec smo morali čakati, da bi vodovodar prišel k nam, saj si ga nismo mogli privoščiti, in ne bom vam povedal, kaj smo počeli v tem času. Recimo, da smo vsako jutro izpraznili tisto, kar bi moralo iti v stranišče, na naše zemljišče za hišo. Hej, vračamo se v stare čase. Morda je bilo kot v našem dvorcu, saj ne vem! Torej tukaj je bilo tako in potem sem imel na drugi strani družino, ki je dejansko imela denar, ki je bila premožna, ampak niso nikoli prispevali denarja. Nikoli ga niso dali meni ali moji mami, da bi nama olajšali življenje. Vse to je vzpostavilo resnično čudne poglede o denarju.

Si bil izobražen o denarju? Si ga imel kaj? Vam je bilo dovoljeno govoriti o denarju?

Pravzaprav sem začel delati že od enajstega leta. Delal sem v dedkovem podjetju in delal sem v skladišču, no, in kaj pa enajstletni otrok sploh lahko dela? Vse! Mislim, le vse sem zorganiziral. Pomagal sem čistiti. Počel sem vse, kar je bilo treba. Bila je velika in čudovita izkušnja, in delal sem celo poletje in dobil sem več sto dolarjev. Tako sem bil navdušen, da sem denar nosil okoli povsod, kamor sem šel. Imel sem ga v svoji torbi. Šli smo na reko, kjer je bila moja družina – moj oče in mačeha – včasih na počitnicah in moja mačeha ga je tam videla. Videla je te stotine dolarjev, ker sem unovčil svoje čeke in sem ta denar držal v gotovini in sem si mislil: »To je čudovito!« Takrat ga nisem zapravil, ker sem oboževal to, da sem imel denar. In brskala je po moji torbi, ga vzela in rekla: »Tako mlad otrok ne bi smel imeti denarja.« Takrat sem bil star enajst ali dvanajst let in od takrat dalje je to ustavilo mojo voljnost imeti denar. Očitno sem do sedaj to že spremenil, hvala bogu.

Ampak je resnično ustvarilo ta prostor v mojem svetu, kjer sem bil zares v konfliktu in zmeden v zvezi z denarjem; kot da ga ne bi smel imeti. Kot da bi bil denar nekaj slabega. In to je bil eden tistih odločilnih trenutkov v mojem življenju, ko je denar postal ta resnično čudna stvar zame. Medtem ko je bila pred tem enostavna. Bilo je tako: »Ja, šel bom na delo.« In delal sem dobesedno, ne povejte nikomur, vendar sem pri enajstih letih starosti delal verjetno trideset ur na teden. Bilo je pri mojem dedku, zato je to bilo sprejemljivo in vse to. Vendar je v mojem svetu obstajalo veliko zmede v zvezi z denarjem. In ko sem dospel do svojih najstniških let, se je pri moji družini, ki je imela denar in imela družinsko podjetje, zgodilo, da je podjetje propadlo, ker niso bili voljni pogledati prihodnosti in izbrati ustrezno z ustvarjanjem prihodnosti.

Moj dedek, ki je ustvaril družinsko podjetje, je bil že utrujen. In naveličal se je podpirati mojega strica ter očeta, ki sta dobesedno mislila, da jima pripada, karkoli je on imel. In tako je podjetje dobesedno propadlo.

In to je zanimivo, ker sta bili obe strani družine, torej revna stran družine, ki je bolj kot ne odraščala v prikolicah in različnih mestih sveta, ter »premožna« stran, obe sta bili opredeljeni z denarjem. In ko je propadlo dedkovo podjetje in smo izgubili denar, o stari! To je bilo največ travme in drame, kot si jo sploh lahko predstavljate. In to se je nadaljevalo še leta! Dejstvo, da so izgubili ves ta denar in niso mogli ustvariti več denarja in niso mogli ustvariti posla, ki so ga želeli ... To pa je popolna zmeda.

Lahko malo več govoriva o zmedi? Še vedno vidim, ne glede na to, kaj je ustvarilo zmedo, ti je še vedno uspelo ustvariti svojo lastno resničnost glede denarja.

Mislim, da nas ima veliko v svetu svojo lastno resničnost v zvezi z denarjem, ki se razlikuje od družinine in ki je drugačna od tiste, s katero smo odrasli; ki se razlikuje od tiste, ki jo imajo naši fantje in dekleta ter naši možje ter žene ter ljudje, s katerimi smo odraščali, in naši prijatelji. Ampak nikoli si nismo vzeli časa, da bi to uzavestili. In uzavestiti drugačnost tega, pa tudi veličino v tem. In to je zame nekaj velikega. Vedno sem bil voljan narediti, karkoli je bilo treba, da bi ustvaril, kar sem želel. Voljan sem bil delati tako trdo, kot sem moral, da bi naredil, karkoli sem moral narediti. In pri tem sem končno ugotovil ... in midva sva bila skupaj na tem potovanju in vem, da si videla veliko mest, kjer so moje poti nekako prešle na to, da so ustvarile omejitev ... vendar je zdaj zanimivo videti, kako je to, da sem vstopil v svojo lastno resničnost v zvezi z denarjem in financami, dejansko začelo premikati stvari naprej z resnično dinamično hitrostjo.

Nam lahko daš primer ustvarjanja omejitev in kako si to spremenil, da bi ustvaril svojo lastno resničnost glede denarja?

Simone Milasas

Torej stran družine, ki nikoli res ni imela denarja, je vsakič, ko so dobili kaj denarja, le-tega ali izgubila ali pa zapravila. Na primer denar so investirali pri nekem moškem, ki je rekel: »Imam napravo, ki bo ustvarila brezplačno energijo. Dajte mi deset tisoč dolarjev,« in bilo je kot: »Torej, imam pet dolarjev.

Naj naberem skupaj vso svojo družino in lahko mi dajo vse svoje prihranke,« in našli so načine, kako se znebiti še tistega nekaj denarja, ki so ga imeli.

Deloval sem na drugačen način. Rad sem imel denar in hranil sem ga. Na stran sem dajal deset odstotkov in po najboljših močeh sem se trudil, da bi imel denar. Vendar vse, kar je moja družina izbirala, je močno omejevalo mojo kreativnost. Omejeval sem svojo voljnost skočiti s previsa, ko je bila na voljo ta možnost.

Tako sem do pred kratkim deloval tudi v Accessu. In ena izmed stvari, za katero sem želel, da ljudje vedo, je, da obstajata red in kaos. Noben ni napačen. Bodite voljni zaobjeti potencial kaosa in kaotičnih možnosti, ki jih je mogoče imeti z denarjem, in prenehajte izvajati toliko nadzora nad vsem.

Opazila sem, da si pravzaprav voljan narediti vse, da bi zaslužil denar.

Da. Saj veš, moraš vsaj poskusiti. Najslabše, kar se lahko zgodi, je, da ti spodleti, da izgubiš ves svoj denar ali pa se stvar ne obnese. In v zadnjih šestnajstih letih sva (z Garyjem) poskusila na tisoče stvari. Še posebej z Accessom, ker je tako drugačen od tega, kar obstaja v prevladujočem trendu, da je treba poskusiti toliko različnih stvari, kolikor jih lahko, saj te običajne stvari ne delujejo za nas. Kar je čudovito darilo.

To me spominja na Richarda Bransona. Pogledal je in rekel: »No, tukaj je glavna smer in jaz bom šel v to drugo smer.« Poglejte, kaj je ustvaril. Pri vsaki industriji ali dejavnosti, ki se je je lotil in jo izbral početi, je ustvaril valove sprememb v svetu; ali pa vsaj pri tistih, za katere vemo. Verjetno obstaja na stotine področij, na katera je poskušal prodreti, ki mu pravzaprav niso uspela, in si je misli: »Okej. No, pa gremo k naslednji zadevi.« In mislim, da je to ena izmed res velikih stvari, ki jih moramo dojeti: »Okej, če to ne bo delovalo, bo pa nekaj drugega.« Nikoli ne odnehajte. Nikoli se ne ustavite. Nikoli ne odpovejte. Nikoli ne popustite. In ne dopustite si, da bi vas kdorkoli ustavil. In tisto, kar je tako pomembno in bistveno, je, da začnete dojemati *svojo* resničnost o denarju. Nekaj, kar sem pri sebi spoznal, je bilo, da ko sem spremenil besedo »denar« v »gotovina«, je to nekje v mojem svetu imelo več smisla. In veliko ljudi govori o denarju, ampak nimajo pojma, kaj za vraga to je. In sam sem si začel govoriti: »Okej, namesto da sprašujem po denarju, bom raje začel spraševati po gotovini. Začel bom spraševati po tem, da bi ustvaril gotovino.« Ali se pojavlja v obliki dolarskih bankovcev in podobno? Ne. Ne nujno. Ko pa to podam v smislu »gotovine«, je to zame nekaj bolj otipljivega; niso le točke na računalniškem zaslonu in ni le ta čudni brezobzirni koncept, ki sem ga kupil v zelo rani mladosti, in tako mi daje drugačno možnost. Zame je to čutiti veliko bolj ustvarjalno.

Eden izmed mojih najljubših rekov, Dain, ki ga ves čas citiram, je, ko si rekel: »Denar sledi radosti, radost ne sledi denarju.« Ali lahko malo več poveš o tem in kako si najprej prišel do tega spoznanja?

Ne spomnim se, kje sem sprva prišel do tega. Spomnim pa se, da sem bil v avtu skupaj s štirimi revnimi člani družine in smo se vozili v tem avtu, ki je res potreboval popravilo, vendar si nihče ni mogel privoščiti popravila in smo vozili za nekom z Mercedesovim kabrioletom. Pogledal sem ta avto in bilo je tako smešno, saj sem si takoj, ko sem pogledal, v mislih rekel: »To je presneto čudovito. Komaj čakam, da bom nekega dne imel takega.« Takrat sem verjetno že bil najstnik in tako sem se obrnil k enemu od družinskih članov in rekel: »Ta avto je super.« Ena od tet je hitro rekla: »Dain, ti bogati ljudje niso srečni.« Razgledal sem se po družini, s katero sem živel, in videl, kako nesrečni so bili, ter pomislil: »Em ... saj ne more biti nič slabše od tega ...«

Začel sem se zavedati, da v lastnem življenju takrat, ko sem vstajal nesrečen in depresiven ter se nisem hotel dvigniti iz postelje, ni prišlo nič denarja. To sem prepoznal, ko sem bil kiropraktik. Če sem bil depresiven in nesrečen, če nisem imel energije za življenje, bivanje in navdušenje nad tem, da živim, kar je bil mimogrede razlog, da sem sploh postal kiropraktik, saj sem hotel ljudem pokazati to energijo. In če nisem imel tega, sem opazil, da se nihče ni hotel prijaviti na terapijo. Ljudje so si mislili: »Zakaj bi hotel imeti, kar imaš ti?« Kajne? In tako sem se začel zavedati, da denar resnično sledi sreči. Bolj ko si srečen, več ga boš ustvaril.

Zelo zanimivo je, ker poznamo veliko ljudi, ki imajo veliko denarja in so zelo nesrečni. Gledam to in v tem trenutku sem tako presneto blažen. Večinoma potujem v poslovnem razredu, in ko imam res srečo, tudi v prvem razredu, kamorkoli grem, ker je to zame radostno. In opazil sem, da tudi ko nisem imel denarja za to, ko ni bilo lahkotno plačati za to, sem to vseeno storil, ker mi je to prineslo toliko radosti. Vedel sem, da bo to prineslo več denarja; to sem lahko čutil. Mislim, da to lahko čutimo vsi, in mislim, da smo to odrezali že v času, ko smo bili mali otroci. Ampak ena izmed stvari, ki sem jih opazil: če ste tam zunaj in imate težave z denarjem ali pa nimate toliko, kot si želite, je morda eden izmed manjkajočih elementov v vašem življenju ta radost; in morda je eden izmed manjkajočih elementov v vašem življenju ta radost, ki jo imate z denarjem in gotovino, kot smo že govorili prej.

Ena stvar, ki sem jo opazil pri potovanju v poslovnem razredu, je bila, koliko ljudi je bilo jeznih, razkurjenih, tako vzvišenih in kretenskih ter se je pretvarjalo, da bi se jim vsi morali prilizovati, ker so imeli denar. Niso bili srečni. Niso bili prijazni do stevardes. Niso bili hvaležni, da so dobili brezplačno pijačo. In pogledal sem to in si mislil, kako lahko to sploh obstaja? Ti ljudje naj bi imeli vse, kar si bi kdorkoli lahko želel. Mislijo, da imajo vse, kar si drugi želijo, kar je denar, vendar pa nimajo nič sreče, ki bi morala biti prisotna pri tem. In zanimivo je, ker sem videl toliko takšnih ljudi in ne dojamem … Mislim, saj je jasno, ker sem to tolikokrat videl, in jasno mi je, da je to način, na katerega deluje večina našega sveta. Vendar v resnici zame pri denarju resnično ne gre za denar. Tako všeč mi je to, kar je Gary Douglas rekel na enem izmed prvih seminarjev, na katerem sem bil z njim. Rekel je:»Glejte, namen denarja je, da z njim spreminjate resničnost drugih ljudi v nekaj večjega.« In jaz sem si mislil: »To je tako super. Končno sem našel nekoga, ki ima dejansko podobno stališče kot jaz.«

Ali lahko več poveš o spreminjanju resničnosti drugih ljudi v zvezi z denarjem? Kako to izgleda?

Veš, da sem vedno poskušal početi to, tudi kot majhen otrok? Ko sem bil otrok in sem v žepu imel denar, pa je na ulici nekdo prosil za denar, in če ni izgledalo, da je to počel kar tako, da bi si napolnil žepe; če so resnično imeli potrebo v svojem svetu, sem rekel:»Tukaj imaš deset dolarjev.« In to je bilo še takrat, ko je bilo deset dolarjev skoraj kot bilijon. Saj veste, takrat, tako kot včasih, ko je deset dolarjev dejansko nekaj pomenilo. Jaz sem jim dal to, ker je bil moj občutek:»Izvoli, morda bo to spremenilo tvoj svet. Ne vem.« In smešno, da vsakič, ko sem naredil kaj takega in dal komu deset dolarjev, sem dobil nazaj vsaj deset.

Spomnim se, ko sem enkrat hodil po ulici. Imel sem denar, ki sem ga prihranil; imel sem približno dvajset dolarjev in hotel sem kupiti nekaj sladkarij, ki sem si jih želel, in bila je tudi neka igrača, ki sem si jo želel, in bilo je vsaj petindvajset stvari, ki sem jih nameraval kupiti s tistimi dvajsetimi dolarji. Zaboga! Se spomnite tistih dni? Kakorkoli, tukaj sem bil jaz in tam je bil neki tip, ki je pristopil k meni, in bilo je občutiti potrebo v njegovem svetu in rekel mi je:»Hej, stari. Imaš kaj denarja?« In takrat sploh še nisem bil najstnik. In rekel sem:»Huh.« In na obraz se mi je narisal velik nasmešek in sem rekel:»Seveda. Tukaj imaš.« In mislil sem si:»Okej, očitno si zdaj še ne bom kupil sladkarij in igrač.« Tako sem se začel vračati domov. Dobesedno sem zavil za vogal in tam je na tleh ležal bankovec za dvajset dolarjev. In mislil sem si:»Vau! To je čudovito.« In tako je tisto, kar ti da radost, občutek čarobnosti življenja in bivanja. Resnično se lahko pojavi tako in večina nas je pozabila na to, če smo imeli to, ko smo bili majhni otroci. Če pa se lahko vrnete k temu, se denar pojavi na najbolj nenavadnih mestih.

In to je stvar, za katero mislim, da je tako bistvena, da jo dojamemo, torej da ne gre za znesek denarja, ki ga imate. Gre za radost, ki vam jo prinaša tisto, karkoli počnete. In enako je pri meni. Imela sem dvajset dolarjev. Svojih dvajset dolarjev sem podarila, veš?

V tem je toliko radodarnosti duha. Lahko poveš več o radodarnosti duha in kaj to ustvari?

Zanimivo je, da ko sem prvič spoznal Garyja Douglasa, ni imel veliko denarja. Nekam je šel in kaj počel in mislili bi si, da je milijarder, ker je imel toliko radodarnosti duha. In gre za to ... radodarnost duha, ki jo lahko imate z denarjem in gotovino in darovanjem. Pa tudi tako, kot ste v svetu, je tudi eden izmed načinov, kako lahko pritegnete k sebi denar, ker se to zgodi, ko imate to radodarnost duha, da ste odprti za darovanje. Tisto, česar se ne zavedate, je, da se darovanje in prejemanje dogajata istočasno. Večina se nas je trudila, da bi ju izločili. Poskušali smo ju postaviti v obliko »darovanja« in »prejemanja« ali »dajanja« in »prejemanja«. Večina nas kot pogled dejansko ima »dajanje in jemanje«. In zavedam se, da na ta način deluje svet, vendar tako ni treba delovati vam.

In tako imava jaz in ti, bolj ali manj tudi celotna ekipa Accessa, imamo to stvar, ki se imenuje radodarnost duha, ko nam darovanje nečesa nekomu prinaša radost. Radosti nas, da vidimo nekoga, ki na sebi nosi nekaj čudovitega, v čemer izgleda čudovito, in rečemo: »Vraga, srček. Danes izgledaš vroče!« Fanta ali punca; ni pomembno. Ampak kar to naredi, je, da dejansko ustvari energijo prejemanja od vesolja samega. In ko rečem vesolje, ne mislim kot na 'vesolje' na eteričen in vilinski način. S tem mislim, da smo vsi del tega preklemanskega vesolja, veste? In tako ni le vesolje tisto, ki vam daje vašo gotovino. Prihaja po drugih ljudeh in drugih mestih in to ustvari energijo, kjer se ta pretok lahko nadaljuje zaradi istočasnosti darovanja in prejemanja. To v resnici ni svet dajanja in jemanja; samo ustvarili smo ga kot takega.

Govoril si o tem, da si imel dve različni družini: eno, ki ni imela denarja, in eno, ki ga je imela. Energije obeh so bile drugačne. Kakšno razliko si opazil?

Pravzaprav je bilo zame tako, da so bili v družini, ki ni imela denarja, ponosni na svojo revščino in enako vidim pri veliko ljudeh.

Ponos na revščino je ena izmed največjih stvari, ki jo vidim pri ljudeh, ki neprenehoma zavračajo denar. Kot na primer: »Ne veste, kaj vse sem dal/-a skozi. Ne veste, kako sem moral/-a trpeti.« In nimam več potrebe držati tega sranja na mestu. Kaj je vrednost tega? Samo zato, ker je imela to vaša družina, še ne pomeni, da morate imeti tudi vi.

Tista stran družine, ki pa je imela denar, pa so tudi bili zelo stiskaški; le da so imeli lepši življenjski slog. Razen mojega dedka. On je bil tisti, ki je ustvaril posel, ki je dejansko ustvaril ogromne količine denarja in gotovine, ki so jo moj oče, stric, babica in preostali člani družine zapravili in spravili na ničlo. Prepoznavanje tega je spremenilo moj svet, saj je imel radodarnost duha in je bil nenehno voljan podarjati in vedno je dobil še več.

Mi lahko poveš malo več o svojem dedku? Kakšno podjetje je bilo in kako je on ravnal z njim?

Moj dedek je imel naravno radodarnost duha. In ko sem odraščal, sem mu nekega dne pokazal svoje spričevalo in rekel je: »Okej,« in mi v zameno dal šeststo dolarjev. To je bilo, ko sem bil v srednji šoli. In dobil sem velike oči, ker imam rad gotovino, ne? Obožujem denar. Rekel sem si, to je odlično. To je tako super. In dobil sem velike oči in vprašal: »Za kaj je to?« Odvrnil je: »Za vse odlične ocene, ki si jih dobil.« Od šestih odličnih sem dobil vseh šest odličnih. In rekel sem: »Resno?« In odvrnil je: »Ja. In vsakič ko boš dobil odlično, ti dam sto dolarjev in za vse prav dobre dobiš petdeset dolarjev.« Uganite, kdo je dobival same odlične ocene vso srednjo šolo?

In veste, tako zanimivo je. Včasih se sploh ne zavedamo, kaj je na nas imelo vpliv, dokler nas nekdo ne vpraša, da mu povemo zgodbo o tem. To se dogaja prav zdaj. Sedaj grem skozi veliko stvari, kjer spoznavam, da izhaja velika mera finančne resničnosti, ki sem jo sposoben imeti zdaj, iz tega, kar sem ga videl biti, za kar mu nihče v naši družini ni dal priznanja in nihče tega ni priznal kot veličino.

In veste, tako zanimivo je. Včasih se sploh ne zavedamo, kaj je na nas imelo vpliv, dokler nas nekdo ne vpraša, da mu povemo zgodbo o tem. To se dogaja prav zdaj. Sedaj grem skozi veliko stvari, kjer spoznavam, da izhaja velika mera finančne resničnosti, ki sem jo sposoben imeti zdaj, iz tega, kar sem ga videl biti, za kar mu nihče v naši družini ni dal priznanja in nihče tega ni priznal kot veličino.

Resnično je bil na tem področju veličasten. In ta ena stvar, ta radodarnost bitja, je bila preprosto čudovita zame; samo voljnost podariti gotovino, podariti denar – in to ni bilo dajanje denarja za nekaj neuporabnega. Vedel je, kdaj bo spremenil resničnost nekoga. Imel je enak pogled, kot ga ima Gary.

Kar je naredil s tistim spričevalom v srednji šoli, je bilo to, da mi je pokazal nekaj, za kar sem se dejansko želel potruditi ter izbrati, in dobesedno sem večinoma dobival same petice. Verjetno sta bili dve plus štirici, ki sem ju dobil v srednji šoli. Vse preostale ocene pa so bile bolj ali manj zelo dobre. In to je bil del motivacije, čeprav tega nisem počel le zaradi denarja. To sem počel, ker me je nekdo dejansko priznaval s tem darilom, me videl in videl, da ima to vrednost. Ko sem k očetu in mačehi domov prinesel svoje spričevalo, sta ga samo pogledala in rekla: »Oh, super. Podpisal bom v dokaz, da sem ga videl.« In tam ni bilo prisotne nobene energije. Nobenega »Vau, Dain, super si opravil. Midva nikoli ne bi zmogla tega.« Tisto, kar je naredil moj dedek, me je spodbudilo, da sem segel še višje, in ponovno je to ena izmed stvari, ki jih lahko naredimo s svojim denarjem – prispevati ga ljudem, da jim bo dovolil seči za več.

Ali obstajajo trenutki, ki opredeljujejo to, kjer si imel zavedanje, kaj lahko energija okoli denarja ustvari ali ne ustvari?

Zanimivo je, ker je dedek svoj družinski posel imenoval Robotronics, in ljudje so ga vedno klicali in spraševali: »Ali imate robote?« In on je odvrnil: »Ne, mi pravzaprav ne počnemo tega.« Prodajali in servisirali so pisarniške naprave. Vendar je pri zelo mladih letih videl potrebo, ki bi lahko bila izpolnjena, in s tem namenom ustvaril podjetje, ko nihče drug ni imel podjetja, ki bi počelo to, imel različne vrste velikih strank, velike banke, velike institucije in to vse takrat, ko so ljudje še uporabljali pisalne stroje, kopirce in te vrste stvari. No, in ko je razvoj šel v dobo računalnikov, je hotel slediti temu in moj stric ter oče, ki sta takrat nekako imela zanimanje za posel, sta rekla: »Ne. Tega ne moremo.« Bla, bla, bla. Nista bila voljna videti prihodnosti. To je še ena stvar, ki jo je imel moj dedek. Bil je voljan videti prihodnost in pogledati, kaj bi njegove izbire ustvarile na poslovnem in osebnem področju, in naredil je, kar je bilo mogoče, da bi ustvaril največji rezultat.

Vidim veliko ljudi, ki se, prvič, ne zavedajo, da imajo to sposobnost, in mislim, da je veliko tega zato, ker so ujeti v finančno resničnost svoje družine. Drugo pa je, da je na neki točki moj stric ustvaril podjetje, kot je Kinkos, ki je vsaj v Združenih državah, in vem, da je na mnogo drugih mestih po svetu. Kinkos je pravzaprav pisarna za vse, če potrebujete najeti prostor, če potrebujete kopirni stroj, če hočete kopirati, če potrebujete natisniti banerje, bla, bla, bla. Moj stric je pravzaprav ustvaril to približno petnajst let, preden se je pojavil Kinkos, vendar je bil tako predan temu, da ni imel denarja, in tako predan uničevanju samega sebe v dokazovanju, da ima prav glede svojih trdnih stališč, da mu je spodletelo. Morda boste rekli, da je bil pred svojim časom. Bil je. Vendar pa, če bi imel zagon, kot ga je imel moj dedek, bi sedaj govorili z multimilijarderjem, ker je pravzaprav ustvaril ta koncept preden ga je ustvaril kdorkoli na svetu.

Toliko ljudi se zatakne v stališčih svojih družin. Si ti nasedel temu? Si ustvaril svojo lastno resničnost? Kako se ljudje lahko osvobodijo tega, v čemer so ujeti na podlagi stališč svoje družine?

Ko gledam na vse te stvari s finančnega vidika, vidim, od kod je prišla večina stališč, tako dobrih kot slabih ali tako širokih kot omejujočih, in potem je tu druga stvar, ki je pravzaprav res bistvenega pomena: da gremo zdaj čez vse to, da presežemo vso preteklost. Je nekako: »Super. To sem podedoval po mamini strani družine. To sem podedoval po očetovi strani družine. Na eni strani sem imel norost revščine. Na drugi strani sem imel norost nevoljnosti imeti denar, ko so imeli denar in njegove izgube ter uničenja. Ampak veš kaj? Kaj bi rad ustvaril danes?« Ja, imam vse to, in kar bi predlagal ljudem, je, da se spomnijo nazaj in si zapišejo vse veličastnosti, ki ste se jih naučili v zvezi z denarjem od ljudi okoli sebe, ko ste odraščali.

Katera zavedanja ste dobili, glede katerih niste nikoli zares ničesar naredili; niste nikoli uzavestili, da so tam? In prav tako, kaj so omejitve? In nato pojdite po celotnem seznamu in naredite to desetkrat, dvajsetkrat, tridesetkrat, dokler ne boste pogledali tega seznama in ne boste več imeli naboja v zvezi s tem. Tukaj ni potrebno le to, da si ogledujemo preteklost in jo podoživimo, si jo ogledamo in rečemo: »No, zato imam to stališče. Okej, dobro. Še naprej bom imel to stališče.« Gre za spoznanje, da je to stališče omejitev: »Vau! To je super!. Sedaj vsaj deloma vem, zakaj imam takšen pogled. Zdaj ga bom presegel.«

In nerad rečem, ampak moj pogled o teh stališčih ter naših omejitvah iz preteklosti je: »Veste kaj, jebeš to!« Ja, živel sem to. Med odraščanjem sem izkusil grozno zlorabo; fizično, čustveno, umsko, in to, da so me skoraj vsi okoli mene sovražili večino mojega življenja. Saj veste, moja mačeha in družina, s katero sem živel v getu, ko sem bil pri mami, okej, dobro. Super. Živel sem to. Kaj pa zdaj? Kaj pa danes hočem ustvariti s svojim življenjem? Imam deset sekund, da lahko živim do konca svojega življenja, kaj bom zbral od tod? Ne gre za »To imam, zato bom moral nositi to dalje«, gre za »Tukaj je. Kaj lahko zdaj naredim, da presežem to?«.

Ali obstaja še kakšna druga vrsta resnično pragmatičnih orodij, ki bi jih lahko dali ljudem, ki si mislijo: »Ja, ja, ja. On je naredil to. Ona je naredila to. Kaj pa jaz?« Obstaja še kaj drugega, kar lahko dodaš temu, da uzavestiš ljudi, da jih opolnomočiš izbrati nekaj drugačnega glede denarja in njihovega življenja?

Absolutno. In popolnoma resno mislim, ko govorim to. Kupite Simonino novo knjigo! In predlagam, da zapišete to vprašanje: Kaj je tisto iz moje preteklosti, kjer se najbolj zatikam pri denarju in gotovini?« In napišite presneti roman, če že morate. In nato ga sežgite. Okej? To je bila vaša preteklost. In tukaj so še druge stvari, za katere bi si želel, da si jih ogledate; in morda si jih zapišite, če ste voljni, vendar je dobro, da si ogledate: »Kaj je darilo, ki mi ga je preživljanje tega dalo?« Ves čas gledamo to, kot da je prekletstvo. Pa ni.

Imam naravno zavedanje tega, kako delujejo ljudje, ki imajo malo denarja. Imam naravno zavedanje njihove negotovosti ter njihovih želja in njihovega občutka, da jim tukaj ne more uspeti. Torej, kaj je moja naloga na svetu? Da facilitiram ljudi, da se osvobodijo tega dreka. Zato to zavedanje, ki sem ga dobil; ne vem, če bi lahko počel, kar počnem, brez zlorabe, ki sem jo izkusil. Verjetno bi lahko, vendar ne na način, na katerega to počnem. Ne na način, ki resnično deluje zame in včasih na nekako intenziven način. In prav tako pri finančnih stvareh: tako je, glede na to, kaj sem izkusil, sem dobil mesto, iz katerega govorim in ki mi dovoljuje početi tisto, za kar sem na svet prišel početi. In kar sem si ogledal pri stotisoče ljudeh, ki so šli skozi Access v času, ko sem bil tukaj, je to, da ima vsak nekaj, kar tu počne. Vsakdo ima nekaj, kar mu je življenje prispevalo k temu, da je tukaj in da deluje tukaj. Ko začnete slediti temu darilu, se začnejo stvari dramatično spreminjati, ker se osvobodite sodbe tega, kar ste izkusili, in začnete gledati darilo tega, kar ste izkusili, in nato si začnete ogledovati: »Vau.« In še eno vprašanje, ki ga lahko vprašate: »Kako lahko uporabim to, da ustvarim denar in gotovino?«

Torej dejansko uporabljaš svoje otroštvo, način, na katerega si odrasel, uporabljaš kulturo, družino, vse v svoj prid.

Točno. In uporabljaš katerakoli druga orodja, ki jih imaš. Če želite zapisati še nekaj stvari, si morda zapišite: »Katera druga orodja in darila imam, ki mi bodo dovolila ustvariti veliko denarja, več denarja in gotovine, kot sem kdaj mislil, da bom lahko?« In zapišite si, kaj drugega še imate.

Tukaj je še ta del, da se ne bi več jemali tako presneto resno. Saj veš, da to počnemo tako pogosto in tisto, o čemer si govorila na samem začetku oddaje, o lahkotnosti in tem, da stvari počnemo iz radosti, in ti imaš kot eno svojih podjetij Joy of Business (Radost poslovanja) in prav tako knjigo, in ko sem slišal za to, ko sem videl, da posel izvajaš iz radosti, je bilo točno to. Da se nisi jemala resno. Da si se veliko bolj zabavala. Da počneš, kar je zabavno, in se ne jemlješ tako presneto resno in dejansko začneš ustvarjati več denarja, kot si si sploh kdaj predstavljala, da je mogoče.

Ljudje te zdaj vidijo in si uspešen, imaš denar, po celem svetu si znan. Ampak v resnici nisi začel od tod. Kako si videl ustvarjanje svoje prihodnosti in kakšna je bila energija, katera si bil, katera si moral biti? Kaj si izbral, ko si se odločil, da boš dejansko začel računati več zase, da si začel prejemati več denarja v svojem življenju za to, kar dejansko počneš in si?

Ko sem začel, sem računal petindvajset dolarjev na seanso za svoje kiropraktične seanse, večina ljudi je dobila tisto, za kar so plačali 25 dolarjev, kar je bilo, kot da bi šli v kino gledat film. In bilo je kot: »O, to je bilo lepo razvedrilo. Najlepša hvala.« in nato so odšli. In nato je prišel Gary Douglas, ki je vstopil v mojo pisarno in rekel: »Veliko premalo računaš za to, kar počneš.« Vendar sem izvedel seanso na njem in rekel mi je: »To mi je dobesedno rešilo življenje.« In mislil sem si: »Res? Jaz?«

Ker je bil takrat moj nivo negotovosti neverjetno visok. V šestnajstih letih je bil to proces! In ljudje se ne zavedajo, da bodo videli nekoga, ki ima neki nivo uspeha, ali pa ima neki nivo obilja, ali ima nivo česarkoli, za kar mislijo, da si želijo, in se ne zavedajo, kako dolgo je trajalo, da je ta oseba prišla do tja. Ne zavedajo se, koliko napak je naredila na tej poti. Ne zavedajo se, koliko negotovosti je morala premagati.

Zato bi rad povedal ljudem, da kjerkoli ste v tem trenutku, samo začnite. In prikličite si občutek tega, če bi lahko postavili predse energijo tega, kako bi bilo, če bi morda zaslužili tri- do štirikrat več od tega, kar služite zdaj, in si prikličite energijo tega. In prikličite si energijo tega, kako bi bilo, če bi potovali po svetu, če bi to želeli. Ali pa vsaj imeli čas in denar, da bi potovali. Prikličite si energijo tega, kako bi bilo, da ne bi imeli samo za plačilo svojih računov, ampak bi imeli nivo obilja in finančnega blagostanja, ki bi vam bil všeč, in še dodatno gotovino na banki, ali v svoji vzmetnici, ali kjerkoli ga hranite doma.

In še prikličite si občutek, kako bi bilo, če bi počeli nekaj, kar bi dejansko prispevalo ljudem in bi se ves čas spreminjalo, kjer bi lahko delali z zabavnimi ljudmi in dejansko uživali v svojem življenju ter bivanju. In prikličite si občutek te energije in nato vanjo povlecite energijo od povsod iz vesolja ter dovolite, da gredo ven majhni curki tega do vsega in vseh, ki vam bodo pripomogli k uresničitvi tega in jih sploh še ne poznate. Veste, to je vaja iz knjige *Bodi ti, spremeni svet*, ki sem jo napisal. In resnično govori o tem, da ste to, kar ste. Kaj bi to bilo, vam edinstvenega, kar bi bilo energija tega, če bi se vse te stvari pojavile? In pri vsem, kar je čutiti kot to, pojdite v to smer. Ljudje se ne zavedajo, da obstaja nekaj, kar jih bo dejansko vodilo, kar je dejansko njihovo zavedanje, njihova povezava z vsem, kar je, če lahko rečem tako. In smešno pri tem je, da znajo tisti, ki so uspešni v poslu, to početi po sami naravi stvari. In potem se jih večina 'podela' na energijske stvari. In potem jaz rečem: »Ja, ampak tole pa počneš v energijskem smislu.« In oni odvrnejo: »Ja, ja, ja. Ne. Ne. Ne izgovori besede 'energija'. Hvala lepa.«

Vendar če lahko zaobjameš občutek tega, se začne ustvarjati to, da ste voljni iti v smeri te prihodnosti. Zaradi tega tudi vlečete energijo v to, od vsepovsod iz vesolja, dokler ne postane res veliko, in pri tem prosite vesolje, naj prispeva. Zadeva je taka. Velikokrat slišim ljudi govoriti 'vesolje', kot da je to nekaj zunaj njih. Vi ste del vesolja! Zato prepoznajte, da ste to vi, ko sprašujete po nečem na podlagi tega, da ste povezani z njim, in nato dovolite, naj majhni curki gredo ven do vsega in vseh, ki vam bodo pripomogli, da se to uresniči. Ko to počnete, začenjate ustvarjati energijsko prihodnost, ki bi jo radi imeli; čudno ter čudovito pri vsem tem je, da začnejo k vam prihajati vsi sestavni delci tistega, kot bi bilo, če bi ustvarili to energijo. Vendar jih morate biti voljni prejeti, ko se pojavijo.

In tukaj zaplujemo v zadevo, o kateri sem govoril prej, torej kako sem poskušal urediti svojo družino, ko se je pojavilo nekaj in je bilo 'preveliko' in sem si mislil: »O ne. Tega ne morem narediti,« namesto da bi postavil vprašanje. In to je naslednja stvar, ki bi jo bilo dobro narediti, ko se nekaj pojavi, in sicer da ne rečete: »Tega ne morem narediti,« ampak »Kaj bi bilo potrebno, da naredim to?« In to resnično je funkcionalni pogled: »Kaj bi bilo potrebno, da ustvarim to?«, namesto da bi bil v stanju negotovosti tega, česar ne morem narediti in česa ne morem ustvariti.

Obstajajo mesta, kjer imate negotovosti ali razloge, ki ste jih ustvarili kot resnične, ali stvari, ki ste jih ustvarili, na katere gledate, kot da so napake, vendar v resnici niso. Ena stvar, ki jo vidim pri tebi, Dain, je, da nenehno izbiraš nekaj večjega, ne glede na to, kaj je potrebno.

Ja, točno. Pogosta stvar, ki jo vidim ljudi početi, je, da se pri tem, ko se pojavi nova možnost, avtomatično odločijo, da tega ne morejo narediti, še preden sploh začnejo. Tako je to eno od mest, kjer se tako dinamično zaustavljamo. In če pogledate moje življenje, imam veliko razlogov, da bi rekel ne. Veliko razlogov imam, da bi se ustavljal. Veliko razlogov imam, zaradi katerih ne bi bil zmožen početi tega. In moram reči, zahvaljujoč orodjem Access Consciousnessa, zaradi te resnično čudovite skrinje zakladov orodij, s katerimi lahko spreminjamo stvari, zahvaljujoč temu ter moji bližini s tabo in bližini z Garyjem in mojimi prijatelji, ki me dejansko podpirajo in mi bodo stali ob strani, ko se zavem, da imam omejitev in jo želim spremeniti, zahvaljujoč vsemu temu, je kot, da moja preteklost ne vlada več nad mojo prihodnostjo. In mislim, da je to ena izmed največjih težav, ki jo imajo ljudje; da njihova preteklost prevladuje nad njihovo prihodnostjo. Čudovita možnost se pojavi in rečejo: »Ne. To je preveč kaotično. To je preveč.« Ampak veste kaj? Kaos je kreacija. In stvar pri kaosu je, da ves čas mislimo, da je red dober, kaos pa slab. Zavest vključuje vse in ne sodi ničesar; zato pa izvajamo Access Consciousness (dostop do zavesti, op. prev). Vključuje vse in ne sodi ničesar.

Mislim, če za trenutek pogledam to, motor z notranjim izgorevanjem, saj veste, stvar, ki vašemu avtu daje energijo, ta deluje na podlagi kaosa. Eksplozije v motorju so tisto, kar poganja vaš avto. Če bi popolnoma poskušali odstraniti kaos, se vaš avto ne bi več premikal. Enako je pri avtomobilu vašega življenja. Narediti bi morali to, da bi vzeli kaos in red, ki vam dovoljuje, da se premikate dalje. In ko rečem to veliko ljudi misli: »Ahh, kaj? Ne razumem …«

Ampak to je lepota vsega: ni vam treba vedeti, kako deluje. Vendar se morate biti voljni nehati poskušati izogibati kaosu, ki se pojavi in stvarem, za katere mislite, da so preveč, in stvarem, za katere mislite, da so izven nadzora, ker je izven nadzora morda natančno tisto, kar potrebujete, da naredite svoj naslednji korak.

Torej kakšna vprašanja lahko postavijo ljudje, na primer, če si mislite: »Oh, ja, ja. Temu človeku je uspelo, vendar kako pa lahko uspe meni?«

Ah, samo zavedajte se, da tudi jaz nisem vedel, kako to storiti, niti si nisem mislil, da mi bo uspelo, vendar sem bil voljan poskusiti. In to je tisto, kar morate biti voljni narediti, da se greste naproti temu. Saj veste, najslabše, kar se lahko zgodi, je, da ne bo delovalo. No, uganite kaj? Koliko drugih stvari ste naredili, ki niso delovale? Druga stvar pa je, da vsaka izmed teh stvari, ki so naše negotovosti in mesta, kjer rečemo ne, so mesta, kjer poskušamo urediti nekaj iz naše preteklosti.

Vsako posamezno med njimi. In če bi to pogledali in si rekli: »Em, tukaj poskušam nekaj urediti?«

Prepoznajte, da ko poskušate urediti svojo preteklost, s tem ustavljate ustvarjanje svoje prihodnosti.

Bi rad še kaj povedal, preden zaključiva ta pogovor?

Vaš pogled ustvarja vašo resničnost, vaša resničnost ne ustvarja vašega pogleda. Ta orodja spremenijo vaš pogled, zato da se vaša resničnost pojavi na drugačen način. Ni vam treba trpeti z denarjem. Jaz sem z vami.

Vsakdo lahko spremeni svojo denarno situacijo. Ti si to storil. Jaz sem to storila. In toliko ljudi, ki so prišli v Access, sva videla to narediti, ampak morate dejansko biti voljni narediti to. Voljni morate biti vložiti delo; to ni čarobna tabletka, vendar pa včasih zagotovo deluje kot čarobna paličica!

Resnično lahko spremenite svoje zvezde. Spremenite lahko karkoli. In kaj če ste takrat, ko ste resnično vi, darilo, sprememba in možnost, ki jih ta svet potrebuje? Ali izbirate vedeti to? Saj vendar to ste.

www.ingramcontent.com/pod-product-compliance
Lightning Source LLC
Chambersburg PA
CBHW011302210326
41599CB00035B/7093